企业生命之源

QIYE SHENGMING ZHI YUAN

荀振英◎著

SPM 南方出版传媒 广东人民出版社

·广州·

图书在版编目（CIP）数据

企业生命之源 / 荀振英著. —广州：广东人民出版社，2019.1
ISBN 978-7-218-13209-9

Ⅰ.①企… Ⅱ.①荀… Ⅲ.①企业责任—社会责任—研究
Ⅳ.① F272-05

中国版本图书馆 CIP 数据核字（2018）第 235803 号

QIYE SHENGMING ZHI YUAN
企 业 生 命 之 源

荀振英　著

出 版 人：肖风华

策　　划：路　华
责任编辑：路　华　吴佳欢
封面设计：奔流文化
责任技编：周　杰　吴彦斌
插　　图：吉　里

出版发行：广东人民出版社
地　　址：广州市大沙头四马路10号（邮政编码：510102）
电　　话：（020）83798714（总编室）
传　　真：（020）83780199
网　　址：http://www.gdpph.com
印　　刷：广州市浩诚印刷有限公司
开　　本：787毫米×1092毫米　　1/16
印　　张：20.5　　字　　数：205千
版　　次：2019年1月第1版　2019年1月第1次印刷
定　　价：58.00元

如发现印装质量问题，影响阅读，请与出版社（020-83795749）联系调换。

作者简介

荀振英，1951年8月出生，硕士学位，高级经济师，高级政工师；曾在海军南海舰队服役32年，副师职，海军大校军衔；2001年转业到广州市质量技术监督局任副书记兼纪委书记；2005年任广州市广百集团有限公司董事长、党委书记、总经理，并兼任上市公司广百股份公司董事长；2013年7月退休，任广州商业总会会长。

获得广东省优秀企业家、中国零售业年度人物、中国广州最具社会责任感企业家、省抗灾救灾先进个人、广州市劳动模范、省五一劳动奖章等多项荣誉。

1989年出版《军队干部管理学》专著；后主编《广百集团社会责任蓝皮书》《广百的金子》等多本书籍，系《广州市商业蓝皮书》主编之一；曾到世界零售商大会、世界管理年会等多个大会和论坛演讲，到中国社科院、暨南大学、广东商学院、中山大学等高校MBA、EMBA班以及神华、兵器工业集团等多个企业讲授企业社会责任课。

海尔集团张瑞敏主席的信

尊敬的荀振英董事长：

　　您好！

　　新书收到了，感谢您对我的信任。您是海尔的老朋友了，收到来信和新书我很高兴。

　　新书以《企业生命之源》为名，我觉得很有意义，体现了您和广百对企业社会责任的重视。

　　如您在来信中提到的一样，海尔一直强调企业的社会责任，坚持"真诚到永远"的理念。我在海尔干部会上也强调，企业只有一个目的，就是为社会做贡献，其他的一切都是手段。企业也是时代的产物，海尔相信，没有成功的企业，只有时代的企业，企业的社会责任观和内涵也应随时代变化而不断更新。进入互联网和物联网时代以来，海尔探索人单合一模式，创生态品牌，更加强调"多边生态、共创共赢"的社会责任观念。

　　无论时代如何变化，企业社会责任的主线都是"人的价值第一"。这是我的一点心得和分享，随信附上我为新书写的推荐语，请荀董事长斟酌。

海尔集团董事局主席、首席执行官　张瑞敏

2018年8月1日

北京大学国家发展研究院陈春花教授的信

荀振英董事长：

　　谢谢您发来的书稿，我认真拜读。正如您所言，我很关注企业文化建设以及企业社会责任及价值贡献，这些的确是极为重要的。

　　从我多年来在管理学领域的研究，从众多企业的案例，以及自己企业管理实践的经历，都证明凡是做得好的企业，一定是积极履行社会责任的企业，是对消费者、客户和员工高度负责任的企业；凡是做得不好的企业，甚至被淘汰的企业，一定是把赚钱放在了企业的第一位置上，没有真诚地对待消费者、客户和员工，没有真正去承担社会责任。企业社会责任的建设，是企业健康可持续发展的生命和动力，更是企业领导者必须付诸行动的选择。同时，也是提升我们国家民族软实力的根本大计。

　　强化企业的社会责任，一方面要靠法规和政府的监管，一方面就是增强企业自身的社会责任意识。希望更多的机构和有识之士为此做更多的工作。

北京大学国家发展研究院教授

2018年8月5日

自 序

首先，这本书是写给谁看的？

我想是写给企业老板、经营管理者、员工、消费者和政府官员看的。因为这本书的内容可以帮助企业生存和持续发展，可以帮助经营者和员工实现自己人生的梦想，可以帮助消费者知道如何维护自己的权益以及如何理解和监督企业，可以帮助政府官员做好对企业的服务和监管工作。最后，这本书也是写给我自己和广百的同事以及合作伙伴们看的，他们履行社会责任的真诚和付出，时时萦绕在我心中，令我感动和难忘。我以此书来表达对他们的感激和敬意。

一

书的标题是"企业生命之源"，企业的社会责任真是企业的生命吗？为什么说履行社会责任不只是一项工作，更是人的价值观，是一种信仰，是人毕生的追求？本书想试着回答这些问题。我觉得这也是当今每个企业、每个企业经营者都要面对的问题，也是一个国家和民族发展的大问题。

习近平主席高度重视企业社会责任，在网络安全和信息化工作座谈会上指出："一个企业既有经济责任、法律责任，也有社会责任、道德责任。企业做得越大，社会责任、道德责任就越大，公众对企业这方面的要求也就越高。""只有富有爱心的财富才是真正有意义的财富，只有积极承担社会责任的企业才是最有竞争力和生命力的企业。"

习主席讲得非常深刻，社会责任是企业的竞争力和生命力，是企业生死攸关的生命之源！

我国经过改革开放四十年的发展，经济和社会发生了翻天覆地的变化。如何进一步满足人民群众对美好生活的需求？如何从经济大国向经济强国发展？中国企业和产品在世界上应该是什么口碑？如何提升一个国家、一个民族的根本竞争力？这些都是我们当今要深入思考的大问题。

在这样一个新时代，全面加强企业社会责任建设，是企业健康持久发展的生命之源，是满足人民日益增长的美好生活需求的根本保证，是振兴中国经济的根本国策，是中华民族真正腾飞的核心动力。

二

我的职业生涯里，部队三十年，政府监督执法部门工作四年，广百集团任职八年，广州商业总会专兼职会长十年，虽然职业大相径庭，但是，根子上都是在履行社会责任。特别是在广百担任董事长、党委书记和总经理的那些日子，处处事事，桩桩件件，都离不开对消费者、对合作伙伴、对员工和对社会的关系；广百的生存和发展，更是源于消费者、合作伙伴、员工和社会。

在中国社科院企业社会责任研究中心钟宏武主任的推荐下，自己曾有幸到中国社科院MBA班以及一些大学作企业社会责任讲座，后来还到神华集团、兵器工业集团等央企讲授企业社会责任课。但是，由于讲课时间所限，总觉得还说得不够。现在，希望这本书能够说到位。

本书的重点不是理论探讨，而是讲理念和行动，是探讨为什么和怎么做。其中大量的案例故事是广百的真人真事，也有一些其他企业和机构的案例，还包括自己在部队和政府部门时的故事。

三

加强企业及全社会的社会责任建设，对于全面增强企业的素质，提升国家乃至全民族的软实力非常重要。但是，目前不论是企业和社会，这方面普遍差距还很大，需要从国家层面加大我国企业社会责任的建设。为此，自己向最高层提出了建议，希望全社会共同推动。具体如下：

一、各级党委、政府、企业、社会组织、媒体共同积极推动企业社会责任建设，将各部门、各系统分别推进的诚信、质量、环保、安全、员工权益等统一以企业社会责任为引领积极宣传、推动，形成全社会加强企业社会责任建设的舆论和氛围。

二、设立"全国企业社会责任日"，在企业社会责任日前后，全社会相对集中地开展企业社会责任的宣传活动，以强化全社会社会责任意识。

三、每年召开全国企业社会责任表彰大会，宣传表彰履行社会责任的优秀企业和经营者以及推动企业社会责任建设的优秀工作者，以进一步扩大对企业社会责任的宣传和推动。

四、加大对企业社会责任的研究，组织有关部门研究制定和不断完善中国企业社会责任认证标准和体系，作为企业履行社会责任的准绳，并将这种标准认证推向世界，使之具有国际权威。

五、企业社会责任教育从娃娃抓起，在中小学的教学内容中设立社会责任课，以生动的教学内容将社会责任融入青少年的世界观。同时，将企业社会责任列入大学公共必修课，并设立专门专业。

六、在各省市设立"企业社会责任示范基地",引进履行社会责任样板企业,建设企业社会责任展示教育中心,举办以企业社会责任为主题的展览会和论坛,加大对企业社会责任的宣传推动。

2018年8月22日于广州

contents

目
录

对消费者的责任

对员工的责任

讲真话、讲实话的蓝色文化

2008 年抗冰雪灾害

2008 年抗震救灾

企业社会责任推进战略和策略

后记

只有履行社会责任，满足消费者、客户和员工的需要，重视社区公益，企业才有市场，才能生存和发展。社会责任是企业的生命之源！

企业社会责任关乎人民群众对美好生活的需求，关乎后代的切身利益，关系到国家和民族的软实力。企业社会责任大于天！

企业经营者和每一位员工，只有把社会责任作为自己的信仰、毕生的追求，才能在不论什么情况下，都不会为了赚钱而损害消费者、客户、员工和社区的利益。

企业社会责任（Corporate social responsibility），简称CSR，就是对企业股东利益之外的相关利益方的责任，包括对消费者、合作伙伴、员工、社会公益等方面的责任。企业社会责任是每个企业都需要面对的一个问题，是关系到广大消费者和其后代的大问题，更是到关系国家和民族长远发展的千秋大计。下面我想和大家重点讨论两个方面的问题：一是为什么企业要履行社会责任（顺带简单讨论下社会责任的定义）；二是要如何履行社会责任。重点是第二个问题，我将会用很多真实的故事来说明这个问题。

企业为什么要履行社会责任

企业为什么要履行社会责任？对于这个问题，我们需要从物种的繁衍、人类文明的延续、国家经济的发展、企业的生存和竞争、民意、媒体和法律等多个角度进行分析，只有这样才能看得清楚。

从物种繁衍的基因看企业社会责任的必需

企业为什么要履行社会责任？为什么需要尊重相关联络方的责任？为什么要相容共生？我们可以从更长远的历史发展，从物种繁衍上来探讨。因为人类的很多问题都可以从物种繁衍上找到原因，找到其必然性。

例如，为什么女性在性格上趋于温柔，男性趋于刚毅？为什么女性一般话比较多，而男性一般话比较少？当然，这里说的是一般情况下。

我觉得，这和人类的繁衍分不开。

女性在生育后，面对一个毫无生存能力的婴儿，需要百般呵护，精心照料，因此女性性格温柔，富有耐心。婴儿要学习语言，只有母亲是最近的老师，母亲需要不断地和婴儿说话。而在没有节育措施的远古和古代，女性相当长的时间都是在孕育和哺育后代，久而久之，就养成了温柔的性格，形成了话多的习惯。

有些男人总爱埋怨老婆唠叨。但只要想想人类发展史，就会知道这不是老婆个人的问题，是人类繁衍发展的需要。

男性的使命是狩猎，严酷的环境，危险的拼斗，需要刚毅、果敢的性格。而狩猎时是不能聊天的，即便是获取了猎物，可能也因疲劳而不愿多说话。久而久之，男人的话可能就少了。因此，如果有埋怨老公话少的，是不是也应该理解了。（看来懂得点人类远古繁衍发展的道理，有利于家庭和睦。）

言归正传，那么，企业社会责任的根源，也就是人类相互之间的关联性、相容性、利他性是不是与物种繁衍有关呢？回答是肯定的。

根据达尔文的进化论，共情对人类的生存和人类社会的形成及发展有着重要的意义。人类面对恶劣的环境条件，要想生存，要想繁衍，第一是奋斗，第二就是互助。而互助、理解和关注他人的利益，是形成团体力量的基础。这种相互关注利益的需求，也是人类能够从万千物种中脱颖而出的无与伦比的价值之一。

以色列历史学家尤瓦尔·赫拉利更加具体地说明了人类进化所要求的社会性。其在所著的《人类简史》中指出，人类直立行走的进化，对妇女来说需要臀部变窄，产道宽度受限，在婴儿头部进化越来越大的情况下，分娩死亡成了妇女的一大风险。而如果早点生产，婴儿的大脑和头部还比较小，也比较柔软，妇女就有机会度过难关。因此，自然选择的法则就让生产开始提前。与其他动物相比，人类都是早产儿，许多重要器官的发育都不完善。在这种情况下，独自一人的母亲，如果还得拖着孩子，就很难为自己和孩子取得足够的食物。所以，为了养活孩子，为了人类的繁衍，就需要其他家族成员和邻居持续提供协助，就要靠全部落的共同努力。于是，演化也就编织好了能够形成强大社会关系的种族。

我们再看其他种群，相容共生也是支撑物种繁衍的强大力量。地球上的生物链，是各个种群生存的依靠。如果生物链断裂，就会影响物种的生存和繁衍，这个道理是不言而喻的。

狮子，是群居动物，为什么往往都是母狮狩猎，冲锋陷阵，而公狮不仅不冲锋在前，还要优先享受猎物？不是因为那一头的鬃毛漂亮，而是它担负着整个狮群繁衍后代的重任。

有人说"一山不容二虎"，老虎可是"独行侠"，也有顾及其他方利益的必要吗？是的，由于其狩猎和获取食物的特点，一个山头老虎多了，就活不下去了。为此，领地划分是必须的，你必须尊重其他老虎的领地，尊重另一山头老虎的利益，否则，你将没有好果子吃。

很多物种为了生存，都需要兼顾其他方的利益，有的甚至到了极端的程度。螳螂在交配时，母螳螂到交配后期会吃掉公螳螂的头！为的是积存哺育后代的能量！而公螳螂竟然心甘情愿地牺牲（是不是心甘情愿不知道，反正它为了后代必须付出生命）！

有些男人总是埋怨老婆厉害，我说，哥们，知足吧，看看公螳螂……

必须尊重其他方的利益，不能伤害广大消费者、合作伙伴和员工的权益；必须考虑下一代的健康，这是人类繁衍的需要。一些违背食品安全的企业，一些不注重环保的企业，可能一时获利，但是整个人类最终是不能允许这种害在当代、罪在千秋的行为存在的，他们必然会通过其代表——政府采取坚决的措施，制止和消除这种行为。

企业社会责任，关注和服务股东之外的相关利益方，关注对整个人类发展的影响，是人类繁衍的基因决定的，是必需的。不履行社会责任，可以说是"天理不容"！

从人类文明的延续看企业社会责任的必需

人类的文明，生生不息，不断传承。中华民族是人类的一部分，在文化传承中，同样也弘扬着奋斗和互助的精神。

美国哈佛大学神学院有个教授叫大卫·查普曼，他解读中华民族的神话故事所体现的奋斗和互助的民族精神，很有见地。

他说，在西方的神话里，火是上帝赐予的；希腊神话里，火是普罗米修斯偷来的；而在中国的神话里，火是通过钻木取火坚韧不拔地摩擦出来的。

有一座山挡在门前，中国人没有选择搬家，也没有选择挖隧道，而是选择了搬山——愚公移山。但是在西方神话里，人们却是听从神的安排。

一个女孩被大海淹死了，她化作一只鸟复活，想要把海填平——这就是抗争！（精卫填海）

一个叫刑天的人因为挑战天帝的神威被砍下了头，可他没死，而是挥舞着斧子继续斗争！

每个民族的神话都有自己的烙印，但你见过哪个民族的神话里有这么多战天斗地的抗争故事？

老子的"天地不仁，以万物为刍狗"，说的就是要生存就得靠自己，不能靠苍天。这比"神爱世人"听起来残酷，但却真实。

在中华民族祖先的神话故事里，除了奋斗精神外，还有着互助和利他的精神，有着为了整体甚至牺牲局部、牺牲自己的精神。

大禹为治水，以大多数人不受到洪水灾害为重，三过家门而不入，体现的是小家让大家的精神。

为了弄清太阳在一年四季对农作物的影响，以便让人们合理利用阳光以及熟悉大自然的规律，夸父一直追赶太阳，"夸父追日"，最后渴死在路上。

天上的十个太阳，烤焦了大地，河流干枯，生灵涂炭，后羿就去射日。他爬过了九十九座高山，迈过了九十九条大河，穿过了九十九个峡谷，来到了东海边，拉开万斤弓，搭上千斤箭，射下了九个太阳，给人类带来了幸福。

不关注整个自然的和谐，不关注大多数人的利益，就没有所有人的生存。

我们从小就熟知的"司马光砸缸"的故事，说的不仅仅是司马光的聪明，更是关心他人的精神。

但是，有的人似乎不明白人类文明、中华民族优秀文化的一脉相承。

有一次，一所大学招揽EMBA学员。为了体现水平，他们在显示屏上播放他们教授的一个讲座视频。这位教授说：

"战争年代，号召要勇于牺牲生命。但是我们现在说的是'生命最宝贵'，所以，革命先烈——永别了！

"1950年代，号召向雷锋学习，要'毫不利己，专门利人'。但是我们现在要突出个人价值，所以，雷锋精神——永别了！"

听到这里，我告诉招生老师，你们这个班我是不会上了。为什么？因为你们连人类文明的延续、中华民族精神的一脉相承都不明白，还教什么EMBA？！

战争年代的牺牲精神，是社会剧烈变革或民族危亡特定时期需要的一种精神。如果没有这种精神，没有少数人的牺牲，就没有大多数人的生存，就没有一个民族的生存！

1950年代的雷锋精神，是在计划经济时期人们相互关爱的一种体现，其实质是人类互助精神在特定情况下的一种表现。

牺牲精神、雷锋精神，虽然表现不同，但本质都是人类互助、利他的核心精神，是中华民族的价值观。现在是和平时期，当然不需要再号召大家去牺牲生命；经济和社会发展了，也不再宣扬"毫不利己，专门利人"了。但是，互助的精神却是不能抛弃的，利他

精神同样是社会的需要。现在的志愿者，那么多的见义勇为，是什么精神？不是互助利他精神吗？其本质的价值观和烈士的牺牲精神、雷锋精神不是一脉相承的吗？

特别是今天的志愿者，在多少80后、90后中有着巨大的影响力。志愿者是指那些具有志愿精神，能够主动承担社会责任、参与志愿服务而不关心报酬的人。我国真正意义上的志愿服务活动虽然起步较晚，大约只有十几年的时间，但是发展很快，主动参与者比例不断扩大。某大学的调研结果显示，参加过志愿者活动的大学生约占57.1%，表示希望能够参与志愿者活动的同学高达87.5%。过去常有人说，独生子女是"小皇帝"，只顾自己，不顾他人。但是，现在很多的"小皇帝"都主动参加志愿者活动。

在汶川发生地震的时候，我女儿单位的领导给我打电话，说："你女儿要请假去灾区做志愿者，行吗？"我说："她想去就让她去吧。"后来女儿说，志愿者中有很多年轻人。

人类文明，中华民族精神的内核是一脉相承的，只是不同时期表现的形式不同。不论社会如何发展，不论是80后、90后，甚至很多很多个"后"，互助，利他，永远是人类的主旋律，是绝大多数人所尊崇的精神。

美国，可以说最推崇个人利益、个人价值了，但是，我们看西点军校的校训是什么？是"责任、荣誉、国家"。

我们看美国的电影，很多都是宣传英雄主义，宣传为他人牺牲的精神。不论是在现实的自然灾害面前，还是在科幻世界里，他们都表现出为了他人而不怕艰难险阻、不怕牺牲的精神。如果没有推崇这种精神的社会基础，这样主题的电影能有票房吗？

有的人可能会说，人类战争是相互残杀，面对无数失去的生命，怎么解释人类的利他精神？

我认为，战争的原因，也离不开少数人和多数人的关系问题。

朝代更迭的战争，是由于统治阶层的特权利益损害了广大民众的利益，所以产生了起义战争，以维护广大人民的利益。

民族战争，由于侵略者不顾及被侵略民族的利益，因此导致侵略战争的必然失败，或是最终殖民统治的终结。

还有的说，市场竞争是我生你亡的，是不会怜悯竞争者的，如何理解顾及他人利益的精神本质？

竞争是在一个历史阶段推动人类经济和社会发展的动力，但是人类发展的基本法则不允许恶性竞争。也就是说，竞争必须是平等的，是相互尊重权益的。而在市场经济中，社会也要竞争者通过纳税的方式，照顾那些在竞争中处于弱势的群体（如失业救济）；也制定各种法律，防止在竞争中侵害他人的权益，制定反垄断法规，以保证市场和机会的均等，等等。

从远古人类，到奴隶社会、封建社会，再到资本主义社会和社会主义社会，都需要利他主义，需要互助精神，都需要充分考虑整个社会群体的利益，而不能只考虑自己或小团体的利益。否则，就会引起社会的冲突，引起社会的变革。人类的历史，也是一部为人类自身和谐发展而斗争的历史。

过去说："人不为己，天诛地灭。"应该还有一句："人不利他，天诛地灭。"因此，企业社会责任，是人类文明延续和发展的必需。

从经济发展和市场竞争看企业社会责任的必需

科学发展、和谐社会、循环经济等理论和战略，不但有力地推动了中国经济的发展和社会的进步，而且也对行业和企业的发展走向、竞争战略、经营管理产生了深刻的影响。

这种深刻影响，将从根本上改变产业、行业和企业经营管理的发展思路和着眼点。因此，企业的经营管理、创效盈利和发展壮大不仅要顾及股东的利益，注重近期效益，更要注重股东之外相关利益方的利益，不能妨碍全社会乃至全人类的根本利益；不仅要注重经济效益，同时要注重社会效益。

如果说，经济社会发展中的"GDP"逐步更名为"绿色GDP"，国家从更多关注发展的高速度到更加关注高质量，那么，企业创效盈利中的"利润"也将逐步演变为"合理利润""合情利润""社会认证利润""绿色利润""责任后所得"……企业不仅要看我们实际生产的产品价值、提供的服务价值，还要看产生这些产品和服务所消耗的环境资源以及是否对人类社会自身发展带来积极影响；不仅要看我们生产产品、提供价值的能力和水平，还要看我们秉承社会使命的胸襟、履行道德义务的境界以及奉献社会的真诚、爱心和自觉性。

F1（Formula One，一级方程式）每届赛事都有女郎做宣传。然而，这几年这种作法遭到女权团体批判，认为赛车女郎是蔑视女性的设置。因此，近日筹办F1的自由媒体公司（Liberty Media）在官网宣布：从2018年的赛季开始，比赛现场将不再安排赛车女郎。F1 CEO *Sean Bratches*表示：尽管数十年来赛车女郎已成为F1的招牌，但这项传统已不合时宜，甚至伤害品牌形象。取消这一安排，目的在维护女性权益，让F1的形象更符合现代文明需求。我看到这一新闻时，还是很感慨的。

随着世界经济的发展，国际社会越来越重视企业的社会责任，社会责任的标准和门槛也越来越高。

2005年8月，欧盟通过环保指令要求中国企业在欧洲销售电子产品必须承担支付报废产品回收费用的责任。另外，许多跨国公司也开始将社会责任的指标作为全球供应商评估和审核的标准之一。如要申请成为沃尔玛的中国供应商，必须达到它制订的企业社会责任标准。连《财富》和《福布斯》这样的商业杂志在企业排名评比时，都加上了"社会责任"标准。联合国也高度重视推动企业担负社会责任。秘书长安南上台后，联合国的工作重点从国家主权的维护更多地转向了公民权利的维护。安南向国际商界领袖提出了挑战，呼吁企业约束自己自私的牟利行为，并担负起更多的社会责任。

随着中国逐步踏入后工业社会，履行社会责任已经成为很多企业增强企业竞争力的重要内容和有效手段。这是因为，在顾客导向时代，顾客是企业利益相关者的集中代表，也是企业决胜市场的战略制高点。

特别是直接、广泛、深入接触消费者的企业，注定要追求更高的历史使命和承担更多的社会责任。为此，全面增强企业的社会责任水平，规范企业的良性发展，不但是提升我国企业国际竞争力的需要，也是推动产业实现持续健康发展的必然要求。

令人欣慰的是，越来越多的企业已经充分认识到履行社会责任的重要意义，坚持依法经营、诚信经营，主动接受各方面监督，加强信用体系建设，注重节能降耗和环境保护，做建设资源节约型、环境友好型社会的表率，把履行社会责任做得更到位、更全面，培植责任型企业文化，不断增强企业的可持续发展能力。

从国家和民族的竞争力看企业社会责任的必需

一个国家，一个民族，其竞争力是综合性的。而其中，整体产业的诚信精神、工匠精神能够成为这个国家、民族的品牌和文化，这个国家和民族的世界竞争力将是最强的，下面我们看看国际上的一些案例。

"德国制造"

据著名历史学教授李工真《德国工匠：我们不相信物美价廉》一文介绍："德国制造"，在世界上的口碑就是工匠精神。锐意臻美，严谨理性，信奉标准主义、完美主义、精准主义、专注主义和实用主义，成为了日耳曼民族的性格特点。

但是，口碑享誉世界的"德国制造"，在150多年前还是"价廉质低"的代名词，是侮辱性符号。由于德国工业革命晚于英、法几十年，因此，起初"德国制造"大量仿制英国制造的产品。为了防止德国人仿造的山寨产品破坏英国产品的名声，英国人于1887年8月23日通过修订《商标法》，规定所有由德国出口到英国及其殖民地的物品都必须标明"德国制造"，以此将"德国制造"的劣质产品与英国制造的优质产品区别开来，可见当年"德国制造"的名声有多么糟糕。

为了改变"德国制造"的不良形象，德国人改革创新，锐意进取，通过对传统产业的技术改造和对产品质量的严格把关，大力提升制造业的品质。同时借助第二次工业革命的"东风"，以电能、内燃机和化学为代表的"德国制造"在19世纪末、20世纪初迸发出生机活力，征服了全世界。过去那种质量次和精度低的形象开始被优质和高精度的形象所取代，"德国制造"脱颖而出，并从此确立了德国在机器设备制造领域的领先地位。

为什么一个8000万人口的德国，竟然会有2300多个世界名牌呢？

德国人说："这靠的是我们德国人的工作态度，是对每个生产技术细节的重视，我们德国的企业员工承担着要生产一流产品的义务，要提供良好售后服务的义务。"

"德国制造"的优势并不在价格上，连德国人自己都承认"德国货就是物美价不廉"。德国30%以上的出口商品，在国际市场上都是没有竞争对手的独家产品；德国人生产的工业制造品，大到挖地铁的掘进机，小到文秘工作中的订书机，从质量上讲都是世界第一。德国所有供3岁以下儿童食用的产品不得含有任何人工添加剂，必须是天然的，所有奶粉被列为药品监管；所有母婴产品只允许在药店出售，不允许在超市出售；所有巧克力都被规定要使用天然可可脂作为原料加工生产；所有保健护肤品牌都必须要有自己的实验室和植物种植园，以保证取材于天然；德国人生产的清洁剂、洗手液、洗洁精等非工业用途的化学产品，采用生物降解技术将化工物对人体的伤害减少到最小程度；德国的锅具，盖上去个个严丝合缝，说三分钟开锅就三分钟开锅，能为你省下不少煤气费。

"德国制造"不仅是德国企业的共有品牌，也是德国经济的世界名片。在世界500强中，虽然大的德国企业不多，但至少有1000个细分市场的隐形冠军是德国企业。小而精，精而美，追求技术、质量与工艺的完美结合而非规模的膨胀。"德国制造"拥有无数个百年老店，秉承着一以贯之的传统，从优秀到卓越，成为企业长青的典范。

"日本制造"

在日本，质量不好是耻辱。

据汪中求《日本企业的工匠精神》一文介绍：在日本，许多行业的人对自己的出品几近苛刻，对自己的手艺充满骄傲，对自己的工作永远追求尽善尽美。用一生的时间研究做好一件事的人在日本比比皆是。

哈德洛克（Hard Lock）工业株式会社是一家只有45个人的小公司，然而，全世界很多发达国家都订购他们的螺母。公司创始人若林克彦，当年还是公司小职员时，就刻苦研究永不松动的螺母。最后，包括日本最大的铁路公司JR等很多公司采用了哈德洛克螺母。走到这一步，若林克彦花了二十年时间。迄今为止，哈德洛克螺母已被澳大利亚、英国、波兰、中国、韩国的铁路所采用。

日本的所谓"工匠精神"，我们也可以叫它"精湛精神"，其核心是：不仅仅把工作当作赚钱的工具，而是树立一种对工作执着，对所做的事情和生产的产品精益求精、精雕细琢的精神。在众多的日本企业中，"工匠精神"在企业内部形成了一种文化与思想上的共同价值观，并由此培育出企业的内生动力。

树研工业1998年生产出世界第一的十万分之一克的齿轮，为了完成这种齿轮的量产，他们消耗了整整六年时间。2002年树研工业又批量生产出重量为百万分之一克的超小齿轮，这种世界上最小最轻的有5个小齿、直径0.147毫米、宽0.08毫米的齿轮被称为"粉末齿轮"。

梅原胜彦从1970年到现在始终在做一个小玩意——弹簧夹头，是自动车床中夹住切削对象使其一边旋转一边切削的部件。公司每天平均有500件订货，拥有1.3万家国外客户，它的超硬弹簧夹头在日本市场上的占有率高达60%。A-one精密一直保持着不低于35%的毛利润，平均毛利润41.5%。梅原胜彦的信条是：不做当不了第一的东西。

"瑞士钟表"

邓诗芸在《从瑞士钟表行业看工匠精神》一文中说：工匠精神就是追求卓越的创造精神、精益求精的品质精神、用户至上的服务精神。瑞士表的最大特点是集人文艺术、制表工艺和少量限量于一身，从机芯到表壳，包括复杂功能、珠宝镶嵌、珐琅漆艺、抛光打磨等每一个细节都是手工完成，甚至很多都是行业大师级制表师和工艺家的心血之作。他们把自己的一生甚至祖祖辈辈都贡献于精益求精的制表工艺，可以说这也是一个凝聚了深厚感情的过程。细节一定源自专业、专心和专注，透过动人的细节可以看到工匠的用心和细腻。

一位在一家知名品牌企业工作了二十多年的制表师曾经动情地说："我热爱我的工作，再做三十年我也愿意！"其实，他几乎把自己人生的全部都献给了只是制表流程的一道工艺而已，但也能如此深情和不舍，说起来就让人感动，而整个制表流程至少需要成百上千道工序的紧密衔接和配合才能完成。可以说，有多少个工序就有多少个动人的故事。而制表师这种代代相传、让人动容的执着，是缔造一个个腕表奇迹的保证，也是腕表品牌的核心竞争力。

"中国制造"

中国制造，在前些年，曾经被一些国家作为"假冒伪劣"的代名词。

有一年，我随团到俄罗斯考察，莫斯科的朋友告诉我，在一次马戏团的演出上，小丑那把枪没有打响，尴尬之际他大喊一声："这是中国制造！"观众哄然大笑。故事不知是真是假，但是，当年通过"倒爷"进入俄国的中国商品存在大量的假冒伪劣产品是不争的事实。

去年非洲一个商会会长告诉我，在非洲电器市场上，顾客跟店员说要买中国手机，店员就会递上山寨手机，而旁边就挂着华为手机的大广告，除非你指明要华为手机。"中国手机"成了山寨手机的代名词！

我们和欧洲一些国家的商会交流，他们说欧洲一些国家不是很欢迎中国的轻工产品，原因有质量问题，也有人工成本偏低冲击了他们市场的问题。

但是，我们看到，这些年随着中国经济和科技的发展，"中国制造"在人们心目中的地位正在悄然变化。

到2017年底，中国高速铁路通车里程2.5万公里，占世界高铁总量的66.3%，是当之无愧的"世界冠军"。

中国无轨列车全球首列，六轴电力机车功率世界最大，储能式电力牵引轻轨车辆世界首台。

世界建成的跨度在1000米以上的悬索桥有28座，中国占11座；世界在建的主跨1000米以上悬索桥有13座，中国占9座。中国桥梁世界第一。

中国造船完工量、新接订单量、手持订单量三大指标世界第一。

中国在建核电机组数量世界第一。

中国民用无人机占据了全球70%的民用无人机市场。

中国国家并行计算机工程技术研究中心研制的"神威·太湖之光"为全球超级计算机第一。

中国在贵州的射电望远镜FAST为世界最大单口径射电望远镜。

首台万米级无人潜水器、万米级作业型载人潜水器跻身世界先进行列。

中国手机不仅占据了国内近八成的市场，还拿下了海外市场三分之一的份额。

……

这一切，都宣示着"中国制造""中国技术"的飞速发展，宣示着"中国制造"的质量水平在不断提高，品牌地位在不断提升。

但是，我们大量的中、小企业，在世界上还不能形成以工匠精神为标志的"中国制造"的口碑。而德国、日本、瑞士，他们的工匠精神则是更多地体现在中、小企业上，体现在万众的文化中。

2016年《政府工作报告》提出："鼓励企业开展个性化定制、柔性化生产，培育精益求精的工匠精神，增品种、提品质、创品牌。"而工匠精神，就是企业对消费者的社会责任。为了中国真正的强盛，为了中华民族千秋万代的发展，我们必须全面推动企业的社会责任建设，使精益求精、质量可靠、诚信经营成为"中国制造""中国企业"的代名词。

中国的发展，中华民族的振兴，绝对离不开质量、环保、诚信、人本这些世界口碑。社会责任，是国家和民族振兴的必需！

从企业的生存和竞争力看企业社会责任的必需

前面说到，一个企业的生存和发展，需要股东的投资。投资的目的是为了获得利润，是为了增值。但是这个利润和增值，靠的是什么？靠的是消费者，靠的是供应商客户和合作伙伴，靠的是员工，靠的是社会的支持。不履行社会责任，甚至损害消费者、客户合作伙伴和员工的利益，股东的投资不仅不可能增值，还会丧失殆尽。

"核心竞争力"理论创始人之一普拉哈拉德在《消费者王朝》一书中列举了竞争力来源的变化后指出："消费者和消费者社区是竞争力的来源。"

北京大学国际发展研究院管理学教授、北大国发院BiMBA商学院院长陈春花，对企业战略运营、组织管理有着非常深入的研究。这不仅是因为陈教授在管理学的理论上有很深的造诣，而且是因为她曾经受邀担任新希望六合集团的总裁，使一个30亿规模、业绩下滑的企业进入百亿俱乐部，因而具有丰富而成功的实践经验。因此，陈春花教授可以当之无愧地被称为大师级的著名管理学专家、企业文化与战略专家和营销专家。有一年，在她的推荐下，我参加了一次世界管理年会，并作了演讲。后来很注意学习她的理论，并将这些理论运用到广百的管理和运营上，获益匪浅。

陈春花教授在《经营的本质》一书中说："真正影响企业持续成功的重心不是公司的战略目标，也不是发展战略和运营管理的流程，而是专注地将焦点集中于为顾客创造价值的力量。聚焦于为顾客创造价值是经营的首要关键元素。所以，彼得·德鲁克说：'企业的目的就是创造顾客。'"

陈春花教授说得非常正确，关注消费者，为消费者提供有价值的服务，是企业经营的第一要务，是企业生存的关键。

条条大河通大海，不论是制造业还是流通业，不论是2B还是2C，不论是产品还是服务，最终都是为了满足消费者的需要。市场的竞争，就是对消费者忠诚度的竞争。如果产品的质量、安全、环保不对消费者负责，企业也许可能会一时盈利，但绝不可能长久盈利。

格力集团的董明珠，能够把格力空调打造成国内外知名的品牌，坚守的就是质量，就是品质，她常说的一句话是"一个没有精品的企业是没有未来的企业"。格力十几年前的口号是"好空调，格力造"，现在的口号是"让世界爱上中国造"，对质量的追求从企业的口碑到了国家的口碑。

那一年我带队到格力去考察学习，董明珠董事长热情接待了我们。不论是开场白，还是走到每一个车间，她讲的都是格力如何把握产品的质量，如何对消费者负责。听得出来，她的关于产品质量的每一句话都是发自内心的，产品质量是她的一种信仰，是一生永不停息的追求。

腾讯从一个小企业发展成为中国最大的互联网综合服务提供商之一、中国服务用户最多的互联网企业之一，在香港联交所主板公开上市。2018年6月20日，世界品牌实验室（World Brand Lab）在北京发布了2018年《中国500最具价值品牌》分析报告，腾讯（4028.45亿元）居第二位。

腾讯在其发展中高度重视社会责任。早在2006年，腾讯提出了企业社会责任的三个维度：一是用户维度的社会责任；二是企业维度的社会责任；三是社会维度的社会责任。马化腾认为，一个企业的社会责任应该植根于它的基因，企业的使命应该是以服务社会为根本出发点。而通过互联网服务，提升人类生活品质正是腾讯人多年来一直坚守的企业使命，它是腾讯的社会责任起点，也是腾讯社会责任的最终目标之一。

2008年11月，腾讯公司以"创新、价值、责任"为主题，发布了互联网行业首份企业社会责任报告（《1998-2008 腾讯企业公民暨社会责任报告》），2010年以"网筑责任，共创未来"为主题，再次发布了企业社会责任报告（《2008-2010 腾讯企业社会责任报告》），后来，腾讯把"关注可持续发展战略，打造开放共赢产业生态"作为又一份企业社会责任报告的主题。主题在变化，但不变的是腾讯人实践企业社会责任的坚定信念。腾讯把企业社会责任的实践贯穿到企业发展的全过程，深入到产品研发的全平台，体现到企业建设的全方位。

苹果公司的乔布斯，能够把一个快要被市场淘汰的"苹果"打造成世界第一品牌，最核心的原因，就是乔布斯把满足消费者的需求推向了极致。他认为商品不仅要满足消费者对使用功能的需求，而且要满足消费者对商品的情感需求。为此，他把科技与艺术相结合，对产品的质量要求到了苛刻的程度。乔布斯就是"工匠精神"的最典型代表。苹果手机是委托IDEO做的，IDEO的老大回忆说："记得有一天凌晨两点，我接到乔布斯的电话，以为是天大的事，结果乔布斯说，能不能把螺丝钉的材质从不锈钢换成镍……"

随着社会的发展，人类已经从原始积累的血汗工厂时代发展到人本时代，现代企业更需要员工的创造性贡献。企业的竞争也从产品和技术的竞争过渡到人才的竞争。不对员工负责，不能充分调动员工的积极性，这个企业必定是短命的。现代社会，很多企业，包括高科技企业、互联网企业，其成功的关键因素不是资金，而是找到了消费者的痛点，提出了满足消费者需求的模式。这些都是要靠优秀的创新人才来实现的。

我们看看2017年全球前五大市值企业：

苹果：7964亿美元；

Aiphabet（谷歌母公司）：5392亿美元；

微软：5392亿美元；

亚马逊：4754亿美元；

Facebook：4388亿美元；

这些企业都是高度重视和满足用户（消费者）需求，聚集创新型人才，在履行社会责任上做得出色的企业。中国的腾讯（3254亿美元）和阿里巴巴（2975亿美元），也都是为消费者提供了最便捷的服务而快速发展的企业，单就支付业务，支付宝月用户达4.5亿人，微信支付月用户达7亿人。

美国拉斯维加斯消费电子展览会（CES），这两年所展出的不仅是产品，更多的是有创意的构思与想法。没有优秀的人才，企业就不可能站在世界的前沿。那种只把员工当作工具的思想，已经远远落后于时代了。

在2018年举办的"首届数字中国建设峰会"上，各大企业的发言充分体现了关注国家、关注社会、关注民生的社会责任担当。

马云在发言中说："在社会发展、人类进步的关键技术、核心技术上突破，是大企业当仁不让的责任！""大公司不光是规模大，不光是业绩大，不光是市场大，而是责任大、担当大和格局更大。"

马化腾在发言中提出：要让数字化技术"站起来"，中国摆脱核心技术受制于人的需求，越来越迫切，只有科技这块"骨头"足够硬，我们才有机会站起来，与国际巨头平等对话；要让数字化创新"沉下来"，成为各行各业的"数字化助手"，做民生政务、生活消费、生产服务、生命健康和生态环保多个领域的连接器、工具箱和生态共建者；要让数字化升级"用起来"，要跨过数字鸿沟，做好数字产品和服务的"向下兼容"，让尽可能多的人能"用起来""用得好"，特别是让弱势群体、老少边穷，能够分享数字红利。

以这样的社会责任为战略引领，我国的数字化建设一定能够走到世界的前列，大企业也一定能够顺势而上，得到更持续的发展。

从"三把刀"看企业社会责任的必需

现在的社会，民意、媒体、法律这三方面都监督着企业是否履行社会责任。我把这三个要素叫"三把刀"，企业如果不履行社会责任，就会被"三把刀"砍得体无完肤，甚至出局。

第一把"刀"，民意之"刀"

以色列历史学家尤瓦尔·赫拉利在《未来简史》中说，人类除了客观现实和主观现实以外，还有第三个层次：互为主体（intersubjective）。他举例说："1美元不能吃，不能喝，也不能拿来穿。但只要有几十亿人都相信它的价值，你就可以拿它来买吃的，买喝的，买穿的。如果有位面包师忽然不再相信美元了，不愿意让我用这张绿色的纸换他的面包，也没有什么关系，只要再走几条街，就有另一家超市可买。然而，如果超市的收银员、市场的小贩、购物商场的销售员一律拒绝接受这张纸，美元就会失去价值。"他说："天神宙斯和天后赫拉曾经是地中海一带的重要力量，但现在不再有人相信，也就令它们失去了力量。"

当今的时代，市场消费者这种"互为主体"的力量和作用不断强大，对企业的信任度关系到企业产品的销售，关系到企业的生存。据中国消费者协会2017年1月24日发布的统计：2016全国消协组织受理消费者投诉65万件，投诉解决率81%。

项目	2015年（件）	投诉比重（%）	2016年（件）	投诉比重（%）	比重变化（%）
质量	285250	44.39	270990	41.47	↓2.92
售后服务	135672	21.11	148529	22.73	↓1.62

（续上表）

项目	2015年（件）	投诉比重（%）	2016年（件）	投诉比重（%）	比重变化（%）
合同	71013	11.05	79903	12.23	↑1.18
其他	104731	16.3	39599	6.06	↓10.24
价格	20423	3.18	34419	5.27	↑2.07
虚假宣传	9856	1.53	31370	4.80	↑3.27
安全	5170	0.8	20671	3.16	↑2.36
假冒	5242	0.82	18524	2.83	↑2.01
计量	3651	0.57	7552	1.16	↑0.59
人格尊严	1562	0.24	1948	0.30	↑0.06

从统计表可以看出，现在的消费者法律意识提高了，维权意识增强了。如果企业在产品质量、产品安全、产品环保等方面损害了消费者的权益，损害了员工的利益，消费者和员工就会拿起维权的法律武器，维护自身的权益，绝对不会任你摆布。

中国过去的计划经济时代，商品供不应求，要凭各种票证来平衡消费需求。那个年代，商品只要生产出来就可以被卖掉，消费者基本不关注或没有余地挑剔质量和服务。

我在质量监督部门工作时，有位副局长原来在商业部门工作，他说当年在镇上时，一个职工找到他：因为老婆生孩子，身体非常差，家里人口又多，猪肉票不够用，请求能否照顾批几斤猪肉。这位领导体谅这名职工的困难，想批给他几斤猪肉。但是，身上没有带纸，一扭头看到墙上有枪毙犯人的布告，就顺手撕了一块纸，批了5斤猪肉。职工能多买到5斤肉不知多高兴，你想他还能挑肥拣瘦吗？

而现在，市场是供大于求，什么都可以买到。消费者自然要买质量好的、服务好的，花钱买高兴。如果买到质量不好的，碰到服务不好的，那可要讨个说法，甚至不依不饶。企业让消费者不满意，消费者就会用脚投票，都不进你的店，不买你的商品，你还能生存吗？水可载舟，亦可覆舟，千万别小看民意这把"刀"。

第二把"刀"，媒体之"刀"

六十年代，国家大力推动"三线"建设，就是将我国在沿海地区的工业迁至贵州、四川等地。"三线"建设的总指挥曾经是彭德怀，有位副总指挥是我中学同学的父亲。我同学说，当年在西南有个煤矿出了重大事故，死了不少人，当时领导层决定封锁消息，结果就封锁住了，直到一二十年后外界才知道。那个年代是可以封锁消息的，但现如今还能封锁住吗？

我当年在一个部队政治处当干事时，用电话向远在其他地区的上级机关报告政治教育的情况。而这可要了我的命了，要一直扯着嗓子喊，对方才勉强听得清楚。一个汇报下来，嗓子都快哑了。

现在，由于高科技的发展、互联网的出现，新媒体、自媒体的崛起，信息可以瞬间传遍全国，甚至传向全世界。

"成也萧何，败也萧何。"企业的发展离不开媒体的宣传推广，而企业的消亡很多时候也是媒体的力量。如果你的企业出了问题，特别是在履行社会责任方面出了问题，损害了消费者或是合作方、员工的利益，加上企业公关危机处理失当，媒体舆论就可能形成狂涛巨浪，使你遭受灭顶之灾！因为，强大的压力可能在很短的时间内使你这个企业失去市场，失去消费者，原料链断裂，资金链断裂，果真至此，这个企业可能就该倒闭了。

秦池酒厂是山东省临朐县的一家生产"秦池"白酒的企业。1995年以6666万元的价格夺得中央电视台黄金时段广告"标王"，秦池酒厂一夜成名。中标后的一个多月时间里，秦池就签订了销售合同4亿元，头两个月秦池销售收入就达2.18亿元，实现利税6800万元，相当于秦池酒厂建厂以来前55年的总和。

1996年11月8日，秦池酒厂又以3.2亿元的"天价"，买下了中央电视台黄金时间段广告，从而成为令人瞩目的连任"标王"。该年秦池酒厂的销售一跃为9.5亿元。

秦池酒厂每年的原酒生产能力只有约3000吨，在巨大的需求面前，秦池酒厂从四川大量收购散酒，然后配上本厂生产的原酒，勾兑成"秦池古酒""秦池特曲"销往各地。一个不太显眼的地方性报纸报道了这一情况，接着全国媒体快速传播，秦池酒立刻在全国遭遇普遍质疑，面临四面楚歌，供应链、资金链断裂，销售额大幅度下滑，结果就像冰山崩塌一样，曾经辉煌一时的秦池成为转瞬即逝的泡沫。

绝大多数的媒体和记者都是要追逐新闻的，为此，他们可能"无孔不入"。看看有多少战地记者牺牲在战场上，有多少记者冒着生命危险进入贩毒或制假窝点当卧底，就可以了解记者追逐新闻的职业精神了。美国著名作家、记者盖伊·特立斯在《王国与权力》中描述记者时说道："他们不能让别人抢先发了新闻，必须去填塞报纸和电视得不到满足的胃口，满足商业对新的面孔、时尚、爱好、怨恨的渴望。"

媒体舆论这把"刀"，对不履行社会责任的事件一定会穷追猛打，对不履行社会责任的企业绝对不会手下留情。

第三把"刀"，法律之"刀"

"三鹿奶粉"事件恐怕大家不会忘记。经检测和审计，2008年8月2日至9月12日，三鹿集团共生产含有三聚氰胺的婴幼儿奶粉904.2432吨；销售含有三聚氰胺的婴幼儿奶粉813.737吨，销售金额4千7百多万元。由于在原奶中加入三聚氰胺，对大量婴儿造成伤害，被媒体曝光后，政府介入，三鹿集团最后受到法律制裁：原三鹿集团董事长田文华以生产、销售伪劣产品罪，被石家庄市中院一审判处无期徒刑；原三鹿高管王玉良、杭志奇、吴聚生分别被判处有期徒刑十五年、八年和五年。法律是无情的！

"三鹿奶粉"事件最让人难过的，是那些受到伤害的婴儿，最让人唏嘘的是发展五十年的三鹿集团从此倒下。而倒下的不仅是"三鹿"，民族奶业也因此遭受重创。不履行社会责任，伤害了消费者，毁了企业，害了产业，同时，责任者也要受到法律的制裁。

随着我国法制的完善，要求企业履行社会责任的法律约束在不断加强。不论是质量、安全、环保、合作，还是员工权益，企业如果冲了法律的红线，它就会被法律这把刀"砍"下来。

企业缺失社会责任的问题不容忽视

应该说，我国企业履行社会责任的形势在不断向好的方向发展，重视社会责任的企业越来越多。

中国社科院企业社会责任研究中心是我国企业社会责任研究和推动的顶级机构，很多重视社会责任的企业都将自己的企业社会责任报告报到这个中心，请他们给予指导、审核和监督。

据研究中心统计：截至2016年11月，共收到当年发布的社会责任报告1710份，其中有央企、地方国企、外资企业和民企。十年来，我国社会责任报告数量持续增长，相比2006年的32份，增长了53倍，整体上呈现"井喷式"的增长态势。这可以从一个侧面反映出我国企业社会责任的增强和发展。

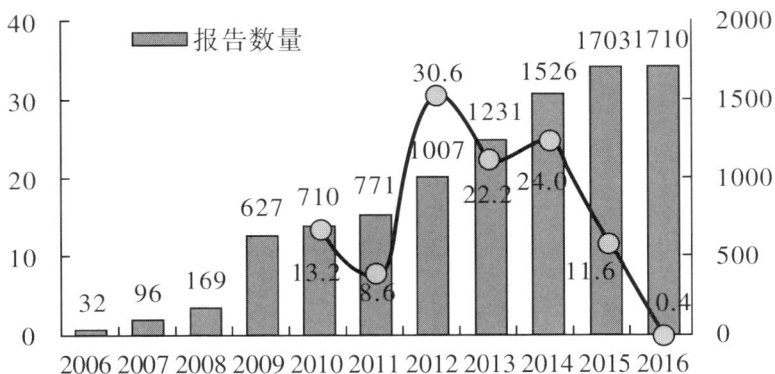

中国标准化研究院牵头起草了GB/T 36000社会责任系列国家标准，即，GB/T 36000-2015《社会责任指南》、GB/T 36001-2015《社会责任报告编写指南》和GB/T 36002-2015《社会责任绩效分类指引》，于2015年6月正式发布，并于2016年1月1日正式实施。它的出台标志着我国建立起了社会责任的自愿性标准体系，对于推

进我国社会责任、规范社会责任行为具有重要意义。

但是，纵观这些年，企业社会责任的缺失问题不可忽视。很多企业不重视社会责任，甚至严重违背社会责任。小企业有这样的问题，大企业、世界知名企业也有这样的问题。

即便是注意履行社会责任的企业，也有出现失误的情况，也面临着不断提升和强化的问题。

据企业社会责任研究中心发布的白皮书称：研究中心收到的企业社会责任报告，整体处于二星级，也就是发展阶段，49.7%的企业得分低于30分，仍处在起步阶段。

企业如果能够制定社会责任规划，明确企业社会责任工作的关键议题、发展目标、重点任务，能够为企业全面履行社会责任提供工作指导和行动蓝图，则说明企业履行社会责任到了一个比较自觉的阶段。但是，研究中心通过对1183份报告进行分析，发现仅有73份报告披露了企业社会责任规划，占比为6.2%，有近七成企业未披露任何社会责任管理制度。这表明现阶段大多数中国企业缺乏明确的社会责任目标和责任制度安排，或者没有把已有的质量、安全、人事等方面的制度上升到社会责任的高度来设立。

小企业社会责任缺失凸显

随着我国经济的高速增长，企业社会责任缺失的问题也凸显出来。特别是前些年，假冒伪劣问题、环境污染问题、安全隐患问题、侵害员工权益问题一度成了社会的焦点，而现在这种情况虽然有所好转，但也不容乐观。

我在质量监督局工作的那些年，看到市场上的假冒伪劣行为真是五花八门。

出租屋里几个大塑料桶，装满了低劣的沐浴液、洗发液，旁边堆放着各种品牌的包装罐，你要什么牌子的就给你装什么牌子的。这些冒牌低劣产品有的流入低端超市，有的流入路边的发廊。

买来的奶牛，没过多久，黑白相间的颜色竟然变成了黄色，奶牛变成了黄牛！染发剂、丰乳精用到了黄牛身上。

调料中加苏丹红，咸鱼中加敌敌畏，面粉中加吊白块，奶粉中加三聚氰胺，没毛的"沙皮狗"竟然长出毛来变成大土狗，等等，举不胜举。

有一年，有人用工业酒精勾兑白酒，结果喝死了人，说是死了七八个，也有说是十一二个。当时，为了防止有毒白酒继续对消费者造成伤害，市政府发出通知进行全面地毯式检查，发现勾兑的散装白酒一律予以查收。

质监局即刻组织了几个组分片检查，我作为副书记跟其中一个组。我们一个镇一个镇地跑，一个村一个村地查，也确实打掉了一些私自勾兑白酒的窝点。但是，这些农村很多都有自行勾兑地瓜酒的习惯，也不好区分。我们到了一个村子，在一个老汉家发现了半塑料桶地瓜酒，是从外边买来的。我们说要带走，老汉坚决不干，光着背冲我们嚷到："我从来都是把酒当水喝，哪有什么毒酒！"没办法，我们花了50元买了他的酒才带走。

2017年3月31日，国家食药总局发布食品安全十大案例。其中，有家企业经营的卤味烤肉店在加工卤肉时，将完整罂粟壳放在汤料包里置于卤汤中，或将罂粟壳碾磨成粉末，混入其他香料，直接撒在卤肉上，以使顾客上瘾，形成回头客。最终，企业主要经营者被人民检察院以贩毒罪提起公诉。

又如，有个家族利用陕西秦晋中医糖尿病研究所和其在全国20多个省市开设的诊所作为掩护，在其违法生产的森健降糖冲剂等10种假冒保健食品中，加入化学物质格列本脲、盐酸二甲双胍等药物成分。涉案26人被抓获。

大企业社会责任缺失更不可忽视

中国有些大企业同样存在社会责任缺失问题，如"三鹿奶粉"事件等。而近几年发达国家很有名气的品牌企业也屡屡发生造假问题。大企业由于其规模大、市场大、影响面大，社会责任的缺失危害更大，更需要企业经营者高度警觉，需要政府和全社会高度关注。如德国和日本大企业发生的问题。

我们前面讲到德国和日本的工匠精神，但是，这里又举例说到德国和日本大企业造假的问题。看来任何事情都不是绝对的，"德国制造"和"日本制造"的工匠精神是众多企业的精神，是这些国家整个制造业的口碑。但是，不等于他们所有的企业都能奉行工匠精神，有的企业就是把利润放在了第一位，把社会责任扔在了脑后。所以，推动企业社会责任建设绝对不是一件简单的事情。

2006年，大众开始规划新一代先进柴油机，柴油清洁方案曾获得多项大奖。柴油车的工作原理决定了它在提升燃烧效率的同时会令更多空气中的氮参与燃烧，从而排放出更多的氮氧化物。如果要减少排放必须要使用废气循环技术，这样做的后果是降低了燃烧效率，增加了油耗。但是，大众没有这样做，而是在排放问题上动了手脚。结果被以排放标准LEV Ⅲ著称的加州空气资源委员会检测发现，造假涉及上千万辆汽车，造成了严重的后果。

日本铃木汽车公司，2016年6月18日承认对全部16种在日本销售的车型燃效数据作弊。会长铃木修说，公司没有按照国家规定的"惯性行驶法"获取计算燃效需要的"行驶阻力值"数据，取而代之的是通过各种室内装置获得数据。铃木产汽车包括人们熟知的"奥拓"等微型车及小型车，涉嫌作弊的汽车超过210万辆。

日本三菱汽车社长相川哲郎，于2016年8月3日在新闻发布会上承认操纵燃油经济性测试结果，造假涉及2013年以来生产的62.5万辆汽车。而且三菱公司从1991年起就开始采用不合规范的燃效测试方法，至今长达二十五年。由于造假，三菱股价大跌逾15%，为过去近十二年来的最大跌幅，市值蒸发了12亿美元。

日本第三大钢铁企业神户制钢所总裁川崎博，于2017年9月12日在媒体会上公开道歉，承认旗下三家工厂和一家子公司长期篡改部分铜、铝产品的检验数据，将产品以次充好供应给客户。约200家企业受到波及，涉及汽车、新干线列车、飞机等部件制造。而且，问题严重的是这不是偶然事件。神户制钢所副社长梅原尚人在接受媒体采访时直言："篡改数据并非个别人所为，而是获得管理层默许，是公司整体问题。"据了解，包括该企业管理人员在内，至少有数十人参与篡改数据，是长期的集体造假行为。当看到这条新闻时，我们都不敢相信，涉及新干线列车、飞机用材都敢造假？就不怕高铁脱轨、飞机失事？这样危害人们生命的事也敢做？真是丧心病狂到了极点！

再说远一点，美国在二战的时候，一方面，美国士兵在欧洲前线浴血奋战，另一方面，美国的一些大企业把石油等战略物资卖给德国！而德国用来购买这些战略物资的钱，又是美国金融集团给的贷款！难怪德国潜艇在大西洋上绞杀英国运输船的时候，偏偏不攻击美国的油轮。美国的一些大企业唯利是图到了极点！

企业社会责任缺失的原因

企业造假，诚信缺失的原因是多方面的，有道德方面的，有法律监管方面的，也有社会诚信体系方面的。其中有两个问题应特别加以讨论：

首先，是急功近利，缺乏社会道德，也就是人心问题。

股东利润价值具有直接性、短期性的特点，社会责任价值则是间接性、长期性的特点。一个企业在短期内能否尽快盈利，成本能否尽快降低，竞争能否快速抢占上风，资金短缺能否渡过难关，都会直接影响经营者的决策，都可能诱惑经营者把盈利作为最高目标或当前第一目标。而履行社会责任，短期内可能成本加大，可能需要一个较长时间体现竞争优势，很多企业经营者耐不住，等不及，就不惜损害消费者的利益来实现短期目标，甚至不惜伤害广大消费者的健康和生命。从人的品性上说，这就是没有良知的企业。

这也就是我们前面所说的，对于经营者来讲，企业社会责任不只是一种经济计算，一种工作，还是一种价值观，一种信仰，一种毕生追求的目标。如果企业履行社会责任是企业经营者的价值观、信仰，是毕生追求的目标，他们就不会在企业发展的关键路口置消费者的利益于不顾。

如果没有把社会责任作为价值观和信仰，在企业面临利润与成本发生冲突或竞争激烈等难关的时刻，就会只顾及企业眼前的利益，只顾及经济数字，而丧失天良。

三鹿奶粉的董事长在明知原奶中有三聚氰胺的情况下，由于市场紧俏，还决定把含有三聚氰胺的产品当作合格产品准予放行，一个月内就向市场上推出了数千吨的问题奶粉。如果董事长和高管将维护消费者的利益视作自己的信仰，将婴儿的健康看得比天高，他们还能做出这样的决定吗？他们一定会宁可企业少赚钱，也不能损害那么多婴儿的健康。

德国大众、日本三菱、神户制钢的领导层，如果将企业社会责任视作自己的信仰，视作毕生追求的目标，他们还会做出造假的决定吗？

只有将企业的社会责任，将对消费者、客户、员工和社会的责任看得比天高，将为他们负责视作自己的信仰和毕生追求的目标，企业管理者才可能在任何情况下都不会做出有损于这种责任的决定。也只有牢固确立这样坚定的信仰和理念，才能使企业在社会责任上下足功夫，也才能从根本上提升企业的核心竞争力，使企业长久生存和发展。

张瑞敏、董明珠、任正非这些知名的企业家，都是把产品的质量、企业的信用视为生命。正因如此，他们的企业才有了今天的口碑，才有了今天的发展。

美国流传着一个普通律师将化工巨头杜邦送上法庭的故事。故事的主人公比洛特（Rob Bilott）发现了杜邦在生产过程中存在对

环境的严重污染问题。为了还社会一个公道，他依靠个人的不懈努力，克服重重困难去调查取证。在美国监管和相关法规不完善的情况下，他查阅了几十箱、多达11万张毫无条理的文件，不屈不挠地去调查化工事故的真相。通过大量的调查研究，他最终告赢了化工巨头杜邦。不仅如此，比洛特还写了长达972页的报告，附上136份证据，发给所有相关监管机构，为那些饮用水受到杜邦公司污染的居民讨回公道。最终，他帮助3535人对杜邦提出了人身伤害的赔偿诉讼。

如果不是将社会责任作为自己的信仰，比洛特能够坚持到底吗？

一个国家整体的企业社会责任建设，涉及全民的道德教育、全社会的法律监督、全民族的诚信体系建设。

强化全民的社会责任意识，也就是"良心"的问题，是根本性的，是一个民族、一个国家的根本竞争力。当然，这个问题的解决和强化，不是一朝一夕、一蹴而就的事，可能需要几代人的不懈努力。但是，我们必须努力，把这个问题摆到战略的高度，尽早、全面地抓起。首先，从娃娃抓起，从小学教育抓起。想想我们在小学读的那些课文，其中很多故事所体现的思想和理念影响了我们一辈子。我们还需要从全社会抓起，在宣传文化上下力气，通过小说、影视、文艺等方方面面进行氛围营造。

第二，是社会诚信体系的不完善，不履行社会责任的成本低。

都说美国人非常注意个人诚信，其实是美国社会诚信体系比较完善，对个人有约束而已。

我弟弟在美国工作、生活多年，他给我讲了一段自己亲身经历的事。他说有一次停车后被警察贴了罚款单，就到法院去处理（美国这些事也是法院受理）。

在法院，法官说："你停在了黄线边上，是违规行为。"

我弟弟说："那个地方的黄线陈旧剥落，不清晰，不能怪我。"

法官说："那你去拍个照，拿来我看看。"

我弟弟立刻到那个地方去拍照。但是到了那个地方一看：坏了，刷上新漆了！

他跑回去跟法官说："刷上新漆了，拍照无法证明。"

法官又说："那你去抠一块新漆拿来我看看。"

我弟弟立刻跑去，抠了一小块新漆回来交给了法官。

法官用手搓了搓，说："看来是新刷的漆了，没你的责任了。"

我说："要是在中国，法官哪敢让本人去取证呀。"我弟弟说："在美国，如果做了假，恐怕以后就寸步难行了，因为美国有一个完整的诚信体系。"

我在质监局时到澳大利亚质量监督部门考察，了解到他们的质量检测机构是私人办的，就问他们："你们的检测人员有没有出假报告的行为？"

开始对方听不明白，后来经过翻译反复说明，他才明白。然后立刻说："那不可能，如果做了假报告，他在澳大利亚就再也找不到工作了。"

由于种种原因，中国的诚信体系还在建设之中。没有完善的诚信体系，企业的诚信、企业的社会责任就失去了有力的外部条件。很多人即便造了假，只要没有触犯法律，就不会有更大的损失。而有些法律处罚又比较轻，起不到震慑作用。有的个人即便是被处罚，跑到别的地方又照样开店或找到工作。

可喜的是，我国现在的诚信体系建设已经在推进之中。最近央行准备成立的征信联盟，就是一个重大举措。征信联盟包括首批八家个人征信试点机构中的芝麻信用、腾讯征信、前海征信、考拉征信、鹏元征信、中诚信征信等，以及百度、网易、360、小米、滴滴、开鑫金服、宜信等行业相关机构共同发起成立的一家个人征信联合机构，它们能够在传统金融之外，实现对互联网金融和小微金融个人征信的全面覆盖。

各种机构对企业社会责任的定义

前面讨论了企业为什么要履行社会责任，为了下面更好地讨论怎样履行社会责任，这里需要简单地讨论一下什么是企业社会责任。

这个问题很多机构和专家给过定义，但是也没有一个大家公认的标准定义。问过一些企业经营者什么是企业的社会责任，有很多人答得很准确。但是，也有的说是慈善捐助，是抢险救灾，有的说是环境保护，厉行节约，是对社区的责任……

注意研究企业社会责任的人恐怕都知道，在20世纪30年代，美国哥伦比亚大学贝利教授与哈佛大学多德教授进行了一场关于企业社会责任的论战，这是一场非常有名的论战，是奠定企业社会责任地位的论战。这个论战对社会责任的内涵说得比较清楚。

贝利认为，企业管理者只能作为企业股东的受托人，其权力应本着股东是企业的唯一受益人的出发点而创设和拥有，股东的利益始终优于其他潜在利害关系人的利益。多德则认为，企业管理者应该是企业所有利益关系者的受托人，并以兼而实现股东利益和社会利益为目的，反对股东至上。

到六七十年代，多德的社会责任观渐渐被大家接受，居于主导地位。

那么对于社会责任怎么定义呢？

百度百科的解释：企业社会责任是指企业在创造利润、对股东和员工承担法律责任的同时，还要承担对消费者、社区和环境的责任，企业的社会责任要求企业必须超越把利润作为唯一目标的传统理念，强调在生产过程中对人的价值的关注，强调对环境、消费者、社会的贡献。

联合国在《全球契约》中要求跨国公司重视人权、劳工标准、环境保护和反腐败,以克服全球化进程带来的负面影响。

欧盟把社会责任定义为"公司在自愿的基础上把对社会和环境的关切整合到它们的经营运作以及它们与其利益相关者的互动中"。

世界银行提出,企业社会责任是企业与关键利益相关者的关系、价值观、遵纪守法以及尊重人、社区和环境有关的政策和实践的集合,是企业为改善利益相关者的生活质量而贡献于可持续发展的一种承诺。

世界经济论坛认为,作为企业公民的社会责任包括四个方面:一是好的公司治理和道德标准,二是对人的责任,三是对环境的责任,四是对社会发展的广义贡献。

国际标准化组织认为,社会责任是指一个组织在开展任何活动时都要负责任地考虑对社会和环境的影响,其活动应当满足社会和可持续发展的需要,符合社会道德标准,不与法律和政府间的协议相抵触,且全面贯穿到该组织开展的活动之中。

美国经济发展委员会1971年6月发表的《企业的社会责任》和中国国资委的《关于中央企业履行社会责任的指导意见》,都把对企业相关利益方的责任放到了很重要的地位。

综合起来,大概有两种说法:

第一种说法,社会责任是对股东以外的关联方的责任,即:对消费者、客户(购买产品或服务的企业、机构)、合作伙伴、环保、社区和员工的责任。这种说法是把企业的责任分为两个方面:一是对股东的责任,一是对股东之外关联方的责任,也就是社会责任。

第二种说法,社会责任包括对股东利润的责任,也包括对股东之外关联方的责任，等于把企业的责任都放在了社会责任之中。

企业社会责任概念中应不应该包括股东利益这个问题，我们下面再讨论。但是，企业要对相关利益方负责，也就是要对消费者、客户与合作伙伴、环保、社区和员工负责，这是没有争议的。

企业社会责任中包不包括对股东利润的责任

企业的责任，包括对企业股东的责任和对社会的责任。但是，在上述说法中，有的把对股东利润的责任放到了社会责任之中，在描述企业社会责任时，把企业的经济发展也列进来。

企业社会责任到底该不该包括对股东的责任，也就是包不包括利润和赚钱呢？这个问题需要搞清楚，因为关系到对企业社会责任的评价和对企业社会责任建设的推动。

我们权且把企业社会责任包括股东利润（也就是经济利益）的说法称为"混合说"，把社会责任不包括股东利益的说法称为"单纯说"。下面前种为"混合说"，后种为"单纯说"。

美国经济发展委员会1971年6月发表的《企业的社会责任》中列了10条内容，第一条就是"经济增长与效率"，其他为：教育；雇佣和培训；人权与社会平等；城市改进与开发；污染防治；资源保护与再生；文化与艺术；资助社会健康计划；政府。

20世纪80年代出台《联合国全球协议》（SA8000）列了九条，没有提到经济效益或股东利润。九条是：（1）不使用或不支持使用童工；（2）不使用或不支持使用强迫劳动；（3）健康与安全；（4）结社自由及集体谈判权利；（5）不从事或不支持歧视；（6）惩戒性措施；（7）工作时间；（8）工资报酬；（9）管理体系。

世界银行明确：企业社会责任是企业与关键利益相关方的关系、价值观、遵纪守法以及尊重人、社会和环境有关的政策和实践的集合；是企业为改善利益相关方的生活质量而贡献于可持续发展的一种承诺。其关键利益相关方，我们理解就是指股东之外的利益方。

如果按照"混合说"，三鹿、大众、三菱、神户制钢这些企业，还有生产假药、有害食品等假冒伪劣产品的企业，他们的造假行为也是为了创造利润。那我们是不是应该评价这些企业部分履行了社会责任，部分社会责任缺失呢？因为这个企业满足了"混合说"中经济效益这部分责任。

对于假冒伪劣的制造者，"单纯说"则应该评价这个企业是全部社会责任缺失，即便是靠假冒伪劣产品赚了钱，即便是在造假后提高了利润，提高了效率，也是社会责任的缺失，这种经济效益不是社会、国家和民族所需要的。我们大声疾呼企业要履行社会责任，就是指对股东以外的利益相关方负责。如果伤害了利益相关方，这个企业就是没有履行社会责任。在当前很多企业履行社会责任不到位的情况下，在我们国家的企业社会责任建设道路还漫长的情况下，"单纯说"更有利于宣传和倡导企业社会责任。

"混合说"可能觉得企业不能不讲经济效益，不能不讲获取利润。这里要明确两个概念，即企业的责任和企业的社会责任。企业的责任包括对股东的责任，就是经济效益，赚取利润。社会责任就是对股东之外的相关利益方的责任。企业不对股东负责，不讲利润，当然就失去了存在的价值。但是，股东的利润是从股东之外的相关方来赚取的，如果不对股东之外的相关方履行责任，这个企业同样不能生存，因为人类和社会不允许它生存。

社会责任真是企业的生命吗？

通过前面的讨论，我们认为企业应该履行社会责任。但是，到底应该怎么履行呢？是否需要企业全身心地去履行？企业社会责任真如本书说的是"企业生命之源"，也就是关乎企业的生命吗？

有的企业同事说，社会责任应该履行，也很重要，但是如果把这个责任说成是企业的生命，是竞争力，这就不大能理解。有的说，如果是企业的生命，那就是企业的第一要务，可企业赚钱不是天经地义的吗？不应该把为股东赚取利润作为第一要务吗？如果企业没有利润，企业垮台了，还怎么对消费者，对合作伙伴，对员工负责？

企业的天性的确是逐利，也就是为股东获取利润。企业赚不到钱，企业垮了，当然不能再履行社会责任。但是，我们能不能换个角度去想，企业通过什么获取利润？如果不把股东之外的相关方，即消费者、客户、合作伙伴、员工摆在第一位，你这个企业还能获取利润吗？还能生存吗？我们再详细探讨下：

第一，仅靠股东投资就能获取利润吗？我们说企业生存和发展，当然首先要依靠股东的投资。但是，股东的投资不会自动增值，不会自己产生利润。投资是要通过广大消费者和客户购买消费来实现增值的。广大消费者和客户在购买时，不仅支付了产品和服务的投资成本，还支付了增值的利润。

但是，前提是消费者和客户愿意购买你的产品和服务。特别是在当前经济不断发展、商品供大于求的情况下，在市场经济不允许你一个企业垄断的时候，如果你不能满足消费者和客户的需求，包括满足消费者和客户对产品功能、质量、安全、环保上的要求，对产品文化的需求，或者不如其他竞争对手更能满足消费者和客户在这些方面的需求，消费者和客户就会用脚投票，不来购买你的产品和服务，那么你在竞争中还能生存吗？对消费者的责任是不是关乎企业的生命？

第二，离开了员工，离开了人才，企业能生存吗？谁都知道，企业发展的要素中，人是第一要素，比资金、技术等更重要。企业如果对员工不尽心尽责，员工就不会认真履行岗位职责，产品还能做得好吗？特别是很多国家这方面的法律在增强，员工维护个人权益的意识在增强，过去"血汗工厂"的状况已经不允许存在，而且当今员工需要的已不仅仅是工资，还有尊严、文化和情感上的满足。你不保证员工的合法权益，不想办法满足员工在尊严、文化和情感上的需求，就不能调动员工的聪明才智和积极性，企业就很难经营好。企业的竞争，首先是人才的竞争。不尊重和维护好优秀人才，人才都跑到竞争对手那里去了，你这个企业还能不败北吗？企业对员工的态度和责任是不是关系到企业的生命？

有的说，那么企业在困难的时候也不能裁员吗？我们说，竞争的市场，企业要自负盈亏，自然有生有死。或市场变化，或企业经营不善，支撑不下去的时候当然可以裁员。但即便裁员，是否抱着对员工负责的态度，是否依法依规办理，也是社会责任履行范畴的问题。

第三，不顾及人类整体利益的企业能生存吗？人类发展繁衍的基本法则制约着企业，人类的繁衍要求企业必须顾及人类整体的利益，必须顾及人类后代的利益，而不会允许企业为了顾及股东等少数人的利益而损害环保，损害下一代的利益。如果你只顾及股东等少数人的利润，而不顾及整个群体以及后代的利益，甚至损害多数人的利益，人类的法则一定会淘汰你。

在社会需要你支持时，包括一些社会公益需要，发生灾害时的救灾需要，如果企业不能给予关注，不能在力所能及的条件和范围内给予支持，你这个企业就会引起社会的不满，甚至会引起广大民众的反感。在这种情况下，消费者就会认为你是个对社会、对民众不负责任的企业，同样就会用脚投票，不来购买你的产品和服务，你的生存能不受影响吗？

市场竞争，就是对消费者、客户、员工忠诚度的竞争。这种忠诚度是关系到企业生死的根本问题。因此，社会责任是企业的生命之源。

企业必须履行社会责任。但是，客观地说，企业履行社会责任也不是很简单很容易的事。因为企业在运作中，会受到决策者价值观、文化理念的影响，会受到眼前利益和困难的制约。虽然社会责任对企业非常重要，非常有价值，但是有的企业只考虑眼前的竞争、眼前的利益、眼前的困难，不履行或不认真履行社会责任。因此，企业要履行好社会责任，必须真正理解企业和社会责任的关系，从骨子里意识到社会责任对于企业的价值，更应该把社会责任作为自己的价值观、信仰和毕生奋斗的目标，使之成为企业团队的文化、企业团队的基因。同时，要奉行王阳明的"知行合一"思想，真正在企业管理和发展的方方面面进行落实。

对消费者的责任

作为企业，不论是制造业、流通业，还是服务业，不论是直接面对消费者的，还是面对客户（即企业和机构）的，最终的目标都是为消费者服务。对消费者的责任是企业社会责任的第一要务。

对消费者的责任内容涉及产品质量（包括服务质量）、价格诚信、生产安全、环境保护、知识产权等方面。

对消费者的责任种类有法律层面、道德层面和道义层面的。有的责任是法律强制性的，不履行这种责任就是违法，要受到法律的制裁。如质量、安全、环保和员工权益等方面，国家有明确的法律法规的管制。价格和服务方面也受到合同法等相关法规的制约。有的责任并不是受法律制约的，不做也没有违法。但是如果违背了这种责任，就违背了社会公认的衡量行为的准则，就会遭到社会的谴责。而如果一个企业在道德层面的社会责任没有尽到，就会引起广大社会群体的不满，失去消费者，失去客户，失去市场。

关于道义上的社会责任。按照词义的解释，道义是道德和正义的体现，我们暂且用道义这个词来阐述这个最高境界的社会责任。赈灾扶贫、慈善济困、捐助教学等等，这些道义上的责任，作为社会细胞的企业，不可能与之没有关联，不应该漠不关心。当然，不履行道义上的责任，既没有违法，也可能没有违背一般的道德标准。但是，如果企业履行了道义上的责任，则对社会非常有益，就可以得到广大消费者、客户、合作伙伴、社会大众的赞誉，提高企业的美誉度，也可以增强员工对企业的认可度和忠诚度。这些年，

很多企业家做慈善，履行道义上的责任，还不仅仅是为了企业的发展，也是一种中华民族之子的责任之体现，是心灵上的升华。

作为企业，对消费者负责，简单一句话，就是要让消费者满意。营销大师菲利普·科特勒认为，消费者满意"是指一个人通过对一个产品的可感知效果与他的期望值相比较后，所形成的愉悦或失望的感觉状态"。陈春花教授说："服务就是给顾客意外的惊喜。"

要让消费者满意，就要不断提升消费者价值。消费者价值是指总消费价值与总消费成本之差。其中，总消费价值就是消费者从某一特定产品或服务中获得的一系列利益，包括产品价值、服务价值、人员价值、形象价值和情感价值等。消费总成本是指消费者为了购买产品或服务而付出的一系列成本，包括货币成本、时间成本、精神成本和体力成本。

成功企业的实践证明，企业只有给消费者提供比其他竞争者更多的价值，即优异的消费价值，才能保留并造就忠诚的客户，从而在竞争中立于不败之地。

质量保证

什么是产品质量？什么是质量保证？何为质量好的产品？何为问题产品？食品是不是吃坏了肚子才叫质量有问题？鞋子是不是一穿就破才叫质量差？我们简单讨论一下，搞清几个基本概念。

质量保证（Quality Assurance），就是按照一定的标准，对所生产的产品进行的承诺和规范。这个标准很重要，也就是说一个产品的质量好坏，谁说了算？是质量标准说了算。

质量标准是产品生产、检验和评定质量的技术依据。产品质量标准，关乎生产配方、成分组成、包装及包装容量、运输及贮存等相关问题。产品质量特性一般以定量表示，例如强度、硬度、化学成分等；对于难以直接定量表示的，如灵敏、舒适、操作方便等，则通过产品和零部件的试验研究，确定若干技术参数，以间接定量反映产品质量特性。产品还要注明生产日期、厂家名称、地址等，经国家质量技术监督局批准或备案后，公司才能生产产品。

对企业来说，为了使生产经营能够有条不紊地进行，从原材料进厂，一直到产品销售等各个环节，都必须有相应标准作保证。它不但包括各种技术标准，而且还包括管理标准，以确保各项活动的协调进行。

我国现行的产品质量标准，主要包括：国际标准、国家标准、行业标准（或部颁标准）和企业标准等。企业标准主要是企业针对没有国家标准和行业标准的产品，自行制定标准作为组织生产的依据。企业的产品标准需报当地政府标准化行政主管部门和有关行政主管部门备案。

国家质量技术监督系统会按上述标准检测生产出来的产品是否符合标准要求，以保证产品的质量符合社会大众的要求；流通企业也是按照这些标准检查制造企业的产品质量；广大消费者也就是按照这些标准来定夺所购产品的质量。食品达不到所定标准，就是质量不好，而不是一定要等吃坏了肚子才叫质量不好。买的鞋子也不是一穿就破才算质量不好，而是要看是否达标。

质量保证的关键词是"信任"，消费者对所购产品达到预期质量要求具备足够的信任。这种信任是在订货或购货前形成的，如果客户或消费者对供货方没有足够的信任，则不会订货或购货。这就是制造业、流通业需要努力下功夫的地方。（参考万融《商品学概论》，中国人民大学出版社，2013年版）

作为企业，要在质量上对消费者负责，就不能绕开一个当今上上下下都高度关注的问题，即：假冒伪劣商品（Fake and shoddy goods）。

假冒和伪劣还不一样。

假冒商品是指商品在制造时，逼真地模仿其他同类产品的外部特征，或未经授权，对已受知识产权保护的产品进行复制和销售，

借以冒充别人的产品以牟利。在当前市场上主要表现为冒用、伪造他人商品的商标、标志；冒用他人特有的名称、包装、装潢、厂名厂址；冒用优质产品质量认证标志和生产许可证标识。

伪劣商品是指生产、经销的商品，违反了我国现行法律、行政法规的规定，其质量、性能指标达不到我国已颁布的国家标准、行业标准、地方标准以及备案的企业标准所规定的要求，甚至是无标生产的产品。

企业，不论是制造业、流通业还是服务业，都要努力使产品符合质量标准，都要防止假冒伪劣商品，以对消费者负责。

不是生产企业的商家就与产品质量问题无关吗？

产品质量是制造商的责任，但作为产品链条末端的零售业，与产品质量是不是就无关？

《中华人民共和国产品质量法》规定：生产者、销售者依照本法规定承担产品质量责任。因此，零售商与销售产品的质量是有关的。但是，从实际情况看，零售业中不同的业态、不同的商业模式，对商品质量的关注度不同，商品质量管理的程度也不同。

商务部2004年发布的《零售业态分类》（GB／T18106-2004），按照零售店铺的结构特点、经营方式、商品结构、服务功能，以及选址、商圈、规模、店堂设施、目标顾客和有无固定营业场所等因素，将零售业分为食杂店、便利店、折扣店、超市、大型超市、仓储会员店、百货店、专业店、专卖店、家居建材店、购物中心、厂家直销中心、电视购物、邮购、网上商店、自动售货亭、电话购物等17种业态，并规定了相应的条件。但是，随着商业的发展，现在跨界融合越来越多，很多商业企业很难准确划分了。

不过，简单划分可划分为平台方式和直营方式两种。

平台方式中又分为"扣点模式"和"租金模式"两种或两者兼有。如百货店，就是分成扣点。一般是百货公司和供应商协商好分成的点数，统一收款，定期和供应商结算。"租金模式"多为购物中心（零售之外的、批发市场也是租金模式。），只向各商户收租金，不过问商家的销售额。

分成扣点的方式由于是从销售额中分成，因此，百货公司对各专柜的经营关注度高，对品牌地位、商品质量、专柜服务把握更深些。而只收租金的购物中心，由于租金和年度递增比例已经固定，对商品质量、服务质量的关注度有一定差别。

直营方式包括平台商家自有品牌、直接采购和代理，还有厂家直销，它们都是把货变成自己的再去卖。直营方式对商品质量关注度最高，因为质量出问题，不但赚不到钱，还可能因货砸在手里而赔钱。百货公司或购物中心由于这些年专注做分成扣点的平台模式，直营的"武功"全废了，所以直营比例普遍不高，不如国外百货公司的比例高。

但是，不论哪种业态、哪种方式，零售企业都必须高度关注商品质量。即便做平台的，即便是只收租金的，同样需要高度关注商品质量，不能说与自己无关。因为：

第一，按照法律法规，商场作为商品销售者必须承担产品的质量责任，应当采取措施，保持销售产品的质量。2014年开始，国家质监总局就开始试行"商场质量首负责任制"，消费者购买的商品质量出了问题，商场要先行赔付。

第二，从消费者的认知角度，供应商专柜商品质量出了问题，消费者首先说的是某某百货公司、某某购物中心出了问题，首先影响的是平台的声誉。反过来，平台上供应商的产品质量好，也是平台的口碑声誉好。

所以，作为商家，一定要高度重视产品质量，不能说质量是厂家、供应商的事，与自己无关。

这里顺便说一下分成扣点和促销打折的问题。商家促销，往往采取价格打折的方式，因为价格还是消费中的敏感点之一。消费者的心态可能是打折越多越好，但是打得太多了，可能又担心里面有猫腻。我觉得消费者如果了解百货公司的扣点就好把握了。

不同的商品根据其利润率不同，商场在供应商当月销售额中的扣点比例是不同的。举例来说，服装，扣点一般在20%～30%；家电，扣点可能在10%左右；而黄金，可能只有百分之几。同类商品由于品牌地位不同，扣点也不尽相同。例如国际一线品牌，由于高端产品价位高，所以其折扣即便不大，在消费者心中的感觉也是非常好的。

每次商场促销时，商场和专柜供应商共同让利打折，但是由于不同类商品利润率不同，平台扣点不同，打折是受到一定限制的。因此，超出一定程度的打折，要么是真的让利，要么是清理尾货，要么可能就是商品质量有问题了。消费者关心打折，但更要关心商品的质量。

怎样才能履行好对消费者的责任？

下面，我们就结合一些案例，看看如何履行社会责任。当然，很多企业这方面做得很好，很多的案例比以下说到的还要典型，我分享的这些案例是我自己亲身经历或所见所闻，仅供大家研究。

自找麻烦的效果

广百主动和质量检测机构签订协议，检测机构定期或不定期到广百的商场抽查商品质量，发现问题立即通报广百。广百接到通报后，立即整改。有人说，别人对质量监督躲还躲不过来呢，你们这不是自找麻烦吗？

按照产品质量法第三十三条规定，销售者应当建立并执行进货检查验收制度，验明产品合格证明和其他标识。

广百严格执行了法规规定的程序，一是对厂家进行考察，包括厂家的各种法定的证照和生产质量管理；二是对商品各类规定的检测报告进行审查；三是在进货前对商品进一步进行检查。尽管这样，商品质量的纰漏还是不能做到百分之百防范。有时监督执法机构到商场监督抽查时，还是会发现有的商品质量不达标。

对商场商品的监督抽查，是对消费者的负责，也有利于商场的长远发展。但是，一旦查出不合格产品，有关部门就会对外公示，从眼前来讲，生产厂家和商场都会有压力。

过去遇到这种事，供应商很紧张，门店也很紧张。一方面抓紧处理问题商品，一方面就会赶紧去找相关部门做工作，希望不要公示，以减少对外界的负面影响。但是，往往这样的"奔跑"效果都不佳，毕竟监督执法部门有法规制约着。

后来，广百转变思路，变被动为主动，与质量检测机构签订协议，委托检测机构定时或随时到商场进行商品抽查，发现问题商品及时通报商场，商场及时将问题商品下架，协调厂家立即进行整改。这样自找麻烦的措施，一方面有力促进了商品质量的监督，一方面也避免了因为一两件问题商品造成商场在社会上的不良影响。

由于广百在商品质量上严格把关，因此，在社会上形成了良好的口碑。在广州，很多消费者说起广百来，都会说广百的商品质量有保障。就像家电，由于苏宁、国美、美的等家电大卖场的兴起，其连锁店数量多，采购议价能力强，零售价格低，致使百货公司家电部分很难做。加上家电行业自身竞争激烈，利润越来越薄，百货公司的扣点越来越低，因此很多百货平台就不做家电了。但是，广百还在做家电，而且还做得比较好，像北京路店整个一层都是各类品牌的家电。为什么？口碑好，消费者多。很多消费者一说起广百卖的家电，都会说"虽然价格比大卖场高一点，但是质量有保障，售后服务好。"

我在湛江南海舰队机关工作期间，机关或是个人买贵重点的东西，都是说："上广百吧，广百的商品质量好，有保证。"像烟酒这类鱼龙混杂、假冒伪劣难辨别的商品，那肯定是到广百去买。过年过节机关慰问老干部，送上的慰问品如果包装袋不是广百的，老干部就不高兴，认为是随便买的东西对付他们。如果看到是广百的包装袋，就眉开眼笑了。我到广百后去湛江店考察，了解到他们在供应商选择、商品渠道控制、现场质量把关上确实采取了很多有效措施。消费者能形成良好的口碑，那还真是一分耕耘，一分收获，不容易得来的。

不仅仅关注租金的广州美博城

作为平台式商业，批发市场是改革开放后的产物，是中国的特色。批发市场的兴起，对制造业与市场对接起到了很好的链接作用，对经济发展起到了巨大的促进作用。但是，批发市场一大弊病就是商品良莠不齐，假冒伪劣商品较多。很多批发市场的经营管理者，往往是只关注租金，对商品质量不怎么在意，有的甚至是睁一只眼，闭一只眼。特别是前些年，这方面的问题比较突出。有的时候执法部门要来检查，有的批发市场提前得到消息后，还会悄悄通报一些假冒商品的档口，让他们提前关门，以规避检查。但是，也有些批发市场的经营者，有长远眼光，非常注意批发商的产品质量，美博城就是其中的一个。

广州美博城是化妆品行业知名的批发市场，由广东省安华美博集团建设经营，面积很大，每年都会组织行业采购会，在全国具有影响力。安华美博的董事长王福官，福建人，很早来广东创业，谦逊和气，是一位重质量、有眼光的经营者。我在广百的时候，就和王福官董事长认识，大家经常交流对项目的看法。当我退休后专职担任广州商业总会会长后，因为与王福官同为广东省商业联合会的副会长，接触的机会就多了。特别是王董事长接任省商联会的会长后，接触就更多了，对他在经营上重质量、守信用的理念了解得也就更多了。

广州美博城自2003年开业之初，就牢固树立"诚信经营、拒绝假货，打造美博城金字招牌"的经营理念，时刻严把商户入门关口，切实做好品牌建设工作。一是坚持高门槛、高标准选商，进驻美博城的必须是在行业具有知名度的品牌产品，各类手续必须齐全、真实；二是进驻商户要与美博城管理方签订《诚信经营承诺书》，保证不销售假冒伪劣商品，不得有价格虚假和欺诈行为；三是通过公示官网、微信、微博等宣传窗口，及时传达国家对化妆品行业出台的最新法律法规，加大对商户及来美博城采购客户的法律宣传工作；四是在政府食药部门的支持下，建立美博城化妆品快速检测站，为采购、购买者提供检测条件；五是成立公司总经理亲自挂帅的"诚信经营检查领导小组"，对在检查中发现的问题，提出限期整改要求；六是建立商户互相监督、假冒伪劣产品举报奖励制度，形成"老鼠过街人人喊打"的氛围；七是建立不达标商户退场制度，凡是违反公司规定销售假冒伪劣商品的商户，坚决取缔在美博的经营资格，驱逐出场。

由于采取了超出一般批发市场的严格措施，美博城的商品质量树立了良好的行业口碑，采购者越来越多，生意越来越好。在这两年很多批发市场经营惨淡，商户甚至交不上租金的情况下，美博城的租金不降反升。2017年美博城荣获"广州市著名商标"的殊荣，使广州美博城的品牌建设进一步得到了行业及社会的高度肯定。

八十年的质量责任

说起在质量上对顾客负责，我们不得不说到这样的一个故事。

武汉的景明大楼（The Building of Hemmings & Berkeley Co.），是武汉历史上最重要的一个外资建筑设计机构设计建造的六层大楼，位于江岸区鄱阳街青岛路口。1920年开工建造，1921年建成。该楼后称民主大楼，是武汉市民主党派办公楼。

1999年，大楼业主收到万里之外英国设计单位的一封来函，告知该大楼设计寿命为八十年，质量责任期已到，提请有关方面注意。在几十年之后，设计单位仍然关注着自己产品的质量，关注着业主的安危，也关注着自己在产品上的责任，这在武汉以及行业里都引起了很大的反响。八十年的质量责任，大家都为这家机构的责任感而赞叹。

我们用这个案例告诉广百的管理者和员工，什么叫对消费者、对客户负责。

三把大铁锤

上面讲的是国外企业对质量负责的案例，中国的企业也不乏视质量如生命的故事。"三把大铁锤"的故事，就是其中的典范。

张瑞敏的大铁锤。张瑞敏砸冰箱的故事在业界是耳熟能详的。海尔创业初期，只是一个集体小厂，只有一种产品，全厂职工不到800人。总裁张瑞敏提出了"名牌战略"，当他发现一批冰箱质量不过关时，他抡起了大铁锤，在很多人不理解的眼神中，在众多惋惜的目光中，大铁锤砸了下去。这一砸，宣示了海尔从起步就把产品质量放在重中之重，把对消费者负责的企业社会责任放在第一位。以后，通过精细化管理、技术开发等一系列的运作，他使一个当年亏空147万元的集体小厂，迅速成长为中国家电第一名牌。

何利耀的大铁锤。广州的南方大厦在资不抵债、经营方向转型的时候（后边我们会详细讨论南方大厦的变迁）对社会公开招商。年仅32岁的民营企业小老板、潮汕小伙何利耀递交了整体承租南方大厦、打造电子批发商城的报告。在分管市领导询问他对批发市场行业的认识时，何利耀说了自己的看法后，甩出一句话："全广州市所有的批发市场，只要您点得出名字的，我闭着眼睛也能说出它的情况！"也确实，他用了六个月的时间收集了广州市1000多个有一定规模的批发市场的资料，并逐一标在一张大地图上（这张图现在还挂在南方大厦）。正是这种精细准备的精神，感动了市领导，何利耀最终被确认为南方大厦的承租者。

南方大厦装修期间，何利耀每天巡场时，后面都跟着一个保安，保安手里提着一把大铁锤。何利耀看到哪个地方工程质量不好，回头向保安一示意，保安上去就是一锤，把那个地方砸烂！之后，施工队就赶紧重新做。

正是何利耀对工程质量的高度严格，南方大厦的装修质量才是一流的；正是何利耀对客户、对消费者的负责精神，十几年了，南方大厦商城才一直兴旺至今。

黄文仔的大铁锤。无独有偶，广州还有一个老板喜欢大铁锤。星河湾，目前是国内数得着的品质楼盘。有人说，黄文仔不是媒体报道最多的地产商，也不是开发楼盘最多的地产大佬，但他的星河湾小区却有可能是中国地产界被观摩最多的楼盘。很多在星河湾住了十多年的老住户，说起小区住房和环境的品质，都是一种自豪和愉悦的口吻。正如星河湾的广告词："一个心情盛开的地方。"

星河湾为何有这样的口碑？黄文仔的大铁锤可以说明缘由。

黄文仔是一个极其专注和挑剔的人，是一个完美主义者，他做项目追求的是品质和品牌。"不求最大，只求最好"，盖的房子不只是一件"商品"、一件"产品"，而是一件"作品"，要打造房地产界劳斯莱斯，这就是他的理念和信仰。他精心经营"星河湾"这个品牌，装修工程更是容不得丝毫的马虎和错误。在巡场时，他叫司机提着个大铁锤跟在后边，哪个地方质量不行，哪个地方不太好了，上去就是一锤！据说，他有一幅宣传图，一辆劳斯莱斯豪华车，但车头上不是那个带翅膀的小金人，而是一把大铁锤！

三把大铁锤，体现的是坚定的企业社会责任，是精益求精的工匠精神，是追求品质的人生信仰。

沙发该不该退

我到广百后，设置了一个公开董事长电子信箱。广百的员工对企业有什么意见、建议，个人有什么困难或要求，消费者、合作方有什么意见和投诉，都可以直接发邮件给我。而且密码是我自己掌握，邮件我亲自看，免得发邮件的人有顾虑。那时候，每年大概都会收到一二百封邮件，大大有助于我了解员工的意见，消费者的反映，体验需求的变化，感受市场的脉搏。

有一天，我收到一位顾客的邮件。大意是到广百买了一套沙发，不到一个月沙发开线了，明显是质量有问题。这位顾客找商场要求退货。但是楼面经理说，当时是春节促销，卖这种沙发的是一个临时在广百空闲位置销售的经销商，节后这家经销商已经撤场了，等联系到他们后再协商退货。可是过了好几天了，经理还没有回复。因此，这位顾客非常生气，问我这个董事长怎么解决。

看完邮件后第二天，我找到百货公司和门店领导，问他们是不是有这么回事，他们说是有这么回事。

我说："你们当时有没有和顾客说，这是临时销售，时间很短，如果出了质量问题我们需要联系经销商来解决，但是联系的时间不能确定，联系不上就不能退货。"

门店经理说："董事长您开玩笑，如果这样说那就别卖东西了。"

我说："就是呀，既然当时没有这样说，现在出了问题了，却告诉人家说是临时促销，要找临时促销商，我们广百不能马上办，你们认为合适吗？如果你是消费者你会满意吗？顾客来买东西，首先是冲着广百来的，商场是质量第一责任人，这个问题不能满意地解决的话，影响的是整个广百的声誉。更何况，我们是统一结算，顾客购买沙发的钱是交到我们广百的收银台吧？从这点来说我们就是责任人。"

百货公司领导立即说："董事长，我们知道该如何处理了。"

第二天，门店领导带上退货款和礼品，登门办理退货，并一再道歉。百货公司领导也将此事在公司内部进行了宣讲，强调商场是产品质量第一责任人，即便是供应商厂家的责任，我们商场也必须第一时间承担产品的质量责任，而不能一推了事。

过了几天，我又收到这位顾客的一封邮件，说："董事长，问题解决得不错。本来想告诉所有的朋友，都不要去广百了！现在我想告诉朋友的是，还是要去广百，广百是负责任的。"

好不容易卖出去的衣服要不要追回来

广百集团的理念是："诚信比赚钱重要""诚信是企业的生命"！

一天中午，一位年轻的女顾客急匆匆地走进广百商场一个女服品牌专柜。原来这位小姐从江苏来广州出差，当天晚上七点就要乘飞机回去了，但几位闺中密友托她选购的服装还没有着落，看到这个专柜的衣服款式新颖，就过来了。

经过售货员的热情推介，这位小姐购买了三套价钱不菲、同一料子不同款式的时尚休闲装。临走前，她还顺便打听了离这里最近的开往机场的车站。专柜的服务员们可高兴了，可不，三套衣服的销售额很可观。

下午三点多钟，专柜小姐们还沉浸在兴奋中时，却传来了柜长焦急的声音："不好了！不好了！刚刚接到公司发来的传真，说这款新货布料质量有问题，衣服会脱色，要求各商场把服装收回。"

经过盘点，由于是新货，只卖出了三套。"就是中午那位小姐买的那三套。"大家不约而同地说。怎么办？顾客是外地人，没有留下联系电话，似乎不退货也有借口。但是，柜长却说："不行，马上找！产品的质量比天大，广百的信誉丢不得。"她们想起女顾客打听车站的事，当机立断，立刻赶往车站找人。在车站上她们等了一个多小时，女顾客终于出现了。顾客听了柜长的解释后感慨地说："本来这几套服装的问题你们完全可以不管了，但你们却不辞劳苦地赶来把实情告诉我，你们对顾客负责任、讲诚信的态度，太让我感动了！"

最后，虽然这笔生意没有做成，但企业的信誉却得到了保证，广百的口碑得到了宣扬。

没有小票让不让退货

有次，一款国际一线化妆品质量出了问题，厂家通知商品下架，消费者可以退货。要退货，顾客就要拿小票来，也就是交款时POS机打的交款凭证单，以证明商品是在这个店买的。如果不拿小票来，在别的零售店买的货也来广百店退货，广百店的专柜和厂家款货就对不上号了。

可是第二天，问题来了。有的消费者来退货时说小票早就丢了，没有小票。售货员说你没有小票，无法证实你是在这个专柜买的，不能退。消费者急了，争执起来，说："就是在你们这里买的！谁买这些消耗品还留着小票？"

问题反映上来，我们研究怎么办。我们分析，扔掉小票的情况应该确实有。因为这不是大件商品，是小件消耗品，随手扔掉小票是正常的。如果坚持要小票，可能有些真是在广百买货的消费者就会受损失。但是，如果不坚持要小票，可能又真的会多退些款出去。最后我说："还是以顾客为重，如果没有小票的顾客坚持，就退货。我们要让顾客感觉到，在买商品时，广百对顾客是负责任的，在商品出了问题的时候，广百对顾客还是负责任的！"

事后经查，广百店确实是多退了一部分货，虽然担起了多退的货款，但是广百赢得的是对顾客负责的口碑。

现在，经常在电台的"3·15"节目中听到消费者为退货（包括旅游退房）和商家闹纠纷的案例，电台会找律师来分析。我认为，除了法律层面的责任分析外，其实商家更应从如何让消费者满意的角度来分析，因为如何获得消费者忠诚度是最重要的，毕竟退货退房概率很小。

诚信服务

诚信，也叫信用，是企业社会责任的灵魂，是企业经营的生命。这里有两个问题，一是如何评价企业的信用要素；二是作为企业如何实现诚信。

第一是企业的信用要素。据孙自通老师《小微企业信贷业务流程与法律实务》介绍，在历史沿革中形成多种信用学说，包括3C、4C、5C、6C、3F、4F、5P、10M。其中基础的是3C要素，即：客户的品格（Character）、能力（Capacity）和资本（Capital）。后来不断加上担保品（Collateral）、环境状况（Condition又称Circumstance）、保险（Coverage Insurance）等等，称为4C、5C、6C。还有的是对要素的不同归纳，添添加加形成3F、4F、5P、10M等。

在评价一个企业的信用时，当然有能力问题，即指客户的履约能力，包括经营者的经营、管理、资金运作、信用调度等方面的个人能力和企业能力。但是，大家公认的信用要素中重要的、基础性的还是品格要素，它在很大程度上决定着企业信用的好坏。企业的品格是指企业和管理者在经营活动中的相关经济承诺的主观意愿、品德、性格、行为、作风，企业的品格主要通过企业管理者的行为表现出来。

对于别人授予的信用，应本着兑现承诺的意愿和诚意办事，不论遇到何种困难和打击，甚至倒闭，都应以最大的努力兑现承诺，这样的企业和经营者可以说是品格优良，是授信的优良对象。反之，有些企业经营者虽然经济富有、地位显赫，但是言而无信，撕毁签约，抛弃信用，这样的企业和经营者品格恶劣，不适宜授之以信。

第二是企业如何实现诚信。从3C、4C等理论可知，首先要有良好的职业道德、诚信意识；其次，要正确认识和调动好企业实现诚信、兑现承诺的各种能力，包括资金能力和环境预判，否则，就无法兑现承诺。就像现在有的自行车共享企业，承诺保证消费者的押金不受侵犯，结果没有兑现承诺，几千万的押金用光了，企业也垮了。原因首先是企业经营者的品格，第二是没有深刻理解共享模式的特点和风险，严重的亏损使其不具备信用兑现的能力。当然，这两个原因并不总是同时发生在一个企业身上。

如果不诚信，损失的不仅是自己的信誉，而且还会波及相关方。"三鹿奶粉"的不诚信，不仅毁了自己这样一个老牌企业，而且影响了整个民族奶业。

前些年我到澳大利亚，导游给我们讲，前段时间媒体报道了这样一件事：有一个中国留学生，到路边一个老太太家借用电话，老太太不介意，很热情地让他用了。但是，过了不久，老太太收到电信部门高额的话费单，中国留学生竟然打的是国际长途电话，而且打了很长时间！这件事媒体报道后，对整个中国留学生都造成了不好的影响。听着这样的事情，当时全车的中国人都没有说话，我的心就像在滴血，很痛。

作为企业，作为个人，一定要讲诚信，承诺了就要坚决兑现，这是企业对消费者的责任，是企业获得消费者忠诚度的根本，是企业生存的关键。

3折起

我刚到广百时，有一次门店搞促销，手机短信发出的促销信息是"全场3折起"，商场里面所有过道上挂着的促销横幅，也是"3折起"。但是，那个"3折"写的大大的，而"起"字则小小的，还用一个小圈套住：3折㉧。

我就到商场里面数，看有多少专柜是3折。数下来，大概3折的不到20%，还有不到30%的是5折，其他多数是8折，还有的不参与打折。卖电器的楼层，电器基本上都是9.5折，但是过道里挂着的一个又一个的横幅还是"3折㉧"。电器楼面经理说，现在的电器利润很薄，商场对厂家的扣点不到10%，所以根本不可能打很低的折。

我找来店长，摆出了这些情况，问他为什么对外说的都是"3折起"。店长说，"3折起"给人刺激强烈的是3折，"起"字往往容易淡化，因此会有很多人来，来了后总会买些东西。而我们说的3折是"起"，并没有说都是3折，顾客不满意也找不到我们麻烦。

"我怎么觉得你们是在忽悠顾客？"我说，"顾客是忽悠来了，但是顾客冷静下来，会不会有种上当的感觉？"我对店长说："这不行！我们不能让顾客有被骗的感觉，广百的发展靠的是诚信，企业的品牌靠的是口碑！"

后来公司做了决定，今后促销哪类商品多少折就说多少折，不准再搞小圈圈的"起"！

标错价之后

价格是商家运营的一件大事，是消费者的重要权益，也是当前社会的焦点问题之一。因此，价格诚信也是社会责任的重要内容。讲到价格问题，不由得想到营销界常说的两个故事，一个是东北卖皮草大衣的故事，一个是美国卖钢琴的故事。

先说卖皮草大衣的故事。

不同的地域文化有不同的消费特点，广东人讲吃，东北人讲穿。广东人的消费特点是务实，东北人的消费特点是讲面子。广百对国际一线品牌的招商很不容易，我问国际一线品牌的高管：北方二线城市你们都去，为什么广州不愿意来？他们说，两个原因：一是广州离香港近，由于关税的原因，香港的一线品牌价格便宜，广州人去香港方便；第二个原因，就是广州人消费过于务实，不太追逐名牌。

的确如此。有一年我们汽贸公司代理了二十辆劳斯莱斯，每辆七百多万，最后，十九辆都被北方客户买走了，广东的只买了一辆。

有一位副区长，我和他聊天时他说："原来在湖南工作的时候，大家开会都会悄悄互相看提的什么包，看看是不是名牌。但是，到了广州，你开会就是提个塑料袋，也没人管你。"

就像一位市领导所说的"广州人的优点是务实，缺点是太务实"。

东北人注重外表，追逐名牌。到了冬天，东北人都要穿皮大衣，要穿出个样来。有钱的花十万、二十万买件貂皮的，没钱的花个一两万买个一般般的，但都必须穿。

有一位东北大姐到商店买皮大衣，看上了一件，标价5000元，她反复看了看，觉得很不错，就买了。

可是，刚一出门，售货员就追出来了，说："对不起，大姐，我们标价标错了，少了一个零，应该是五万元！"

这位大姐当时非常不满意，说："看我买了，你们就涨价呀！"售货员忙说："对不起，是我们的错，您要是不想要可以退货。"

但是，不论售货员怎么道歉，这位大姐就是不认账。后来事情闹到消协，由于商场出具有力的证据，还是判定商场有理，这位大姐不得不退了货。

美国也有个标错价的故事。

在美国有个中国人到钢琴店买钢琴，挑来挑去，看中了一架钢琴，标价2000美金，她就对营业员说："这架钢琴我要了。"营业员到里面办手续，一下傻眼了，价标错了，少了一个0，应该是20000美金！营业员立即请示经理，经理犹豫了不到10秒钟，就大踏步地走出来，冲着这位中国人说："恭喜您，您用最便宜的价格买了一架最好的钢琴！"

事后老板表扬这位经理做得对，说标价就是承诺，如果我们在顾客决定买的时候改变标价，就会给顾客不诚信的感觉，公司诚信的品牌就会受损失。

这就是一诺千金！

两只不一样的鞋

广百北京路店有一层是折扣店，一些断了码的、过季的衣服、鞋子在这里进行打折低价销售。

一位外地顾客经过鞋柜时，发现一双款式新颖、漂亮大方的女鞋。旁边的牌子上写道："超级特价，只付一折即可穿走。"她拿起鞋子一看，原价380元，现价只要38元！她试了试觉得皮软质柔，真是乐不可支。她把鞋捧在胸前，然后招呼售货员。售货员小王笑眯眯地走过来："您好！您喜欢这双鞋？正好配您的外套！"

但是，小王拿过鞋准备包装时，却对鞋仔细端详起来。顾客担心地问："有什么问题吗？价格不对吗？"

小王马上安慰说："不！不！别担心，我是觉得这两只鞋颜色好像有一点问题。"她又叫来柜长，经过仔细观看，然后告诉这位顾客："非常抱歉！这不是一双鞋，虽然两只鞋的皮质相同，尺寸一样，款式也对，颜色猛一看也一样，但还是有色差。可能是堆放货的时候搞乱了，我们不能欺骗您，免得您回去发现差别后后悔。您要不再选选其他的鞋？"

听了这段真挚话，这位外地顾客十分感动，说："这双鞋我还是要买下，我也是干服务业的，我要用这双鞋做个案例，让我们的人知道什么叫对顾客负责！"

皮特的七八个电话

有一天，我的一位熟人对我说，你要表扬表扬你们北京路店的一个小伙子，真让我感动！

原来这位熟人到店里买衣服，一位年轻的售货员接待她。她比比划划地说了想买的款式，年轻的售货员很客气地告诉她，这个款式已经不再销售了，并推荐了这个牌子的其他款式。

她说还是非常喜欢想要的那个款式，既然没有货就算了，然后就准备走。但是，那位年轻售货员说："请您等一下。"然后就拿起电话，给这个品牌在其他商场的专柜和一些专卖店打电话，询问还有没有这位顾客想要的那种款式。打了七八个电话，终于在一个专卖店找到了这个款式。他放下电话对我这位熟人说："我已经请那边留了，您可以去看看。"并写下了地址和电话。

"当时，我非常感动。"我的那位熟人说。

我们当即查找这位专柜的年轻人，后来找到了，叫什么皮特（现在的年轻人都喜欢起个外国名字）。我们大力宣扬这件事，表扬他的服务精神。我们也由此在企业大力倡导这样的服务理念，叫做："不仅要让顾客满意，更要让顾客感动！"

顾客对商业服务都有自己的期望值，如果服务达到这个期望值，顾客就会满意；反之，顾客就会不满意；而如果服务超过期望值，顾客就会感动。

能让顾客感动，就一定会大大增强顾客对商家的忠诚度。企业的社会责任，就是要为消费者提供满意的服务，特别是感动的服务。

穿新鞋，踩小人

广东有个风俗，年三十逛花市。逛花市时兴穿新鞋，说是穿新鞋，踩小人。没有特殊情况，一般人都会去。广州的花市很热闹，各种鲜花、饰品和玩具很是丰富，一条街上人挨人，人挤人，一派节日气氛。

我们广百所在的北京路就设有花市，这使那几天北京路店的交通受到很大影响。但是，老百姓喜欢，政府就年年办，路口还有一个浮雕："百年花市"。

这一年的大年三十傍晚，广百一家门店售鞋部来了一位中年女顾客，说因为单位忙，没顾上回家换新鞋，想在店里买双鞋，好抓紧时间去逛花市。她自己挑了一双一千多块钱的鞋，但是穿在脚上老感觉不大好。我们的售货员有经验，从这位中年人的年龄、气质等方面考虑，选了一双五百多块钱的鞋给她试穿。这位中年顾客穿上后感觉非常好，很满意。而且不仅对鞋满意，更是对服务满意，说："你还真是在替我着想！"然后就满意地去逛花市踩小人了。

这件事反映到集团，我意识到，事情虽小，道理却大，它体现的是对顾客的责任，是对顾客的心。因此，我在大会、小会讲这件卖鞋的事情，并总结和推广一句话："我们售货员不是帮助商场卖东西，而是帮助顾客买东西。"

售货员把最贵的东西卖出去，商场赚的钱多，售货员提成奖励也多。但是，我们说，如果是你的家人来买东西，你会不会把最贵的但不适合的东西推荐给他们？一定不会！你只会把最适合的东西推荐给他们。我们对顾客也要这样，必须为顾客着想，顾客才能真正满意，才能从心里认为你是对他好，他才会再来。所以说，你抱着"帮助顾客买东西，而不是帮助商场卖东西"的理念，就会站在顾客角度替顾客着想。由此我们还推广一句话，叫作："顾客的口碑比利润重要！"

新郎的新装

晚上七点多钟，广百一家门店男服柜台的电话骤然响起，电话里传来了一位女士带着哭腔的急切声音："我新郎的西服划破了，你们一定要帮帮我啊，不然明天的婚礼就不吉利了！"售货员赶紧安慰她说："小姐，不用着急，我们一定会帮您的。"

原来，这对情侣在商场里定做了一套结婚礼服，今天下午刚提了货，但是新郎在家试穿的时候，不小心把西服的袖口钩破了，对于明天要结婚的人来说，这可是一件大事。售货员了解了情况后，告诉这位新娘："您放心，我们一定让西服跟原来一模一样！"然后，连晚饭都顾不上吃，立刻打的前往位于市郊的这位顾客家里，当赶到时已是晚上八点多钟了。新娘见到她，就好像溺水者抓到了救生圈，马上递过西服。售货员顾不上喘息，就开始了一针一线地修补，一干就是一两个小时。

当时钟敲响十下时，西服补好了，跟原来一模一样，没有修补的痕迹。新娘激动得说不出话来，泪水在眼眶中不停地转着。

新娘把修补西服的事在参加婚礼的亲朋好友中广为传播，并且一传十、十传百地流传开来。

门铃再次响起

广州市荔湾区金花街住着一位七十多岁的独居老人蔡阿婆，由于年岁已高，行动起来不方便。最近听说广百在她家附近开了一间分店，社区服务很周到，便想试试。早晨十点多，阿婆给门店服务部打了个电话，要求给她送一包面条和一瓶酱油。

挂了电话，阿婆在心里嘀咕：我买的东西这么少，人家会理我吗？哪知不到二十分钟，服务人员就上门了，还面带微笑地问长问短，令蔡阿婆感动不已。

傍晚，蔡阿婆发现洗衣粉用完了，再次打电话请求送货。和早晨一样，服务部人员又在二十分钟内登门了，依然是面带微笑。在正要离开时，阿婆家的灯管突然灭了，房间里漆黑一片，但阿婆再也不好意思张嘴叫人家送灯管过来了。

可三十分钟后，门铃又响了，当阿婆摸索着打开门，刚才的服务人员又面带笑容地出现在阿婆的面前，手里拿着一支崭新的光管，并且动作麻利地给安装好了。阿婆不敢相信眼前的情景，揉了揉湿润的眼睛，拉着服务人员的手，反复地说着："唉，你这叫我说什么好呀！"

放大镜的金点子

丰田公司实行"建议制度——无止境的合理化"。

在丰田公司1978年前的合理化过程中，职工提出了四十多万件合理化建议。当时4万多名职工，人均十几件。进入1990年代，平均每年收到的建议数目达到约200万个，平均每年每人提出35.6个。职工的"建议"内容大到降低成本、保证质量、生产技术、产品开发，小到怎样利用旧信封和短铅笔头。

广百学习丰田的经验，也开展了"金点子活动"，发动员工提建议，并通过评审对有价值的建议给予奖励。有次，在一批金点子建议中，有个员工提出了这样一条建议：

鉴于超市中很多商品的标识说明字都太小，很多上了年岁的人眼神不好，看不清这些说明，因此建议在超市的货架上摆放些放大镜，这样眼神不好的顾客就方便了。

这条建议没有什么技术含量，似乎也很普通。但是，我们将它评为"金点子"，给予了充分的肯定和奖励。因为，这个建议是在细微之处为顾客着想。一个小小的放大镜，把企业服务的人性化、精细化都放大了。

东京迪斯尼的清洁工

东京迪士尼乐园不是全球迪斯尼乐园中规模最大的，但却是收益最高的。为什么？因为他们对消费者的服务是最好的。我们经常用这个案例来教育和鞭策自己和员工。

根据资料介绍，东京迪士尼乐园90%的员工都是兼职，许多清洁工和售货员可能只干几个月，然而迪士尼却让这样一群数量庞大的兼职人员都展现出明星般的素质，而这种素质都是为了服务消费者。

就说清洁工，迪士尼按照性格开朗、处事乐观的条件选拔和聘用清洁工，然后进行三至五天的培训。培训目标就是把每一件平凡的事情做得不平凡，具体来说就是"七会"：

一是会扫地。扫帚分为三种：一种是扒树叶的，一种是扫纸屑的，一种是扫灰尘的。怎么扫树叶才不会飘起来，怎么刮才能把地上的纸屑清干净，怎样扫灰尘才不会乌烟瘴气。要求清洁工必须牢牢记住几条规定：公园开门、关门、中午吃饭的时候，都不能进行清扫工作；在身边1.5米的范围内有游客经过时，也不可以挥动扫帚。

二是会画画。迪士尼清洁工除了扫地，还需要会画画。清洁工抹地后，会用手上的抹把，在路面上"挥笔"作画。约三分钟，画出了一只米老鼠，随即周边响起阵阵掌声，给游客带来了乐趣。扫地也成了一门艺术活。

三是会用多种照相机。那个年代，手机拍照还没有兴起来，更没有自拍杆，人们游玩用的还是照相机。在迪士尼，很多时候游客都需要找人来帮忙拍照，因此，清洁工必须学会使用各种相机，以确保能够快速地从游客手中接过相机并拍出令他们满意的照片。

四是会抱孩子。在迪士尼，当带孩子的父母需要去卫生间时，很有可能会请穿着制服的清洁工来帮忙抱一下孩子。不能把孩子弄伤是最基本的要求，为了让父母放心，还要尽量抱得既让孩子觉得舒服，又让别人看着舒心。当发现有儿童走失时，清洁工要将其领到特定的屋子里面让他们自由地玩乐，再利用一切方法在最短的时间内找到孩子的父母。

五是会处理应急事务。要求会使用通讯耳机、医疗包、修理工具，还要掌握一些医疗常识、修理技能。如遇到孩子跌倒或老人心脏病突发，清洁工们要懂得如何及时施救；如遇轮椅、童车等助力工具出现小故障，他们也需要知道如何修理以解决游客的问题。

六是会指路。要求每位清洁工牢记所有游乐设施和公共设施的方位，如遇游客询问，清洁工们要能在第一时间告知各个游乐项目的前往路线，知道最近的卫生间、餐厅、出口、急救站等公共设施的具体位置。每一位清洁工都要把整个迪士尼的平面图刻进脑子里，哪怕是第一天工作，也不能对问路的顾客说："我刚来，我也不知道！"

七是会沟通。要求掌握正确的沟通姿势。比如与小孩说话时必须蹲下，让双方的眼睛保持在一个相等的高度上以表示尊重，还要求掌握一些常用句多国语言的说法，甚至手语，以便遇到聋哑游客时也能顺利沟通。

迪士尼认为，越是底层的员工，与游客接触得越多，也越能代表迪士尼的形象，是企业品牌的灵魂所在。要让清洁工明白，不仅只有手中的"扫把"是工作，更重要的是给客人提供职责以外的帮助。因此迪士尼按照一个全能人才甚至是明星的标准来要求每一位员工，并通过他们创造高额的收入和世界品牌价值。

一次性处理投诉

有个段子，说一个老汉到桑塔纳汽车销售店，往柜台上拍了两千块钱，说："来辆桑塔纳！"

"老伯，您是买车模吧？"店员说。

"什么车模？要能开的车！"

"2000块买车？没搞错吧！"

"你们大广告牌上写着：桑塔纳2000！凭什么不卖？"两人发生了争执，老伯要找经理投诉。

经理来了，问清了情况后冲着老汉说："老伯，我劝您不要买桑塔纳了，600块买辆奔驰吧，出门右拐，大牌子上写着呢，奔驰600！"

这当然是个段子，但是当个事认真说，经理处理投诉不真诚，忽悠投诉者，这样就等于这件事没有处理好。

任何商场都免不了会有顾客投诉，如何对待投诉，是维护消费者权益的重要组成部分，也关系到商家的口碑。

顾客的不满意，如果一次没有处理好，这种不满意就会升级，出现更大的不满意。这对顾客造成的不仅是购物消费权益的损害，而且是对顾客精神、情绪的伤害。同时，也是对企业品牌的伤害。顾客不满意就会对别人说，不断投诉就会不断地对别人说。俗话说，好事不出门，坏事传千里，不断的投诉对企业就会造成很大的负面影响。

因此，我们要求各级公司、各级管理者一定要高度重视顾客和客户的投诉。在处理投诉时，要做到一次性处理好投诉，也就是说，当顾客因商品或服务不满意进行投诉时，商场要一次性解决问题，让顾客满意。不能造成顾客二次投诉，甚至不断投诉。

要一次性处理投诉，有业务熟不熟的问题，有经验问题。但是，首先是态度问题，就是要站在顾客的角度想问题，抱着为顾客解决问题的态度，急顾客所急，想顾客所想，而不是上来就只站在商场的角度，想着如何对付投诉者。

在处理投诉后，还要举一反三，找出我们服务上类似的问题，把相关问题解决好，防止出现类似的问题投诉。

后来，广百这方面总体做得不错。根据统计：集团2011年接到顾客和客户投诉件为573件，一次性处理完的有561件，占97.9%；2012年投诉件为357件，一次性处理的有350件，占98.04%；2013年投诉件331件，一次性处理的有324件，占98.03%；2014年投诉件259件，一次性处理的有253件，占97.68%；2015年投诉件294件，一次性处理的有290件，占98.64%。

冰箱晚到之后

有一天晚上八点多，有个顾客打电话到服务部投诉，说买的冰箱说是很快送来，可是到现在也没有送来。服务部立刻查，原来是送货车在前一站耽误了。因为那家只有一个老人，坚持要等家里其他人回来再安装，结果拖了下一站的送货。服务部立刻想办法调整安排，把冰箱送过去了，第二天又上门道歉，送上小礼物，顾客也就满意了。

但是，公司没有就此完事，而是全链条查找什么原因可能会造成送货不及时。最后，查出几个环节可以更完善：

一是在顾客填写的送货单上，只是填写了个"尽快"，具体时间是口头说的。公司调整修改了送货单的内容，并要求员工一定要和顾客协商好约定的时间。

二是规定了当出现不能按时送达的特殊情况时，应该采取的应对办法以及和顾客沟通的方法。

从此，这方面的投诉就少了很多。

危机公关——必须首先想到消费者

投诉是商业经常遇到的问题。但是，造成消费者重大损失，甚至人身伤害时，由于事态严重，影响很大，这就涉及危机管理的范围了。

在危机面前，很多企业首先考虑的是企业的利益，结果处置失当，使危机更加严重。

央视"3·15"晚会曾曝光一家餐饮服务网络公司的很多签约店卫生很差，有些甚至没有卫生牌照。这是这家网络公司面临的重大危机，本应快速妥善处理。但是，这家公司不知是哪个高管在网上打了一句话："对不起，今天忘了给央×续费了。"

出了问题，不是首先想到对消费者的伤害，不是首先考虑消费者的感受，不是研究如何处理，却和央视对着干。结果引起网上一片哗然，致使问题更严重了，对企业的负面影响更大了。

当然，这家企业后来处理得不错，采取了一系列整改措施，慢慢得到了消费者的理解，度过了危机。

公关危机处理应该树立什么样的指导思想呢？

是不是可以这样说：着眼用户感受，关注用户需求，实事求是应对。

具体动作至少需"三步曲"：

第一，快速核准信息，快速作出判断，快速正面反应。一定要迅速了解实际情况，准确判断事件的性质，正确判断责任的主体，并在第一时间露面。或者是公司领导，或是发言人，应第一时间出现在新闻发布会上，出现在媒体上，做到不回避，不搪塞，不推诿，不拖延。如果躲着不露面，当事人、社会舆论的不满就会加剧，媒体就会穷追猛打。因此，千万不要采取逃避的方式。

第二，直面事实，承担责任，真诚沟通。在露面时，一定不要试图撇责任、脱干系，不要一味强调当事人的责任，强调客观，而应该坦诚地承担责任。一定要首先对受伤害的一方表示最大的关心，住院的一定要去探望。如果确实没有责任，也要说明事实，不能置之不理。

第三，及时善后，措施有效，组合到位。要及时研究善后的措施，在允许的范围内，在合情合理的前提下，最大化满足当事人的要求。同时，将整改措施做到位，并进行正面宣传，以增强正面反映，尽可能减少对企业品牌的损失。

前不久发生的脸书（Facebook）5000万条用户信息资料泄露事件，成为了脸书的危机，引起极大反响。3月17日媒体将事件曝光后，多家大企业对脸书极为不满，纷纷退出脸书；美国国会要求CEO马克·扎克伯格到国会给出解释；公司股票大跌，市值蒸发600多亿美元。而扎克伯格于3月21日，在事件持续发酵五天后才做出回应。五天！在这个事件上太迟了。让人感觉公司对事件不重视，对广大用户不关心，没有社会责任，这使企业遭受的的损失更大。

"寒冬"中的着眼点

前几年，很多论坛都讨论一个问题，面对电商的迅速兴起和高速增长，实体零售业还能生存吗？多少人都是"剁手一族"，多少人即便是来商场，也是把商场作为试衣间。有的说，实体商业迟早要消亡。

也确实，很多大型百货公司经营压力很大，场内顾客寥寥无几，售货员比顾客多。广州商业总会这几年都在评选广州零售30

强，能进入30强的，无疑是广州销售规模比较大的。但是，2015年的零售30强，平均同比是负增长；2016年的30强，同比还是负增长！不论是国内还是国外，都出现了关店潮。

面临"寒冬"，我们的商业着眼点应放哪里？很多商业经营者都提出，我们应该关注顾客到底需要什么样的服务？怎么样才能为顾客提供有价值的服务？我们的企业要生存，就更要履行社会责任，要为消费者尽责，最根本的就是要不断研究消费者的需求变化，不断适应这种变化。

在那时的论坛上，我总说，实体商业不可能消亡，不是消费者对实体商业没有需求，而是我们没有找到和满足这种需求的模式。

不让女人逛街等于要她的命

商业为消费者提供的是什么？在经济落后的时代，商业提供的是商品交易，满足消费者对商品的需求，其中主要的还是物质需求。但是，随着经济的发展，消费者对商品的需求已经不仅仅是商品的物质需求，更是社交性、体验性的需求，是一种情感的交流、文化的共鸣。

这又要说到远古人类的起源了。这种社交性、体验性，是人类基因决定的。

远古的时候，男人由于不需要怀孕分娩，其分工是负责狩猎，养活母子，保证繁衍。久而久之，男人有了强壮的体格和坚强的毅力。而女人的分工是负责照顾后代，同时，也去做些没有危险性的例如摘果子之类的事情。

摘果子的时候，自然要看呀，挑呀，选呀，在这挑选的过程中，就产生和享受着愉悦。久而久之，女性就喜欢看，喜欢选，喜欢尝试，喜欢与别人分享，喜欢受到重视和夸赞。发展到现在，女性就喜欢逛街，喜欢看商品，喜欢试商品，那其中的愉悦、快乐会刺激神经，会使心情得到最大的满足。我们有个邻居，有一次逛街回来告诉我们，今天试了一二十套衣服，真过瘾！我们问她买了几套，她说一套也没买！所以，女人逛街是天性，不让女人逛街就等于要了她们的命！

男人在远古时期的任务是狩猎，要寻找心目中的目标，找到目标后就是奋力一搏，拼命一击。因此，男人到商场一般都是目的性消费，买了就走。

有的老婆要老公陪着逛街，但是有的老公陪不了一会，就不耐烦了，一脸的不高兴。老公满脸冰霜，老婆也就紧张了，有的就发生不愉快，结果常常是开开心心出门去，别别扭扭回家来。《参考消息》曾经登了一条消息，说根据英国专家调查，老公陪老婆逛街的时限是1小时27分钟，过了时限就不耐烦了，也不知是真是假。

想想远古的人类分工，女士们是不是就不会埋怨老公不愿意陪着逛街了？现在有的商场设置"老公寄存处"，逛商店的老婆就把老公"寄存"在那里，老公喝茶、看杂志、玩手机，老婆就踏踏实实地去逛街了。

尽管如此，男人也忍受不了孤独，也需要社交，需要关注，需要认可。在远洋的轮船上，在南沙海域的高脚屋里，在高山的观通站上，面对周边的一片汪洋，面对人迹罕至的森林，久而久之，人们也会产生孤独感，需要文化生活，需要定期换班。

美国有部电影，讲一个飞机失事的幸存者，漂到了一个荒无人烟的小岛上，由于困难重重，寂寞孤独，都快发疯了。后来，他从飞机上散落下来的邮件中，找到了一个皮球，他就将皮球画成人脸，放在旁边，当作一个同伴不断跟他说话。遇到难处了和他说，取得一点成功也跟他说。这个假人使他不感到孤独，给他增添了力量，后来他逃出了荒岛。故事说明的也是同样的道理，人需要社交，需要情感的交流和分享。

总而言之，不论科技多么发达，人的社会属性不会改变。人，不可能一辈子守在电脑前面，不可能一辈子对着手机，不可能一辈子宅在小屋子里。实体商业和电商的区别，就是实体商业可以为人提供社交感受，满足人们的情感体验。

现在，人们不再争论实体商业会不会灭亡了，而是讲线上线下融合的新零售。

我们要对消费者尽责，要为他们的利益着想，怎么才能为他们提供所需要的服务呢？怎样才能满足需求的变化呢？

现在普遍的认识是：

整合更多资源，助推更大创新：线下+线上，主业+跨界，餐饮+演艺，商业+旅游，文化+教育，科技+体验。

要引导消费回归体验本质，创立丰富的文化情感体验，不做"商业工厂"，杜绝"流水线生产"。

对零售业有人提出：定位主题化，文化多元化，商场艺术化，体验情景化，场景影视化，业态跨界化。努力打造情感社交中心、文化演艺中心、娱乐体验中心、时尚聚焦中心。

中国的互联网服务已经走在了世界的前列，微信等社交系统、支付宝、微信支付的覆盖率没有哪一个国家能够比拟。为什么？就是最大化地满足了消费者社交的需要。

共享经济，是通过企业建立平台，通过互联网作为媒介，各自以不同的方式付出和受益，使人们公平享有社会资源，共同获得经济红利。

而文化产业、动漫产业在满足和挖掘年轻消费者需求上也取得了长足发展。最近出现的"抖音",是一款音乐创意短视频社交软件,是一个专注于年轻人的15秒音乐短视频社区。用户可以通过这款软件选择歌曲,拍摄15秒的音乐短视频,形成自己的作品。"抖音"于2016年9月上线立刻火了起来,进入日本市场,立刻在日本也火了起来。2017年11月今日头条以10亿美元购北美音乐短视频社交平台Musical.ly,未来其将与"抖音"合并,"抖音"后来估值达到上百亿美元。

十九大报告指出:我国社会主要矛盾已经转化为人民日益增长的美好生活需要和不平衡、不充分的发展之间的矛盾。企业对消费者的责任,就是要研究人民日益增长的对美好生活的需要,研究如何解决不平衡、不充分的发展问题。事实证明,只要围着消费者转,努力挖掘和满足消费者美好生活的需要,企业就一定成功。

商业极致即艺术

乔布斯改变了世界,是因为他将科技和人文进行了完美的结合,是因为他将禅意、艺术、简洁之美淋漓尽致地体现在他的设计理念中,是因为他将艺术与科技的融合作为一生的挚爱!

爱尔兰都柏林的U2乐队,曾经是世界上最棒的摇滚乐队,当年风靡全美。这支乐队多少年都不和商业打交道,不愿意沾染商业的"俗气"。但是,因为与乔布斯的合作,把音乐与计算机和电子产品融合,用iPod传播他们的专辑,弘扬他们的精神,这支乐队进一步焕发了青春,从而更加贴近时尚,获得了更多的年轻人的喜爱。乐队主唱波诺说:"并不是所有和企业的合作都是'与魔鬼做交易'。"他说乔布斯这个"魔鬼"团队："是一群创意人才，比很多摇滚乐队的人更有创意。如果他们是一个乐队，那主唱就是史蒂夫·乔布斯。这些人设计出了音乐文化中继电吉他之后最美的艺术品，那就是iPod。"

乔布斯为什么能够将iPod打造成艺术品？因为他有极致的专注力，会把激光般的注意力对准目标，并将其他的事过滤掉。他关注的是产品，而不是利润。

一位90后的年轻企业家说：万物极致皆艺术。商业的最高境界，就是艺术。商品制造行为做到极致，就是在生产艺术品；商业销售行为做到极致，就是行为艺术，是贴近生活的行为艺术。

想象一下，在你将犹如艺术品的商品展示给消费者的时候，当你满怀着真诚和激情向消费者讲解商品的时候，当你把发自内心的笑容展现给消费者的时候，当这一切带着真情实意的、发挥到极致的行为唤起消费者内心对美的追求，激起消费者的愉悦情感的时候，这整个行为是不是最美的行为艺术？

怎么样才能达到商业的最高境界，使商业行为成为行为艺术呢？

乔布斯说："我的激情是打造一家可以传世的公司，公司里的人动力十足地创造伟大的产品，其他一切都是第二位的，动力来自产品而不是利润。这种差别很微妙，但它能影响每一件事。"

有的人因财富，有的人因名誉，而产生内心的强大动力，但是这种情况下取得的成功并不是纯粹的成功，不是持久的成功，因为当你得到之后，往往会伴随着一种失落的空虚感。真正的源泉是自己的内心所向，出于纯粹的热爱而去追求一个目标，一种体验与满足。

竞争的本质，是"如何获取顾客的信赖和支持"。在经营同质化程度越来越高的零售市场中，服务制胜是关键。谁赢得顾客的心，谁就最终赢得市场。要取得顾客对企业的忠诚度，首先要增强顾客的忠诚度。

我们推崇"用心服务"，就是要用心去想、用心去讲、用心去听、用心去看、用心去做，每一个笑容、每一句话、每一个动作都发自内心。

环保安全

环境为人类生存和发展提供了必需的资源和条件，是人类生存和发展的基本前提。随着社会经济的发展，环境保护已经成为了我国的基本国策。保护环境，减轻环境污染，遏制生态恶化的趋势，成为政府社会管理的重要任务，也是企业非常重要的社会责任。特别是在当今，企业对环境保护重视不重视，做得到不到位，直接关系到企业的生存，关系到企业的竞争和发展。

搞好安全生产，切实保障人民群众的生命财产安全，体现了最广大人民的根本利益，反映了先进生产力的发展要求和先进文化的前进方向。而对于企业来讲，安全生产更是企业生存发展的基本要求，是国家和政府赋予企业的责任，是社会和员工对企业的必然要求，也是生产经营准入的条件、市场竞争的要素、企业持续发展的基础和利润的组成部分。

流通业，特别是商场，是人员密集的场所，环保和安全，是关乎消费者的重大因素，是摆在头等地位的大事，是社会责任的重要内容。国家对商业场所的环保和安全都有着严格的标准和规范，因此，在环保和安全上的社会责任也是法律层面的责任。

全方位环保

广百在拓展新门店时，要求全面考虑环保因素。

第一个考虑的因素就是建筑物的空间设计，层高、柱距既要考虑商业运营的需要，又要考虑建筑成本的节省；

第二，场地布局要充分考虑顾客和业务人员的密度，既考虑空气流通，又要考虑到疏散方便；

第三要考虑通风因素，保证场内空气的质量；

第四要考虑灯光的环保要求，使灯光既满足物理照明、节能的需要，又要考虑对人体健康的影响，考虑企业文化和消费者体验的需要；

第五要考虑水电对消费者需求的保证，同时又要考虑节省资源的需要；

第六要考虑商场建筑材料的环保指标，保证所有的建筑材料达到国家相关标准。

广百各商场原来的照明灯具使用普通节能灯具，通过调查研究，在确保商场照明度不低于原设计照明度、灯光色温满足经营需要的前提下，逐步将普通节能灯具更换为LED灯，取得良好的节能成果。截至2013年12月，广百通过"EMC能源服务合同"形式完成广百北京路店等14家门店的LED照明示范工程，EMC合同期内总节能效益5061万元，每年节能效益为1049万元，折合1289吨标煤（当量值）。广百先后对各门店中央空调系统实施节能改造，每年节省电费444万元。

太古汇凭什么获"奥斯卡大奖"

这里要讲一个广州太古汇的环保故事。

广州太古汇坐落在广州最旺的天河路商圈，是以销售高端奢侈品为主的大型购物中心。其设计和装修都是下了功夫的，其中最值得骄傲的，是获得了美国绿色建筑协会的能源与环境设计先锋评级（LEED）金奖认证。LEED认证体系是在全球范围内各类建筑环保评估、绿色建筑评估以及建筑可持续性评估标准中被认为最完善、最有影响力的评估标准，相当于建筑业的"奥斯卡大奖"。

太古汇凭什么能获得如此殊荣？看看他们是怎么做的：

太古汇从项目设计、规划、建造到管理的每个环节，均充分考虑可持续发展因素，务求打造高效能的环保建筑，既为用户的健康、安全及福祉带来裨益，又优化资源使用率，减少建筑物对气候变化的影响。

太古汇采用了很多最先进的系统和材料，例如：可减少室内眩光和能源消耗的可调节间接照明系统；确保自然光穿透，减少能源消耗，并有助保温隔热及隔音的特大双层低辐射玻璃幕墙；为改善室内空气质量而采用的先进光学催化技术／纳米光子净化系统；可用作冲厕水的中水回收处理系统；有效减少能量损失的热轮节能装置；确保空气清新怡人、又避免浪费能源的二氧化碳感应器；减少能源消耗的变量流冷冻水系统；R123高效率及低GWP值的环保制冷剂。太古汇所提供的新风量高出了LEED标准30%，PM2.5指标大大低于室外。

太古汇的水资源利用率比LEED认证标准高出了64.5%，全年可节约水量约9340吨，相当于普通三口之家五十年的用水量。为了节约用水，其卫生间内选用无水小便器、旋风抽水坐便器、航空使用的抽真空水坐便器等，大大减少资源和电能的耗费。同时通过污水净化循环系统灌溉室内的植物，使水资源利用率最大化。

太古汇高度重视外围绿植区域建设，绿化面积所占比例大，植物种类多，而且布局科学。同时，它还提前制定了"室外建筑和硬景观管理计划"，定期对建筑及景观进行综合清洁和管理，集中进行病虫害防治，对景观废弃物进行可循环利用的转化。

太古汇实现了易耗品及废弃物76.16%的回收率；采购节能照明灯具，降低不可回收性资源的污染和浪费；倡导使用环保型清洁用品，减少化学物品对皮肤的伤害以及对呼吸道的影响；洗手间采用集洗手、干手为一体的水龙头，减少擦手纸的用量。太古汇全年节约11.3万度的用电，约占商场全年总用电量的5%，相当于30座城市家庭一年的用电量。

太古汇的环保价值不仅仅在以上方面，另外非常重要的是，当广大消费者知悉这个购物中心这么重视环保，采取这么多的环保措施时，人们内心会更接受这个商家，也更愿意走进这家商场。

顾客摔倒算谁的

有一次，一名女顾客在广百门店上洗手间，可能是地上有水渍，脚下一滑，摔倒在地，扭伤了脚。女顾客非常气恼，就喊了起来。

听到喊声，就近的售货员马上跑过来搀扶她，门店的总经理也立刻到了现场，安排人找来带轮子的办公椅，请女顾客坐上去，又拿来冰块帮助敷，并一再安慰她，表示对她的脚伤商场一定负责到底。然后立刻安排人陪这位顾客打的到医院检查，拍片子。经检查，虽然扭伤并不严重，但广百的工作人员仍然在治疗结束后送她回家。后边连着几天，广百的工作人员每天都打电话过去，询问伤情，了解需要。广百的负责精神使这位顾客很满意。

《消费者权益保护法》第十八条第二款规定："宾馆、商场、餐馆、银行、机场、车站、港口、影剧院等经营场所的经营者，应当对消费者尽到安全保障义务。"因此，商场的安全，是对消费者责任中最重要的责任。而这种保障义务体现在各个方面，例如，上面说的顾客在洗手间滑倒，如果地面上有水打滑，就是商场没有尽到责任义务，商场就必须对顾客摔倒所产生的伤害负责任。

发生事故是对消费者和员工最大的伤害

商场是人员密集的场所，一旦出事故，就可能会发生群死群伤的严重后果。因此，在广百的那些年，安全问题一直给我很大的压力，也是我时刻高度重视的大事。

说实在的，这种安全意识，我年轻的时候在部队就受到了强化。这不仅是因为部队的教育，也是因为所在部队发生事故的惨痛教训给我留下了强烈的印记。

我当兵所在的部队，是驻在海南的一支鱼雷快艇部队。我们刚到部队不久，在清明节的时候部队组织我们到后山扫墓，那里埋着几名在鱼雷快艇事故中遇难的战士。

鱼雷快艇，曾被称为海上爆破手，在当年的8·6海战中是立了战功的。一部《海鹰》电影，让全国人民都熟悉了鱼雷快艇，爱上了鱼雷快艇，爱上了水兵。

二十世纪五六十年代，鱼雷快艇更宝贝，据说，当时鱼雷快艇的水兵坐火车可以享受卧铺待遇。但是，随着部队装备的发展，鱼雷快艇被导弹快艇所替代，目前，全海军已经没有鱼雷快艇了。

鱼雷快艇主机是轻12-180型，就是12个缸，每个缸直径180毫米，是高速机，很宝贝。当年的老兵告诉我们，鱼雷快艇的螺旋桨转一圈，就是一个鸡蛋的钱（1960年代工资水平不高，鸡蛋很值钱的）。快艇在广州修船厂修理后，为了节省主机小时，不让快艇自航开回海南，而是用其他的运输船拖回来。

那次拖带是晚上，结果鱼雷快艇被拖翻了。如果当时发现得及时，马上抢救可能就不会死人。但是，当时风大浪高，又是夜间，漆黑一片，瞭望也不到位，等艇沉下去拖不动了才发现。结果，几个在舱内的战士没有及时出来，遇难牺牲了。

在扫墓的时候，看着一个个年轻的生命就这样长眠在他乡，心里有着强烈的悲感。

而后来，我们还真赶上了一次艇毁人亡的恶性事故。那是在1970年代初，鱼雷快艇在一次夜间鱼雷攻击训练时出了大事。

鱼雷攻击训练时，一般安排有靶舰配合。这种训练分为两种，一种是装有鱼雷的，一种就是不装鱼雷，只是做发射动作的。

鱼雷是由雷头和雷身两部分组成，雷头装的是炸药，雷身是推动雷头前行的动力部分。如果是带鱼雷训练，则是将装炸药的雷头换成注水的雷头，雷身则还是原来的动力部分。鱼雷设定入水深度，从靶舰下方穿过，是否命中可通过对航迹的计算来确定。发射完鱼雷，快艇还要追赶鱼雷。鱼雷的油料用完停下来，雷头的水排出，就浮在海面上了。快艇追上鱼雷后，水兵跳进海里，把钢索挂上雷头顶部的环，吊到辅助船上带回来。如果鱼雷沉了又找不到，就是事故。

不装鱼雷攻击训练时，鱼雷快艇从靶舰侧面舰首方斜着攻击过去，到了一定距离时，艇长喊："预备——放！"，鱼雷兵立即用手拉动发射管上的击发装置，指挥台同时按动电钮发射装置。做完发射动作后，快艇向靶舰的舰尾方向撤出。

那天训练不是打实雷，是做动作。时间是晚上，天特别黑，靶舰是一艘猎潜艇。鱼雷快艇从侧面艇首的斜方向进入，攻击完毕后，本应顺着艇尾方向撤出。但是，艇长不知怎么就迷糊了，竟然向艇首方向撤出，正好从艇首前面通过。猎潜艇艇首的冲击力非常大，而鱼雷快艇又是铝壳艇，结果被猎潜艇一下子切成了两半！快艇甲板上的人全部被甩到了海面上，而机舱内的两个战士没能出来。

我虽然不在艇上，但是当天晚上全大队都折腾翻了，整个一条艇转眼间就沉了，活生生的战士就没有了，其中有一个我还见过，非常活泼的一个小战士。而受伤的战士中有一个还是我们一起当兵的同学……那个夜晚真是触目惊心！

事故发生后，全大队进行安全教育，大队领导在大会上泣不成声，死难战士的家属更是痛哭不止，而操艇失误的艇长，则悔恨得痛不欲生。

所以，安全工作绝不可掉以轻心，绝不可马虎应付，我们要面对的是一条条生命，是一个个家庭！

"不合理"的安全规定

广百的主力店搞促销，多数商品打五折，好家伙，那简直是人山人海，专柜前人挨人，过道里人挤人，手扶梯上人贴人。平时一天销售额几百万，促销这天可以翻十几倍！

促销这一天，公司的领导全部到现场，关注的不是卖多卖少，而是安全。这么多顾客，不要说消防或其他什么方面出事，就是哪个神经病喊一嗓子"着火啦！"恐怕就会出现踩踏事件，后果不堪设想。

为什么有的企业会发生严重的事故？原因是多方面的，从管理角度说，就是有些环节安全制度没落实。广百摊子大，人员多，怎么样才能使所有的环节都不出纰漏呢？我当董事长、总经理期间，提出了超常规的安全规定和要求。其中一个叫"六个百分百"。就是：

领导重视要百分百到位；

制度流程要百分百到位；

全员培训要百分百到位；

检查监督要百分百到位；

排除隐患要百分百到位；

奖励处罚要百分百到位。

例如，关于培训百分百到位。新员工上岗前要进行安全知识、消防器材操作的培训，但是新员工有时不是成批到位的，而是一个二个、三个五个报到的。有的门店往往是等新员工到一定数量时才会集中进行培训，而在培训之前有的员工就已经在岗了。

"六个百分百"要求，员工在上岗前百分之百都要接受培训。其他的教育培训，可能达到百分之九十以上的人参加就算不错了。但是，安全培训必须百分之百。否则，有一个没有经过培训的，在他当班时正好旁边起火冒烟，需要他立即使用灭火器，但他却没有经过培训，不会使用，你想想会是什么后果？几分钟火势可能就无法控制了。

还有一个叫"四个关键"的规定，即：在关键的场所、关键的位置、关键的环节，违反了关键的规定，没有后果当有后果处理，立即辞退。

比如：办公和作业区不准抽烟。如果是在办公区抽烟了，可以按规定罚款。但是，如果在油气场所、商场场所，或是其他有易燃物品的场所抽烟，不论是否发生了事故，抽烟者立即炒鱿鱼！因为，一旦引起火灾，后果谁也承担不起。

又如：商场的监控室，监控员是通过全场各个位置的摄像头在监视器上观察商场的安全情况，及时发现问题或事故苗头，第一时间通知现场保安和有关部门采取措施。商场中万一出现火情，哪个地方冒烟了，如果不及时处置，可能几分钟就燃起大火，就无法扑救了。还有万一出现盗贼或有歹徒伤害顾客或工作人员，可能也就是几分钟的事。监视到位，处理就会及时；监视不到位，可能就会出大事。因此，我们把监控室列为"四关键规定"范围内，规定监控员在岗位上班时，必须保证全时盯着监视器，不能擅离职守。凡是出现擅离职守的，哪怕只有几分钟，不论商场是否出现问题，这个监控员都要立即被炒鱿鱼。

拍桌子发脾气我表扬你

有一天，我们在会议室开会。当时集团的安全主任对我说，前两天去下面一个公司检查安全工作，发现装修工程用的电线不符合要求，要求改用符合标准的电线，他们还强词夺理。

我说："那后来呢？"

"我回来写了报告，现在不是在报告吗？"安全主任说。

"两天了，电线不都埋进去了？你当时为什么不马上制止？"

"说了，他们领导不听。"

"那你发火了没有？拍桌子发脾气了没有？怎么不直接给我打电话？！"

后来，我在全集团安全生产工作会议上说："各级安全主任，在发现违反安全规定的问题时，必须立即制止。如果对方不听，你就拍桌子、发脾气，我一定表扬你！实在不行就直接给我打电话，不论白天还是半夜三更都要打！安全可是人命关天，否则，出了事，死了人，恐怕就不是拍桌子、发脾气的事了！"

你要应付就是要人的命

到年底了，集团的工作很忙，集团安全部门负责人跑来递给我一份集团年度安全工作会议报告，说："董事长，年底太忙了，年度安全工作会议是不是就不开了，请班子成员签一下会议工作报告算了。"

我一听就火了！冲着他严厉地批评道："集团摊子这么大，别说不开会，就是开了会都不敢说不出事。一旦出了事，第一个深究的就是安全工作走过场，就是安全会议造假！出了大事，我董事长自然是要谢罪天下，而你要的是人的命！安全工作会议不但要开，而且还要认真开！"

我们当天晚饭后加班开了安全工作会议，各相关部门认真汇报，认真分析存在的问题，我认真作讲话，有的放矢地提出安全要求。

不给安全工作留退路

国家要编制第一部地方性商业安全标准规范，市政府安全部门问我们愿意不愿意承办，对此大家有争论，我心里也嘀咕。安全规范编制的过程有益于集团提升安全管理水平，但是"人怕出名猪怕壮"，编制这个标准一旦出了名，怕不是好事，安全工作谁也不敢打包票呀。少说多做，不应该争面上的风光才是。不搞吧，又丧失了一次全面提升安全工作的机会。

思前想后，最后拿定主意：搞！安全工作不往前冲，就是给自己留有余地，留有余地就非常危险。出了名虽然有压力，更紧张，但是也就会更努力。

最后，大家统一了意见：安全工作只有下功夫的份，没有往后躲的份，更没有给自己留有余地的份。在安全工作上把自己逼到没有退路，安全保障上才有生路。

因此，在广百股份公司谭燕红副总的具体组织下，相关团队全力投入，积极组织标准的制定。同时，边制定边整改我们自己的不足。在大家的努力下，全国第一部地方性的《商贸企业安全生产标准化管理规范》终于编制成功了，国家安监总局在广州开全国安全现场会，我在会上做了经验介绍，集团的安全工作又上了一个台阶。

对客户伙伴的责任

每个企业还都有与合作伙伴和客户的关系问题，零售业存在和厂家、供应商的关系，租赁物业存在和业主的关系；制造业也面临与材料、配件供应商和物流的关系问题。除了上下游的合作关系问题，还有内部的合作关系，如各股东之间的关系。

企业的社会责任，就有对客户及合作伙伴的责任问题。关注客户与合作伙伴的利益，对客户和合作伙伴负责，实现各方共赢，才能获得客户和合作伙伴的支持，企业的路子才能越走越宽，企业才能越做越大，越做越强。

要履行好对合作伙伴的社会责任，第一是尊重，第二是双赢，第三是诚信，第四是契约。尊重合作方，在你有求于合作方的时候容易做到，但如果是合作方有求于你的时候，你还能不能尊重合作方？这就是考验了。要让对方获得合理的利润，而不是想尽一切办法榨干对方。对于合作方要讲诚信，对合作方的承诺要兑现。合同签了就要坚决履行。

李嘉诚如何请吃饭

说到尊重，这里想讲个李嘉诚请吃饭的故事。

冯仑发表过一篇李嘉诚请吃饭的文章，说长江CEO班组织大家去香港拜访商界老大李嘉诚。去的三十几个同学，虽然其中不乏国内小有名气的企业领导，但是，在李嘉诚这位世界级的商业领袖面前，还都是晚辈了。

冯仑说，在没见面之前，心里设想着情景：见世界级老大相当于见高级领导，可能第一是见不到人先见到椅子、沙发；第二是老大来了，我们递上名片但人家不会给你发名片；第三是人家跟你握手然后你站着听讲话，最后吃饭肯定有主桌，老大在那坐一下，吃两筷子说忙，就先走了。

结果这次见面完全颠覆了冯仑之前的想法。

开门即见人，主动递名片。电梯门刚一开，七十多岁的李嘉诚竟然站在电梯门前迎接，主动跟同学握手。这样的开场很不一样，使大家有点发愣。接着，李嘉诚先发名片，这使大家更是感动。发名片时还递过来一个盘子，请抓阄。盘子里有号，拿名片顺便抓个号，这个号决定你吃饭的时候坐哪桌，避免到时候这些同学谁坐1号桌，谁坐2号桌不好安排。

创造自我，追求无我。大家希望李嘉诚讲话，李嘉诚说，我没有准备，我只讲八个字，叫做"创造自我，追求无我"。什么叫追求无我？你在芸芸众生中，把自己越做越强大，超越别人。但是，这个过程就容易给别人压力，因为你太强大了以后很强势，就像你老站着，别人蹲着，别人就不舒服。所以你要追求无我，让自己化解在芸芸众生中，不要让别人感觉到你给的压力。冯仑在心里领会着这些话：一方面创造自我，一方面让自己回归平淡，不给大家造成压力。这是一种修养，更是一种境界。人一生难得得意，得意可以，但是得意不能忘形！

体察他人，周到真诚。开始吃饭，冯仑运气不错，抽到的阄是在李嘉诚这一桌。当时他想，这样近有时间说话。但是没想到吃了十几分钟后李嘉诚站起来说：抱歉要到那边坐一下。这时才发现，四张桌子，每个桌子上都多放了一副碗筷，他每个桌子都坐一下，以示对每个人的尊重。一个小时的吃饭时间，他四个桌子轮流坐，而且几乎都是15分钟，到这时，大家都被李嘉诚周到和细致的安排感动了。

吃饭结束之后，李嘉诚没先走，而是逐一跟大家握手，在场的每个人都要握到，墙角站着一名服务员，他还专门走过去和他握手。整个过程让每个人都很舒服。

冯仑说，这就是李嘉诚之所以成为行业领袖的原因，这就是他的软实力。他具有一种看不到的能力，这个能力是价值观，用他的话说就是追求无我，让每个人都舒服。就是因为做人周到、真诚，所以很多人都愿意和他做生意。

供应商是在为我们赚钱

广百有零售、批发市场和仓储三大主业，不论哪个主业，都有合作方。其中零售和批发是在做平台，在这个平台上有大量的供应商。在市场上，零售、批发市场与供应商历来是一对矛盾。往往是平台做得好的时候，就容易出现"店大欺客"的问题，平台成了老大，供应商成了老二。但是，如果供应商做得强，如国际一线品牌，则可能是"客大欺店"。广百开店时，我们要不断攻关，争取让国际一线品牌进来，专柜制作的费用我们出，分成扣点还要低。而一般中档的供应商要进来却很不容易，还要你争我抢。如何处理好和供应商的关系，是做平台企业的大事，是履行社会责任的重要方面。

我们反复宣传两句话：

供应商是在为我们赚钱，供应商是我们的衣食父母！

在这两句话的指引下，广百采取了一系列措施来保证供应商的利益。

第一，公司领导和部门多和供应商沟通。要及时了解他们的经营情况，有什么困难，需要解决什么问题，对商场管理有什么意见。广百每年都召开供应商大会，通过大会的形式，对广大供应商表示感谢，增强零供的凝聚力。

第二，结算一天都不能拖。在统一结算、分成扣点模式下，供应商卖了商品，由平台进行收银，再由平台定期和供应商结算。结算问题是零供关系中最敏感的问题之一，如果不及时结算，就会成为矛盾焦点。广百在这一环节上，要求必须按合同约定的时间进行结算转款，一天都不许拖。

第三，特殊情况提前结算。供应商的资金在平台多放一天，都是平台的利益。但是，有的供应商资金紧张时希望提前结算。在非典时期，整个销售不好，企业压力很大，很多供应商就要求缩短结算周期，提前结算。我们通过研究，决定满足部分供应商的要求，缩短结算周期，提前结算。

第四，建立廉洁监督制度。为了保证供应商的权益，防止个别管理人员出现"吃拿卡要"问题，广百股份公司通过供应商推举，从供应商中选出10名廉洁监督员，对广百进行监督。

强势对弱势要不要感恩、尊重

我提出"十字合作理念"，作为企业文化来推动。这十字理念就是："感恩、尊重、真诚、双赢、长远"。这"十字合作理念"的提出有个由头：

广百在广东地区的零售行业中有着比较高的品牌地位，一些商业地产项目非常希望引进广百，特别是一些二、三线城市更是这样。

在广东某二线城市，有位民营地产老板建了一座几万平方米的商业城，通过联系，邀请广百整体租赁进入。我和团队的同事去考察，然后团队跟进洽谈。

过了一段时间，这位民营老板给我打电话，发了一大堆牢骚，说："你们的人趾高气扬口气大，对我们的物业场地横挑鼻子竖挑眼。光这样我也就不计较了，可是只租好的地方，不理想的地方都不要，剩下这些边边角角我们怎么办？"

我当时感到，如何合作的问题是一个大问题。

百货店或购物中心一般体量都很大，在市场发展上有两种模式：一是重资产发展，即投资自建或购置商业物业；二是轻资产发展，即租赁商业地产的物业。两种模式各有利弊。重资产模式抗风险能力相对较强，但是由于体量大，一般都有几万甚至十几万、几十万平方米，占用资金大，发展速度慢，市场占有率受影响；轻资产模式由于是租赁方式，成本低，规模扩张快，特别是对于优质位置的抢占速度快，但是抗风险能力相对较弱，租期一到，就面临涨租金和出局的风险。

对于广百来说，二、三线城市的商业地产项目，一般是地产商求广百进驻，开始的主动权在广百这里，租金也比较低。可是一旦做旺了，主动权就不一定在广百手里了。因为，场做旺了，别的企业可以给出更高的租金进入，而把广百踢出去的成本并不高。特别是租期一到，更是面临租金上涨的压力，谈不拢就有丢掉项目的风险。和地产商的合作关系问题不解决好，广百的路就会越走越窄。只有尊重合作方，充分考虑双方的利益，使合作方觉得和广百合作值，广百的朋友才会越来越多，路子才能越走越宽。

因此，我提出了"十字合作理念"，不断在大会上宣讲。

首先，要感恩。不论人家的物业条件好不好，毕竟给了你一个选择的机会，给了你一个发展的可能，这就要感恩。不懂感恩的企业是没有朋友的，不懂感恩的企业，也不会赢得合作伙伴和员工的忠诚度。

第二，要尊重。不论对方是大牌企业，还是名不见经传的小企业；不管对方是知名企业家，还是一个挽着裤腿的小老板；不管是我们有求于对方，还是对方有求于我们，都要尊重对方。不能心里看不起，脑袋往上扬，一副不可一世的样子。

第三，要真诚。不要忽悠对方，不能糊弄对方，要坦率而真诚地交换意见。就是摆对方物业的不足，也要实实在在地摆。一定要记住，不是只有我们聪明，别人都是傻子。

第四，要双赢。合作谈判中，不能只考虑我们自己的利益，不考虑对方的利益；不能为了自己盈利就在条件上拼命地压对方，不顾及对方的困难和收益。我们的目标不要提"最高收益"，而应该是"合理收益"；要考虑双赢，在合作中各得其所，都得到发展，这样才能真正保证自己的利益。

第五，要长远。合作一定要着眼于长远，不要只看到眼前的蝇头小利，要看长远的发展大利。为了长远，该锁定的要锁定，该放弃的要放弃，该谦让的要谦让。只有坚持感恩、尊重、真诚、双赢，才能长远。

要学习供应商的文化

每家供应商都有着自己优秀的企业文化。作为平台企业，要处理好与供应商的关系，发挥好供应商的作用，很重要的一条，就是要了解供应商的文化，学习供应商的文化。

广百在华南第一商圈——天河路拿下了中怡大厦。根据天河路商圈的地位，中怡店需要招国际一线奢侈品品牌进驻。因此，在布局上，将首层最好的位置规划给国际一线化妆品品牌，如香奈尔、CD、雅诗兰黛、兰蔻等等。但是，国际一线品牌很难招商。尽管中怡店位置很好，他们说第一年我们不跟你玩，要等开业一年后根据经营情况再定，而且到时候要进也必须是最好的位置。没办法，我们只能把规划好的首层最佳位置租给中档品牌，而且只能签一年。

一年后，我们再次向一线品牌伸出橄榄枝。但是，一线品牌的中国代理人还是没有下决心。后来，听说雅诗兰黛国外总部的高管要来广州，我们立刻积极准备。我说，这次我作为董事长亲自出面谈。

谈之前我先做功课。通过团队收集的大量的雅诗兰黛资料，我开始了解雅诗兰黛的历史和文化。

1946年，雅诗兰黛夫人凭借着"为每个女性带来美丽"的理念，创立了雅诗兰黛品牌。到2004年她去世的时候，这一简单理念几乎改变了化妆品世界的面貌。在美国，雅诗兰黛已经是时尚的典型代表，在全球130多个国家进行销售。兰黛夫人在1998年被《时代》周刊评为二十世纪最有影响力的20位商业奇才之一，并且是惟一的女性。

然而，"梅花香自苦寒来"。雅诗兰黛夫人，即艾丝蒂·门泽尔，在开始创业的年代，为自己立下"每天至少接触50张脸"的工作量底线。在熙熙攘攘的大街上，她辛苦奔波，说服经过身边的女人，尝试自己的巧手护理。她说："我一生中工作的每一天，无不与推销有关。假如我相信一样东西，我就会推销它并且不遗余力。"正是凭着锲而不舍的精神，1948年她赢得了进驻美国最高级的Saks Fifth Avenue百货公司的资格，赢得了高端美容用品领地的立足点。

雅诗兰黛产品以其传统、品质、创新、时尚、多样性、智慧、宽容、责任的品牌理念满足了许多名媛贵妇标新立异的心愿，雅诗兰黛夫人作为高档美容护肤品品牌创始人成为了与赫莲娜和伊丽莎白·雅顿分庭抗礼的美容界三女王之一，并且一举打破了法国香水一统天下的局面。

在和雅诗兰黛总部高管商谈时，我首先讲述了我对雅诗兰黛历史的理解，对雅诗兰黛夫人一生的奋斗精神的赞赏，对雅诗兰黛文化理念的认同，然后说："雅诗兰黛带给消费者的不仅是高端化妆品，也是对美的追求，是对美好生活的向往，是人生价值的升华！我们要引进的不仅是雅诗兰黛完美的产品，更是雅诗兰黛的文化、雅诗兰黛的精神。"

雅诗兰黛的外国高管听完后说："您可以为我们的团队上企业文化课了！"当即拍板，雅诗兰黛进驻广百中怡店！

在合作伙伴遇到困难的时候

我们二级公司有个物业租赁经营权对外招标。由于物业所在的位置在文具批发市场商圈，因此，要求投标方以优秀的文具批发市场的经营方案和租金标准来投标。当时多家企业投标，最后广州五湖四海集团以批发市场的经营经验、本项目的优质运营方案和最高租金标准中标。但是，在运作一两年后，由于市场变化，五湖四海经营的文具市场亏损严重，于是向我们的管理公司提出降低租金的申请。管理公司经过研究予以同意，把意见报到集团。

集团在研究时，有的部门和领导表示不同意，说你投标的租金是多少就多少，困难不困难是你的事。我说，我们与租赁方是合作伙伴关系，对合作伙伴的困难不能简单化处理，应该认真对待。首先，要看这家企业过去的诚信如何，二是看当前的文具市场是不是亏损，亏损的原因是什么，是经营的主观原因还是市场的客观原因。

通过调查和讨论分析，大家得出结论：一是这家企业在以往是讲诚信的。在南方大厦转型最困难的时候，他们克服重重困难进入南方大厦，办起数码城，成就了南方大厦的成功转型。特别是在以后运营中，不论自己是否困难，从来都信守合同，不拖延租金。二是经过实际考察，文具批发市场确实亏损，而且主要原因不是管理方面的问题，而是市场变化的问题。在这种情况下，集团领导班子统一了意见，同意了五湖四海降低租金的申请。

水漫金山之后

广百集团所属储运公司有个叫星之光的电器城，多个电器、音响品牌在此展示销售。电器城的市场管理办公室是管理服务机构，办公室主任林启文常常这样对同事们说："市场管理办公室是一个集中体现多方利益的部门，不仅要有效地维护电器城的利益，更要维护供应商的利益，做商户的贴心人。"他是这么说的，也是这么做的。

那年夏天的一个下午，因施工队擅自改动消防设施，消防喷淋头爆裂，短短的瞬间，楼下的商铺遭到了严重的水浸，引起商户一片混乱。就在这紧要时刻，林启文立即采取紧急措施控制住喷水，组织商品转移，同时大声对商户经营者说："各位老板，我们绝不会看着你们受损失，我一定会给各位一个满意的安排，请相信我！"

林主任马上安排受损商户登记受损商品情况，留取受损证据，对受损商品做初步评估，一直忙到夜里。第二天，他担起了帮助商户理赔的担子，连续数天奔走于受损商户和保险理赔商之间，反映情况，协调沟通。经过不断努力，最后圆满地解决了索赔问题，维护了商户的利益和电器城的声誉。商户的老板们都非常感慨地说："电器城还真是对我们负责！"

三星的门楣设计要不要改

冯世樑在商业系统从事电工行业将近二十年了，广百电器公司每一间门店的场地专柜装修都是由他负责。

韩国三星华南区首家旗舰店设在广百天河中怡店，三星公司对店中店的装修档次、质量要求很高，专柜设计图纸经过三星总部多次修改才定稿，并委托有实力的工程队承接装修工作。

有一天，冯师傅在复核装修图纸时发现，三星店有一条门楣横跨商场门口并垂直落地。冯师傅凭他多年开业装修的经验，看出此门楣设计与商场整体格局不协调，影响三星店的整体形象。

设计问题不是广百的责任，管这事可能费力不讨好。但追求完美的冯师傅一想到门楣设计有损三星整体形象，就坐不住了，马上与三星门店联系，详细说明情况。冯师傅的反映引起三星方面的重视，他们立即约专柜设计师、施工单位等相关人员在现场讨论修改方案。他们根据冯师傅指出的问题和提出的修改思路，调整设计方案，经报总部批准后实施。调整后的方案不仅合理而且更凸显三星时尚潮流的主题，受到三星方面的高度赞扬。

广百退场不会只顾自己

2007年10月，广百湛江店原场地要重新建设规模更大的商业综合体，广百店要撤场。这一天，店里人声鼎沸，热闹非凡，人群川流不息，商品在打包，柜台在拆卸，整个场面看似喧闹、拥挤却又有条不紊。

湛江店歇业退场是一项艰巨细致的工作，要在短短的10天内做完的事非常多：代销商品库存盘点退货，发票有价证券回收封存，银行POS机交接，专柜拆卸，电梯消防设备停用申报、清拆，资产报废账务处理，员工劳动合同处理，等等。涉及众多供应商、员工、物业业主、政府部门，压力很大。

广百高度重视歇业退场工作，由股份公司陈奇明书记、黎国汉和严盛华副总经理组成"湛江店歇业工作小组"，统筹退场工作。在制定方案时，工作小组明确，要把保证供应商和员工的利益放在重要位置。

工作小组和相关员工认真仔细地开展工作，一个供应商一个供应商地协商退场事宜，一件商品一件商品地核对登记，一个货箱一个货箱地核准堆放，一个专柜一个专柜地协调退场时间，一个员工一个员工地谈话沟通，防止了差错和混乱，保证了供应商以及员工的利益。

许多经销客户退货出场后都感叹道：跟广百合作就是让人放心！

给百年传承的洋公司上课

集团的汽贸公司，原来是做传统物资业务的，现在做进出口代理业务。在集团副总经理兼汽贸公司董事长肖铁强的带领下，公司强化学习，提升服务，为客户提供超值服务。

一天，在汽贸公司的会议室里，他们举行了一次特别的业务培训。这次培训的特别之处在于，接受培训的学员不是汽贸公司自己的员工，而是日本一家有着335年历史、在全球12个国家拥有25个营业所的上市公司 "冈谷钢机株式会社"广州分公司的员工，而授课的老师则是汽贸的业务主管，讲课内容是如何精细化、高效率办理报关，如何利用汇率盈利，如何全心全意为客户服务。

为什么如此有名气的日本企业要邀请我们这个几乎谈不上什么名气的汽贸公司来给自己的员工上课呢？

日本广州冈谷公司是汽贸公司的客户，一天，冈谷公司向汽贸公司提出，能否提供去年7月1日至今年1月31日这七个月期间，每一天中国银行美元/人民币的卖出价以及每一天人民银行美元/人民币基准价。"我们需要计算其差价做项目汇率风险预测依据，当然这不是一定要提供的服务，因为难度很大。"冈谷公司解释道。

汽贸公司的业务主管刘小虎接手此事，他向银行咨询，但银行也提供不出如此详细的美元汇率差价数据。

难道就这样回复客户——银行无法提供这些数据？

刘小虎继续向银行、专家、朋友请教，最后终于在一个专业网站取得了这七个月3800个美元卖出价汇率数据，在另一个专业网站上取得了这七个月的3700个美元基准价数据。

刘小虎想，他们需要计算其差价做项目汇率风险预测依据，如果简单地将所取得的几千个数据交给他们，他们还需要花很多时间整理这两组数据，并且要一个数据一个数据地进行匹配，计算差价，这样的话，客户岂不是很不方便？

于是，刘小虎加班加点将上述两组三千多个汇价按照日期进行逐个匹配，一一算出每天的汇率差价。

冈谷公司的负责人很快收到了汽贸的电邮回复：您所询的汇率差价数据已取得，并已计算出每日差价，供参考，详情请查看附件……

不仅这一件事，汽贸公司为客户提供超值服务遍布业务的全方位。

汽贸公司进出口代理业务属于传统服务业务，与其他传统服务行业一样，业内竞争渐趋白热化，原来传统的代理进出口企业面临的生存环境十分艰难。在这种行业背景下，汽贸公司靠着科学、精细、真诚、周到的服务，在激烈竞争中生存发展。

进出口代理服务表面看就是报关、报检、送货、付/收汇、开票结算。但是，每一单代理进出口业务，都贯穿着商流、物流、资金流，汇集着委托商、外商、海关、商检、银行、外经贸局、外管局、保险公司、码头、船公司、报关行和货运公司，都需要对几种、甚至几十种、上百种不同的商品进行准确归类，需要对几十个关键点进行有效的监控，充分记录并及时向客户进行反馈。

面对这么复杂的业务链，汽贸公司科学安排，精细运作，高效服务，做到零天付汇、零天交税、零天开票，大大超过同行的效率。而且，实行24小时全天候服务、超范围服务、柔性多项选择服务、量身个性服务。

汽贸公司的口号是："能够由我们来做的，决不留给客户！"客户不需要计算进口的税款是多少，因为汽贸在进出口前已经预算好税款的总额和构成了；客户不需要制作报关文件，因为汽贸已经全部制作好了；需送货的客户只要按时接收货物就可以了，因为所有码头、运输方面的安排汽贸都已经做好了。

正是汽贸公司这种对客户真诚、周到的态度和科学、精细的作风，使办事严谨、苛刻的日企感动了，这才有了前面说的放下身段邀请授课的安排。

对合作方的贡献应该尊重

商业地产，核心价值在商业，商业带动地产升值。我曾问全国知名房地产公司董事长，去年的利润率多少，他说25%。他问我广百的利润率多少，我说不到3%！

地产商在知名商业价值的带动下，住宅销售价格提高，公寓销售畅通，自行打造的商业街的街铺更是卖得火爆。有一家全国知名商业地产商，在广州白云区建设商业综合体，他们的一名高管对我们说，项目还在建设中，卖公寓和街铺就收回了30多个亿，17万平方米的购物中心基本上是零成本。

商业带来了地产的价值，商业利润只有一丁点，地产却是赚了个盆满钵满。同在蓝天下，不能不公平。当年我就想，我们不能参与商业地产吗？怎么就不能分享商业地产业的高回报呢？

整合资源，合作发展。

我们决定进入商业地产，但是事实证明不容易。不能说隔行如隔山，可我们商业集团从高层到员工，都是长期做商业的，突然进入商业地产，团队从各方面都不适应。我们启动了一个休眠几年的地产公司，委派我们广百的人进行操作，虽然也招聘了一些地产专业人员，结果还是不行，一个项目都做不成。没有办法，我们找地产公司进行合作。但是，大的地产公司都不愿意与别人合作，找来找去很困难。正在此时上苍送来一个合作机会。

大城投资公司的团队是刚从一个知名房地产集团整建制出来

的，具有非常丰富的操盘能力，但是缺少知名度，有与知名商业企业合作的愿望。合作关键看团队，经过多方面的充分调查了解，我们发现这个企业的团队素质很好。大城投资的董事长江漓，军人出身，有着大军区机关养成的优秀素质，有着丰富的房地产经验，温文儒雅，是一个讲诚信、好合作的儒商。团队的主要领导成员也都是诚信务实、专业水平高的房地产大将。机缘难得，大家一拍即合，共同注资成立了广百地产公司。为了发挥民营企业的专业能力，也为了更加适应市场的运作，大城等两家民营企业合计占股51%，广百方（包括广百的合作方）占49%。

首战告捷，贡献突出。

第一个功劳，就是帮助集团拿下了广州金沙洲商业地块，使广百获得巨大收益。

佛山南海的里水镇金沙洲有一个广百的废弃仓储，占地63.6亩。我去看了，周边一片荒草破棚。看仓库的一两个员工在库区里面养鸡养鸭。

按照政府的规划，仓库地块为绿地的范围内。仓库用地属工业用地，按照工业用地征收，政府补偿2000多万元。

广百地产公司的团队经过考察和研究，认为通过改变该地块性质，使地块升值，可以使广百获得巨大收益。他们以在该地打造广百商业为引领，做了全面的策划，然后积极做当地政府的工作，争取改变用地性质。由于项目策划到位，对当地的商业发展和城市建设具有价值，当地政府批准了项目，将地块的工业性质改为商住用地，可建面积为23.3万平方米，其中有7万平方米的商场，其余为住宅。

按照和政府的协商，通过地块拍卖，拍卖款可以返还我们

40%。但是要拍卖时，由于当时市场形势不太好，该地区也还没有成为投资旺地，来竞拍的企业数量达不到规定。又是广百地产民营企业方，用他们的资源优势找来竞拍企业。最后，地块拍卖了5个多亿，按40%广百得了两个来亿，等于原来按绿地返还2000万的10倍！

本来广百地产的团队建议，可以和竞拍方商议整个项目我们自己来做，还可以获得地产开发的效益，按股比集团方可获得更多的收益。但是，集团决策层对房地产还认识不足，班子集体讨论通不过，没有办法，只能让参与陪拍的企业运作了。经过和拿地的企业进行沟通，我们按成本价拿到了5万平方米的商业物业。这5万平方米的商业物业按市场价格计算，广百等于又多获得了五六个亿的收入，加上原来拍卖时获得的两个亿，该地块国有资产大幅度增值，广百真是获得了巨大收益！

该项目住宅后来卖得很旺，运作的公司获得很好的效益，我们团队很多人都后悔当时没让我们的广百地产公司干。

按照集团项目开始前的决定，金沙洲项目收益的10%用于广百地产的收益。按政府返还2个亿计算，广百地产要分2000万元。当时集团有的人提出这个数是不是太高了？我说，对合作方的贡献要尊重，对合作方的承诺要讲诚信，2000万元一定要给。实际上如果按贡献，后来5万平方米的增值也有他们的功劳，只是由于不确定因素多，未计在内。

2018年初，金沙洲广百5万平方米的广场开业，广百邀请我参加开业仪式。时至今日，金沙洲已今非昔比，多个地产商在此发展，住宅楼林立，入住率80%，社区成熟。我在致辞中说："九年前的今天，这里还是一个废弃的仓库，今天已经变成华丽的商厦，项目倾注着广百团队的心血，体现着合作方的贡献，凝结着当地政府的厚爱，我们应该感恩他们！"

再战又捷，贡献巨大。

大干围地块原来也是广百储运公司的一个仓库，占地200多亩。按照政府当时的"三旧改造"政策（旧厂房、旧城区、旧村落土地不用收储，改造成商业用地由土地持有者开发），可以申请将该地块由工业用地改变成商业用地。如果能改变成功，广百将获得巨大效益。集团把这个任务又交给了广百地产公司。

项目虽然有政策支持，但是真正推进起来困难很多。全广州市能够通过的"三旧改造"项目很少，而其中国有项目办成的就更少。广百地产公司不辱使命，经过艰辛的努力，克服了地块运作中的种种困难和当时市政府正当换届的不利因素，最后成功了。地块由工业用地变为商业用地，容积率还争取到了5.0，建筑面积为50万平方米，总价值按每平方3万元计，就达150多个亿！

本来按合作协议这块地应该交给广百地产公司开发建设，但是，由于国务院国资委通知主营业务非房地产的国企不得投资地产业，因此，只能和外面的地产商合作开发这块地。当时，保利、万科、越秀等很多房地产公司都非常有积极性来做这个地块。几家谈的条件是：七八个亿的增补土地出让金由地产商出，给我们5个亿的现金，还给我们7～9万平方米的商场物业。越秀给7万，万科等给9万。因为越秀是广州国企，市国资委领导出面协调，最后决定跟越秀合作。这样，广百不出增补土地出让金，获得5个亿现金，7万平方商业暂且估值每平方3万元，就是21个亿，总计获得26个亿的收入。广百地产公司在该项目上又为集团立了大功！

当时，如果由广百地产开发建设，由于广百方（包括所属储运等股东）在广百地产中占有49%的股份，除了我们该得的5个亿现金、7万平方米商业物业外，地产商开发收益中还要分给我们近一半的收益。但是，由于没有给广百地产做，这49%的收益全归了越秀了。

"好心不得好报"，但是理念不能动摇

15万平方米的流花展馆，是个有着百届中国出口商品交易会传承的"商业圣地"，广州城投公司进行经营权的公开招标。我们广百通过深入的市场调研，科学的策划方案和精准的经济指标，一举拿下了流花展馆的经营权。

人意 + 天意。

投标时，广百准备的商业策划方案很到位，我们心里有底气，但是经济指标非常费思量，就是向业主方每平方米每月缴纳的租金标准怎么定。定低了怕中不了标，定高了又会增加运营成本，而且也不知道其他投标方定多少。租金标准属于重大问题，既要经过领导班子讨论研究，又要防止知情人多了会泄密。我们就在班子会上报了个最高限额的议案，具体授权工作小组定。

在投标前一天晚上，我和张帆、曹仕荣两位部门领导研究租金标准到底报多少。根据他们两人的分析建议，经过反复讨论，最后确定为每平方米报111元。但是等我回到家后，曹世荣又来电话，说为了保险起见，建议提高到每平方113元，我想了想也同意了。

到第二天开标时，评审小组对广百的报告书和宣传片非常满意，就看租金标准的经济指标了。我们的团队也是怀揣着兔子，紧张得不行。但是，一开标，意想不到的结果出现了：三家投标企

业，一家国有企业报的不到最低有效线，为废标；一家民营企业报的是每平方米110元，而我们是113元，仅以3元之差取胜！如果那晚我们开始定的111元不改，就是1元之差了！

事后有人说，你们是不是得到了民企的情报，否则15万平方这么大的项目，怎么竟以3元之差拿下？现在过了这么多年，没有必要隐瞒，真是没有情报。两家报价接近，说明对项目的市场和价值把握比较准，为什么只差3元？这可能要问老天了。

国企 + 民企。

为了更加贴近市场，也减轻集团投资压力，我们的运作模式采取和民营企业合作的方式。广百出场地，民营企业出资金，广百的收益是租金加提成。股比中广百占40%，两家民营企业共占60%。经过严格的招标程序，最后确定了与条件最优越的投标民营企业合作。

但是，由于历时太久，旧场馆的物业质量问题太多，场地装修以及加固投入远远超出预期，加上民企出任的总经理缺乏管理经验，资金浪费也非常大，结果出现了资金短缺。因此造成了工程延误，致使原定的开业时间无法实现，引起了已经招商的数百商铺的骚动。

在项目最困难的时候，我们考虑，如果不帮助合作方解决当前的困难，项目搁置，不能按时开业，不仅严重影响收益，更可能由于小商铺的不满造成骚乱。而经了解，民企方4.5亿的贷款很快会到账。因此，经过集团领导班子研究，决定借款6000万元工程款给民企，同时，在对方欠缴租金的情况下，我们向业主城投公司垫付了一个多亿的租金。在银行贷款下来后，这笔借款就可以还回来。

但是，当银行贷款下来后，民企方竟没有用来解决流花项目的问题，而是偷偷地将资金调往他们其他的项目，流花展馆面临极大的危机。特别是合作方原来投入的资金，绝大部分还都是一些中、小企业高息融资来的，为此，民企股东面临背后投资者的压力。在这种情况下，大家应该共同积极想办法。但是，其中一个占主导地位的民企股东却采取了转移矛盾的既恶劣又愚蠢的办法，在《新快报》上以七个版面来指责广百，意思是广百造成了项目当前的困难局面。而转移视线的手段又很拙劣，七个版面的报道通篇都是假话，甚至假话造到睁着眼睛说瞎话的程度。例如，说资金都是他们出的，可是项目公司的董事长、副董事长、总经理都是广百的人出任，他们对项目没有掌控权。而实际上，董事长是广百出的，但是副董事长和总经理正是他们两家民营企业分别出任的，其中总经理正是这家造假公司的总经理。在媒体之前的很多相关报道中都有过他的职务名字。项目公司的资金支出，也都是他们总经理签批的。后来我看到他们所有的资金凭证手续复印件，没有一笔是广百人签字的。

又说，80%的工程是广百领导个人指定施工单位的，而实际上总包方就是他们两家民企中的一家推荐的，主导方民企的总经理亲自考察过。后来这家推荐总包方的公司还出函给我们予以证明。

还说，广百只知道收租金，却不管项目的困难。对广百借给他们6000万的工程款和垫付一个多亿租金的事却只字不提。

七个版面所指责广百的问题，都是上述睁眼说瞎话的情况。广百都不用驳斥，只是一条条摆出事实，他们的假话就不攻自破了。我们的报告报到市领导、政府相关部门，大家看了一下子就明白怎么回事了。市长还批示要广百在媒体上反驳。而那个写虚假报道的记者，后来也因对长沙一家公司如法炮制地造假新闻，被公安抓了起来，其领导也受到处理。

关键是他们这么一闹，并没有解决问题，背后投资方的视线没能转移，项目没有渡过难关。在我退休后，广百针对合作方的违约行为，根据当初的合作合同，通过诉讼终止了合作，收回了场馆。

后来，广百一些同事对我说，你看，尊重、关心合作方还出力不讨好，好心不得好报。我说：崴了一次脚就不走路了？我们不能因他们的错误改变自己的初衷，不能因少数人的公德缺失而放弃我们的责任良心。

这里顺便再说下危机管理。合作方通过媒体造假来指责广百的事情，会误导不明真相的背后投资者、小商户以及社会大众，会给广百造成一定的品牌声誉损失。这种情况下，应该本着对投资者、小商户和企业负责的态度，快速作出反应，及时澄清事实。当时，国资委领导、市领导都要求通过媒体予以澄清和反驳。广百的品牌打造起来不容易，我们和整个团队付出了很多心血。这是企业的生命，应该像爱护眼睛一样维护品牌。

天道酬"诚"

这里再讲一个例子。我们广百的主力店北京路店，大厦由新、旧两部分组成。新的部分叫新翼，是广百出地，一个民营企业出资建设的，我们分得一万多平方米，另外又租了二万多平方米。这家公司由于多个地产项目严重违规，受到政府的查处。他们一方面要按政府要求抓紧其他小区住宅的销售，以缴纳巨额罚款；一方面还要维持整个摊子的运作，非常困难。

我到广百后，和他们老板见面，我对他说："你们现在很困难，我们作为合作方一定支持你度过难关。"我们租他们二万平方的租金每月都按时支付，一分不少，一天不拖。他的父亲去世，后来弟弟去世，我都亲自到殡仪馆吊唁。我们有的同事说，董事长您没必要亲自去吧？我说，按常规我们可以委派人去，但是，他们现在正是困难的时候，我们应该让他们感受到我们的支持。

可是，在广百租他们二万平方米商场到期的时候，在续约租金的商谈上这位老板可是一点情面不讲了。

原来的租金通过逐年递增，已经到了很高的价位，商谈续租的时候，对方的老板很清楚这二万平方米对我们主力店很重要，我们广百不可能不租，因此就一下涨了很大的一块。经过几次谈判都降不下来，我们说你多少降一点，也算是合作的诚意，但是，他是一分不降！我们最后研究决定：照签，一定会有办法的。

　　过了一段时间，这家企业面临极大的资金压力，不得不转让租给广百的二万平方米的商业物业。由于物业在广百店的二楼以上，其他企业不可能买，只有广百买。结果，他们竟以每平方1.4万元的价格卖给了广百。北京路的商业物业，临街的铺面每平方高达二三十万元，那简直是寸土寸金呀！

　　不考虑合作伙伴的利益，唯利是图，那么等待他的就是这样的后果！天道不仅酬勤，而且酬诚。

对员工的责任

人，是最有创造力的，人的积极性只要调动起来，聪明才智发挥出来，什么人间奇迹都可以创造出来。

这个大道理谁都知道，也都认可。但是，具体到企业和员工（这里说的员工泛指投资者之外聘用的所有人，包括高管和一般员工）是什么关系？认识却不一了。有的说是企业投资者为员工提供了机会，养活了员工，有的说是员工养活了老板。

我们用舞台和演员来打个比方，企业投资者搭建了舞台，但是要靠演员来撑起这个舞台。没有这个舞台，当然演员就不可能在这个地方演出剧目，但是，有了演员，有了优秀的剧目，才会吸引并有可能持久地吸引众多的观众，舞台才有价值，投资者才有不断的收益。否则，没有观众，没有收益，这个舞台再豪华也没有用，最终一定会荒弃。因此，投资者不能只关注自己的舞台，必须关注演员，必须尊重、关爱、维护演员团队，唯有如此，演员才会忠诚于这个舞台。

企业的发展，不可能离开员工，不可能离开优秀的人才。员工的素质、地位和对企业的忠诚度决定了企业的生命力和竞争力。对员工的责任，是企业社会责任的重要内容。

管理学专家陈春花教授在《激活个体》一书中深刻阐述了组织与个体的关系，指出组织必须高度重视员工，重视个体，要打造组织和个体共生共享的平台。随着时代的发展，员工的需求是不断变化的。陈教授认为，组织要认识到现代员工的特点是："更追求内心的快乐，更重视有趣的工作，同时也需要有展示自己的平台，更在意参与决策以及表现自我。""自我实现带来的成就感是员工幸福感的重要来源。""如果员工感受到组织愿意为他们提供多方面的支持，那么员工就会为组织的利益付出更多的努力。""组织为员工提供的资源并不仅限于工作相关的资源，还包括为员工个人和家庭提供相关的资源。"因此，要求"组织必须要了解雇员的需求，了解雇员的希望"。要"在员工职业生涯管理上做出规划"。这样，员工才会发挥出最大的创造性，个体才会在组织中体现最大的价值。

结合陈教授的观点，我们是不是可以从两个层面认识企业对员工的责任，组织对个体的支持：

第一是受法律法规规定的员工权益，包括劳动合同、最低薪酬、加班工资、劳动保护、"五险一金"、休假等等。这一条是刚性的，法律逼你必须无条件执行。2013年9月，广州市总工会劳动监督检查小组到广百集团检查劳动法律监督及员工权益保护工作。经综合评审，集团参检单位平均分达到99分，其中5个二级企业是满分。检查组对集团工会在员工劳动法律监督方面的成绩表示肯定。

第二是受市场竞争制约的让员工满意的条件和内容，包括对员工人格地位的尊重，对职业生涯长期发展的支持（包括专业能力和自身品质素质）、培训、情感的沟通与寄托、幸福感的增强等等。这一条是柔性的，市场竞争要你必须做好。随着时代的发展，人本主义的强化，如果企业不认真履行好这一条责任，就得不到员工的忠诚度，就会丧失市场的竞争力，就不能在激烈的竞争中生存和发展。

从血汗工厂到企业公民

二十世纪七八十年代，耐克（NIKE）成立之初，把主要精力投入到设计和销售上，选择在人力成本低的国家开代工厂，从而成就了耐克的核心竞争力。但是，他们没有关注代工厂工人权益的保护和代工厂环境污染问题。

随着消费者和劳工权益意识不断增强，1990年代，美国民间发起针对耐克的"抵制血汗工厂"的运动，逼迫耐克必须提高海外工厂制鞋工人的工资。在反复角力下，耐克公司终于作了改变，开启了以提高海外制鞋厂工人工资、关注和保护海外制鞋厂工人权益为标志的企业社会责任之路。从劳工权益、体育赞助、环境保护、社区公益等方面实施社会责任项目，并发布社会责任报告。

从此，血汗工厂成了公民企业，企业的成本似乎加大了，但是企业的竞争力加强了，市场更大了。

社会发展到今天，尊重和关心员工的企业越来越多了。

广百的"五色文化"

广百集团是高度重视员工队伍的，我当时提出三句话来形容广百对员工的责任：

锤炼成长的熔炉，

建功立业的平台，

安身立命的希望。

怎样才能成为"熔炉、平台和希望"呢？

广百在团队建设上总结出了"五色文化"，这是"熔炉、平台和希望"的具体体现，是实现员工法定权益和满足员工希望和情感需求的保证。同时，又是形成企业软实力和竞争力的源泉与动力。

"五色文化"是：

竭尽全力的红色文化，

科学创新的紫色文化，

人才希望的绿色文化，

讲真话讲实话的蓝色文化，

尊重理解关爱的橙色文化。

红色文化，是竭尽全力的精神，是不达目的誓不罢休，凡事要做到极致、做到一流的毅力。这是员工职业发展打天下所需要的优秀素质，是使员工终身受益的人生态度和价值观，也是企业发展的巨大动力。

紫色文化，是科学创新的精神，既要有敢为天下先的开拓创新精神，又要按照市场规律办事，具有务实、规范和强烈的风险意识，唯此，员工才能不断发展，企业才能立于不败之地。

绿色文化，是对人才充满希望的精神，"英雄不问出处，用人不拘一格"，所有人都像春天里的树丫，共享着阳光雨露，都有望长成参天大树。

蓝色文化，是讲真话讲实话的精神，企业就像清澈透明的蓝天和湖水，扫去阴霾，滤去杂质，摒去"看脸色、顺竿爬"的歪风，形成干净干事的环境和氛围。

橙色文化，是尊重、理解、关爱的精神，它让员工感受到主人翁地位，获得愉悦以及物质和精神幸福感，是一种能够使员工产生归属感和对企业的忠诚度的氛围。这当然也包括绿色和蓝色文化所产生的效果。

"五色文化"之间是有机联系的、相辅相成的一个系统。红色和紫色，是企业对市场的势能，而这个势能又来自于绿色、蓝色和橙色，是"三色"生"两色"。也就是说，企业要在绿色、蓝色和橙色上下功夫，真正做到对人才充满希望，形成干净干事的环境，员工感受到尊重、理解和关爱，团队才会迸发出竭尽全力和科学创新的精神。

广百对员工的社会责任，就是在"五色文化"上下功夫。

"五色文化"诞生记

广百的"五色文化"是在总结广百自身核心价值中提炼出来的，是符合广百自身特点和需求的文化。

我刚到广百时，要研究和弘扬优秀的企业文化。有的同事建议，要选好的企业文化策划公司，请他们帮助研究整理和推出方案。的确，很多企业搞企业文化，都是请一个策划公司，或者请些专家来，在对团队访谈之后，再到处收集其他的企业文化资料，找来很多体现那些企业文化的语言，综合起来，最后形成了一本企业文化的书。从文案来看，可能是非常不错的，行业内的精华语句可能都有了，企业自己的一些思想也提炼得"高大上"了。但是，这样搞出来的企业文化，一般都只会摆在桌上，挂在墙上，不能落在团队的心上，不能体现在团队的行动上，甚至可能都落不到领导者的嘴上，领导者平常都不说这些"高大上"的话。

企业文化，要挖自己的金矿，形成只有这个企业、这个团队认可的具有鲜明特色和独有的文化，唯有领导和员工真正在思想上认知，从心里愿意去做，经常说在嘴上，处处体现在行为上，这个企业文化才是有生命力的、有价值的。广百的"五色文化"，就是在自己的金矿中挖掘出的自己的"金子"，是能够在广百的土壤上生存，并反馈价值给这块土地的生态圈文化。

关于"五色文化"的内容和符号，是有个故事的，就是广百后来戏说的"流花论剑"。

大概是我到广百两年后，集团要到一个会上介绍广百的企业文化，我和企业文化部的几位成员在流花公园的露天茶馆进行"头脑风暴"，总结广百的企业文化体系。大家回忆广百这些年，特别是近几年的发展，总结集团在发展中最突出的文化精神和价值观。

经过反复讨论，大家总结出了"竭尽全力、科学创新、人才希望、讲真话讲实话和尊重理解关爱"五种精神。应该说，这五种精神是广百发展的精神动力，也是广百今后继续发展的重要理念和保障。

但是，我说光有精神内容还不行，还要有符号，才便于传承。我说，能不能用五种颜色来作为符号呢？这样大家根据五种精神的特点，开始讨论用哪五种颜色来进行匹配。

关于竭尽全力的精神，大家很快想到红色。竭尽全力，是一种激情，激情就像鲜活的血液，奔腾的钢水，因此定为红色文化很贴切。

人才充满发展的希望，企业就会充满生机，就像万物复苏的绿色春天。因此，就定为绿色文化。

讲真话、讲实话，这种文化如能形成，这个企业就会清澈透明，形成干净的干事环境，就像蓝天、湖水。因此，就定为蓝色文化。

尊重、理解、关爱，让团队感觉到的是温馨，是温暖，因此，大家都认为橙色最合适，既不太热——烤人，也不太冷——冻人，定为橙色比较贴切。

比较难的是科学创新用什么颜色，我们绞尽脑汁，翻词典，查资料，最后认为紫色最贴切。

紫色，是人类可见光所能看到波长最短的光，是由炽热的红色和冷静的蓝色化合而成。而科学创新，既需要红色的激情执著，也需要蓝色的冷静。紫色，还代表着神秘、幸运、财富、高贵和尊重。成语"紫气东来"，是把好看的白气称为紫气。网上说，喜欢紫色的人总在努力做得比现在更好，他们渴望知识，热爱读书，以成就理想的自我。

科学创新，是引领人类前进的灯塔，是科技与人性的结合，是工业与艺术的融合，是商业与文化的融通，是浪漫、梦幻、极富想象力的事业，具有无穷的魅力。因此，大家把科学创新定为紫色文化。

几年后，看到网上介绍，德国专家们经过三年精心研究发现，颜色对人类具有特殊作用。红色可以促进血液流通，加快呼吸，使人兴奋；紫色代表沉思，给人以幻想；绿色是希望的象征，能够安定情绪；蓝色意味着平静、严肃、科学、喜悦、美丽、和谐与满足；橙色令人感到温暖、活泼和热烈，能启发人的思维。看来我们当年定的颜色还算靠谱。

广百的"五色文化"对团队的建设，对企业竞争力的提升，对广百的发展，起到了非常重要的作用。在外界，也产生了良好的影响。在2010年一次省委宣传工作大会上，省委宣传部一位副部长在讲话时，放下稿子讲起了广百的"五色文化"，对其给予了高度评价。后来，很多企业前来考察学习，有些央企看完后，都说没想到"地方的企业能做到这个样子！"。

下面就看看广百自己的金山——"五色文化"是什么样子，是怎样做的，发挥了什么样的作用，是如何体现广百的社会责任的。

竭尽全力的红色文化

红色，是沸腾的钢水，是鲜活的血液，是燃烧的激情。企业，需要活力，需要激情，需要担当，需要竭尽全力。而员工打天下，实现自身价值，更需要责任、担当、激情和竭尽全力。

商场如战场，激烈的市场竞争，无数企业的悲喜剧都告诉我们，尽力而为不行，必须竭尽全力！

企业关心员工，对员工负责，重要的一条就是要培养和激励员工竭尽全力的精神，也就是塑造人生的态度。

网上有篇文章——《比智商和情商更重要的品质——Grit》，文章讲的是，如果家长们仍认为决定孩子成功的最重要因素是20%的智商和80%的情商，那就已经OUT了。因为近几年来，整个美国教育学界被一种全新的教育理念所席卷，那就是Grit（坚毅）。

Grit一词在古英语中的原义是沙砾，即沙堆中坚硬耐磨的颗粒。

2010年，科恩兄弟翻拍了约翰·韦恩的老片《True Grit》，获奥斯卡奖提名，其中演副执法官的杰夫·布里杰斯凭此片获得了当年的奥斯卡最佳男主角奖。这部影片讲的是一个14岁女孩终其一生为父报仇的故事，片名原意为《真正的勇气》，在中国被广泛译为《大地惊雷》。

这部电影也启发了教育界。美籍亚裔心理学家、宾夕法尼亚大学副教授Angela Lee Duckworth的研究成果指出，Grit可译为"坚毅"，但其涵义远比毅力、勤勉、坚强都要丰富得多。Grit

是对长期目标的持续激情及持久耐力，是不忘初衷、专注投入、坚持不懈，是一种包含了自我激励、自我约束和自我调整的性格特征。一个孩子"能很投入地一直做一件事很久"，这就是Grit。"向着长期的目标，坚持自己的激情，即便历经失败，依然能够坚持不懈地努力下去，这种品质就叫做坚毅。"

正向心理学（Positive Psychology）提出了七项指标，认为它们是预示孩子未来成功的"七大秘密武器"。这七项指标分别是：Grit（坚毅）、Zest（激情）、Self-control（自制力）、Optimism（乐观态度）、Gratitude（感恩精神）、Social intelligence（社交智力）、Curiosity（好奇心）。情商，只是社交智力的一部分，而智商，压根被排除在了这"七大秘密武器"之外。

通过上述分析我们认为，步入企业的员工虽然已经不是孩子，但是仍然面临继续培养自身素质的问题。而这种培养和引导就像军队训练士兵一样，对个体的人和整个军队都是有价值的。要对员工负责，就要继续培养这种能够助其一生的Grit，即坚毅。我们竭尽全力的精神，就是Grit（坚毅）的同义语。

中央纪委监察部官方网站2015年推荐的图书《中国历史的教训》讲了一个故事，说雍正年间对各级官吏实行考核制度，直隶巡抚李维钧考核吴桥县令常三乐，通过调研，下了这样的考核结论：一是操守廉洁，是个清官；二是懦弱不振，工作打不开局面。因此建议免去县令，安排去管单项工作。但是，上报到吏部，吏部不同意，认为没有什么大错，不好免去现职。事情报到雍正皇帝那里，雍正大笔一挥"撤职！"。

不敢担当，没有作为，没有竭尽全力建功立业的精神，就是在其位不谋其政，就会被淘汰。

企业需要一种精神

2005年10月我到广百上任后，正值研究第二年的经营计划。我到各二级公司了解情况，听取汇报。

在了解情况时，我发现一个有着几十万平方米仓储库房和车队资源的公司问题很多：库房破旧，模式落后，仓租很低，大客户不断流失，业务不断萎缩。更要命的是公司的一些领导缺乏进取精神，整体氛围中弥漫着惰性。当面临一单全年1500万元的配送业务时，他们竟因为时间较紧、麻烦较大，连招投标都没有参加。

公司制定的第二年经营收入和利润目标很低，当公司领导汇报完计划后，我问他们："你们自己对这个目标满意吗？"公司总经理犹豫片刻后说："不满意。"但是话里话外带出的意思是，一个老国企能维持这么多年，能养活这么多人，已经是尽力而为了。

上述这种状况在集团还不仅仅是存在于一家子公司。企业普遍存在着一种惰性，缺乏一种精神。当然，国企的体制是造成这个问题的一个客观原因，但是，我们流通服务业是全面竞争的行业，没有一点国家资源的支持，更不要说垄断了。团队没有拼搏精神，这个市场怎么打？领军人物如果没有志向和积极进取的精神，这个队伍又怎么可能有作为？

猎狗与兔子

企业需要一种精神，但应该是一种什么精神呢？应该用什么样的语言、什么样的故事来作为企业精神的号角呢？拼搏精神？登山精神？还是服务行业老模范张秉贵的"一团火"精神？直到与一个东北来的朋友聊天，我才找到答案。

这位朋友给我讲了个故事：在美国西雅图的一所著名教堂里，

有一位德高望重的牧师——戴尔·泰勒。有一天，他向教会学校一个班的学生讲了下面这个故事：

有一年冬天，猎人带着猎狗去打猎。猎人一枪击中了一只兔子，受伤的兔子拼命地逃生，猎狗在后面穷追不舍。可是追了一阵子，兔子跑得越来越远了。猎狗知道实在追不上了，只好悻悻地回到猎人身边。猎人气急败坏地说："你真没用，连一只受伤的兔子都追不到！"

猎狗听了很不服气地辩解道："我已经尽力而为了呀！"

兔子带着枪伤成功地逃回家后，兄弟们都围过来惊讶地问它："那只猎狗很凶呀，你又带了伤，是怎么甩掉它的呢？"

兔子说："它是尽力而为，我是竭尽全力呀！它没追上我，最多挨一顿骂，而我若不竭尽全力地跑，可就没命了呀！"

泰勒牧师讲完故事之后，又向全班郑重其事地说道："谁要是能背出《圣经·马太福音》中第五章到第七章的全部内容，就会被邀请去西雅图的'太空针'高塔餐厅参加免费聚餐。"

《圣经·马太福音》中第五章到第七章的全部内容有几万字，而且不押韵，不要说背诵，就是流畅朗读都不容易。尽管参加免费聚餐是许多学生梦寐以求的事情，但是几乎所有的人都浅尝辄止，望而却步了。

几天后，班上一个11岁的男孩，胸有成竹地站在泰勒牧师的面前，把《圣经·马太福音》中第五章到第七章从头到尾背了下来，竟然一字不落，没出一点差错，到了最后，简直成了声情并茂的朗诵。

泰勒牧师在赞叹男孩那惊人记忆力的同时，不禁好奇地问："你为什么能背下这么长的文字呢？"

男孩不假思索地回答道："我竭尽全力。"

十六年后，这个男孩成了世界著名软件公司的老板。他就是比尔·盖茨。

竭尽全力！这不正是我们需要的精神吗？兔子面临着生死存亡，只有竭尽全力，才能活下来。在激烈的市场竞争中，企业身旁身后有着无数的"猎狗"，淘汰法则残酷无情，逆水行舟，不进则退，慢进也是退。比尔·盖茨说过，微软距离破产永远只有十八个月！任正非在企业蒸蒸日上的时候，提醒大家注意华为的冬天。在历史的长河中，多少企业航船搁浅沉没，多少商业精英折戟沉沙。

企业要想在商海中生存，要立于不败之地，尽力而为不行，必须竭尽全力！

竭尽全力，是在生存危机下的自我挑战，是企业永葆青春的秘诀。竭尽全力的精神，就是拼尽全力，不达目的誓不罢休；就是坚持一流，事事做到极致；就是如溺水时的挣扎，如陷狼群的拼死一搏。

为了在集团弘扬竭尽全力的精神，我在2005年11月20日的集团会议上，大讲特讲竭尽全力的精神，讲"猎狗和兔子"的故事，讲商场如战场的残酷，号召大家："我们每个企业的领导者、每个部门的负责人，都不能有丝毫的懈怠，都要以高度的责任感和使命感，以竭尽全力的精神，努力实现企业的新发展！"

接着，我又分别在多次会议上大讲竭尽全力的精神，并通过领导班子作出决定，设立集团激励制度中最高等级的"竭尽全力奖"。当时，有的同事说，要么叫什么什么先进，要么叫什么什么模范，竭尽全力奖？这好像有点那个。我说："要宣传倡导一种精神，就要全方位推进，就要各种符号一致，这样才能营造氛围，弘扬到位。"

2006年3月13日集团召开"广百新翼确权工作表彰大会",首次进行了"竭尽全力奖"颁奖,对确权工作表现突出的领导和员工授予了"竭尽全力奖"奖牌,从而使竭尽全力的文化以制度形式确立起来。

自此,"竭尽全力"成为集团上下出现最多的一个词,成为广百倡导的主流精神。有一次,有个民营企业与广百谈合作,谈到最后,民营老板说:"请放心,我们一定会竭尽全力的!"大家都笑了起来,民营老板说:"大家别笑,要和广百的文化一致,才能把合作项目做好呀!"

广百打下的一个又一个的战役,攻下的一个又一个的项目,无不体现出竭尽全力的精神。其中,最有代表性的就是"五大战役":

解困突围战,

产权保卫战,

天河争夺战,

河南突击战,

上市攻坚战。

解困突围战

南方大厦,坐落在美丽的广州珠江之畔,人民路商圈之中。1918年,由澳洲华侨蔡兴、蔡昌兄弟在此地建成,名为"城外大新公司"。大新公司走高端经营路线,集百货、娱乐、休闲于一体,成为当时华南最宏伟、最豪华的商业休闲之地。抗日战争中被日军焚毁。

1954年由广州市政府按原建筑格调重新修建，定名"南方大厦"。大厦建筑面积三万平方米，高九层，当年也是名噪一时的商业网点，是全国十大名店之一，1983年销售总额居全国十二家大百货商店之首，是广州百货业的骄傲。

七八十年代，在海南岛当兵的人回北方探亲，路过广州一定会到南方大厦买商品，以逛南方大厦为最高兴的享受。那时候有个说法："不到南方大厦，就等于没到广州。"

但是，南方大厦在后来的发展中，由于没有实施科学发展战略，扩张的十四家分店全部亏损，主力店销售大幅度下滑，集团负债率达到133%，资不抵债，到了破产的程度。

东百集团，曾经也是广州重要的商业集团，有着自己辉煌的历史，但曾几何时，也到了破产的边缘。

两个集团都欠着上亿的银行贷款，供应商大笔的货款无法结算，要遣散员工，拿不出补偿金，可以说是到了山穷水尽的地步。

广州市政府决定，将南大、东百两个集团交给广百集团托管，并委托广百帮助他们解困突围。

广百集团对这两家企业的问题想了很多办法，给予了大力的支持。临危受命的关治强董事长和赵慕董事长，带领这两个集团的团队克服了难以想象的困难，最终完成了解困任务。

我到广百后，深入了解了两个集团过去解困突围的详细情况，发现在解困的过程中，从领导到一般员工，都本着对企业负责的态度，克服了重重困难，做了大量的工作，涌现出很多感人的事迹。整个解困突围的日日夜夜、桩桩件件，都闪烁着竭尽全力的光辉，解困突围的过程，就是一部竭尽全力拼搏奋斗的史诗！

这正是我们广百文化的金矿呐！在我的提议下，广百集团对南大和东百的解困做了大量的调研和事迹整理工作。在准备充分后，集团召开了南大、东百集团竭尽全力解困突围的事迹报告会。解困突围的感人事迹，以朗诵的方式传遍全场，震撼着人们的心灵，感动着所有到会的人。

我在大会的讲话中，更是高度赞扬了解困突围所体现的团队责任感，所弘扬的竭尽全力的精神。大会对当年解困中表现突出的领导和员工给予了重奖和表彰，披红戴花，大力宣扬。正因为活动获得巨大成功，竭尽全力的精神在整个广百集团得到了进一步的弘扬光大。

临危受命的关治强

关治强，广州物资集团原副董事长、副书记，担任过物资集团的宣传部长，喜欢写诗，后来出过诗集，为广百的歌曲作过词，是个儒商。但同时，更是个情感丰富的性情中人，是个敢担当、敢负责的企业领导者。2001年12月25日，他临危受命，被市政府任命为南方大厦集团董事长。我到广百后，关治强是广百集团副书记、董事，南大集团董事长，在后来的集团发展和建设中，特别是在企业文化以及企业社会责任的推动中，他起到了重要的作用，作出了卓越的贡献。

当年，关治强受命完成南大集团解困任务时，市政府的要求很明确：第一，不能破产；第二，还要新生。

而当时关治强面对的可真是一个烂摊子：银行欠债1.62亿元，欠供应商结算款4200万元，拖欠国土房管局租金1140万元，拖欠电费180万元，欠员工辞退补偿款7800万元，负债率133%；需要分流安置员工1941人，需要办理退休550人。仅有的大厦物业还是国土局掌管的资产，公司无权进行抵押处置。

难，难似上青天！但是，关治强没有退缩，没有低头，硬是咬着牙领命，冲了上去！南大原来留下的几位领导，也没有一个跳槽和退缩，全部坚守岗位，全都钉在了南大！

一天，他突然接到告急电话："关书记，不好了，大批的供应商到商场准备哄抢商品！"没钱给供应商结算，要筹钱又不是一天两天的事，可是要真发生哄抢，南大就等于被逼上了绝路。关治强立即冲到一线，面对讨债的供应商，以真诚的态度进行沟通，实事求是地说明筹资方案，仔细讲解结算还款计划。在真诚而务实的努力下，他得到了供应商们的理解，缓解了对立的局面。

没多久，280多名分流人员又跑到南大集团集体上访，要求解决医疗保险问题。来的都是老员工，个个怨气冲天，吵吵嚷嚷，一片混乱。而他们身后，是更多老员工同样的问题，情景犹如就要喷发的火山。

关治强又站出来，看着这些和企业共同奋斗多年的老员工，看着他们焦虑的情绪，心痛不已，抑制不住潸然泪下，言语哽咽。他大声说："我关治强对不起你们，南大集团对不起你们！但南大决不会让你们流汗又流泪，一周内，南大就是砸锅卖铁，也要帮大伙办好医保手续，我立字为据！"

一周内，谁也说不清他跑了多少地方，费了多少口舌，克服了多少困难。常常是一个又一个希望地破灭，又一个机会一个机会地争取。最终，到了承诺的最后一天，全部老员工的医保卡办了下来，彻底解决了这一不稳定的因素。

解困不仅是善后，还要让企业重焕新生。由于城市的变迁、交通的变化、行业的发展，南方大厦再搞百货商场是不行了。南方大厦到底怎样定位？怎样招商？关治强带领团队做了大量的市场调研，与数不清的企业进行对接，最终将南大物业转型为电子数码城，使南方大厦集团获得了重生。

体现这种竭尽全力精神的不仅是企业的领导，当年分管商业的副市长，更是亲力亲为，不知道和南大的团队开了多少次会，定位方案不知一起讨论了多少回，就连引进企业的合同，都亲自过目修改。市领导的认真拼搏精神也深深感染、带动了团队，至今还被南大人赞颂。

在各方面的努力下，南方大厦获得新生，不仅生意做起来了，而且外立面也被LED灯光装饰得绚丽多彩。

在南方大厦成功转型后，南方大厦的团队为了弘扬粤商顾客至上的精神，教育广大商业人员强化社会责任，借助南方大厦的历史传承，筹办了南方大厦历史陈列馆。陈列馆收集了大量有价值的商业文物，其中有建国前商业发展的难得镜头，有改革开放前人们使用的各种票证，有老商店使用的"铁线传钞票"，有当年人们向往的"四转一响"：自行车，电风扇，缝纫机，手表，收音机。还有全国仅存一件的顾文霞大师的苏绣"金陵十二钗"，300多斤重的罕见瑞砚，两件名家制作的广彩人物花瓶。整个称列馆简直就是广州商业发展史的缩影，是企业社会责任的教育课堂。

当夜晚来临的时候，在美丽的珠江边上，南方大厦不断变换的光彩吸引着人们赞许的眼光。为此，感慨万千的关治强，这个诗人企业领导还为此做了首诗：

一壁幻彩耀城中，

半江碧绿半江红。

毕竟中华老字号，

扬帆南海又东风。

瓢泼大雨中的赵慕

东百集团董事长赵慕，受命负责东百集团的解困。

下属华夏公司的转型不成，出路在哪？华夏康隆公司的债务怎么解决？分流员工的巨额补偿到哪去筹集？对于资不抵债的集团来说，这些简直是无法解决的难题。上千员工焦虑的眼神，市领导一遍又一遍电话的询问，就像千斤重担压在身上，让赵慕喘不过气来。

赵慕性格沉稳，话语不多，冷静理性。但是，面临着东百集团无数的困难，面临几近绝境，他也无法冷静理性了。

他有一个生活习惯，就是晚饭后要去越秀山散步，在散步中思考，在散步中探索。一次，当他完全沉浸在思考解困问题中的时候，天飘起了蒙蒙细雨，转瞬变成了瓢泼大雨。冷静理性的他竟然就让大雨浇着自己，仿佛要在大雨中宣泄压力，让大雨凝聚动力！

不达目的誓不罢休，不找到出路就不是赵慕！他暗下决心。第二天，他又和同事们研究方案，寻找办法。不知过了多少个不眠之夜，经历了多少煎熬，最终，他争取到各方面的支持，找到了突围的生路，完成了解困的任务。

黄雪梅的眼睛

在解困的英雄群体里，有一名普通的职工，她叫黄雪梅。正是这样一位勤劳朴实的员工，分担着南方大厦最后的清场重任。而完成这些工作后，她就要下岗了。那几天，为了按时交接场地，所有工人都在连续加班。由于持久的劳累，黄雪梅发起了近40度的高烧，烧得面颊通红，一只眼睛红肿得看不清东西，但即使这样，她也没有离开岗位。领导和同事劝她，她也不走，她说："清场工作时间这么紧，我怎么能走呢！"她又坚持工作了三天，直到清场任务完成才去医院就诊。

医生检查发现她一只眼睛由于持续高烧，视网膜完全脱落了！医生责怪她："你不要命了，视网膜脱落是有最佳治疗期的，再晚来一天，你的眼睛可能就瞎了！"

集团采访组后来问她当时的想法，她说："说实话，我在南大干了几十年了，最后的几天，我真舍不得走！"

何金燕的遗憾

在东百集团本部忙于清空场地的那几天，办公室档案员何金燕的父亲正处于生命的最后时刻。老人家深知在世的时间不多了，希望女儿能够多陪陪自己，多讲上几句话。被街坊邻居誉为"孝女"的她，望着父亲清瘦的脸、渴望的眼神，心痛不已。她多么想陪父亲走完人生最后的一段路啊！但她分管的档案工作，别人实在无法替代，工作不允许她长时间停留在老人病床前。为了企业，她白天工作，夜晚才能守护在父亲的病榻边。每天早上临出门，她都对父亲说："爸，我很快把工作做完，你等着我，我马上就回来！"

但是，就在整体搬迁的前夜，就在何金燕以最快速度结束手中的工作，深夜赶回家时，父亲已经走了！他没有等到女儿回来。当何金燕摸着父亲那已经冰冷的遗体时，她痛苦不已，不停地流泪。

第二天一早，当同事们推开办公室门的时候，全都惊呆了：理应去安排父亲后事的何金燕，正紧咬嘴唇默默地在成堆的文件中打包、装箱。同事们默然无语，不知道用什么语言才能安慰她，只有一起帮她给文件打包、装箱。

我们并不是鼓励大家都有病不看，亲人有病而不顾，相反，企业应该为员工安排好这些事情。但是，她（他）们发自内心的对企业的忠诚，对事业的责任，却是应该被尊重，应该被仰视，应该永远被人们记住的！

产权保卫战

前面说到，广百北京路店的新翼是广百出地，一个民营企业出资建设的。当时成立了新翼项目公司，广百分得一万多平方米面积，并已经用于经营。由于民营企业严重违规，这一万平方物业迟迟不能确权给广百。据说集团为此也努力了好几年了。

我到广百不久，突然得到消息，说民营企业的贷款发生危机，近期省高院要拍卖新翼项目公司的物业。如果拍卖，所得资金首先要还银行贷款，还工程欠款，还员工工资等等，广百作为股东要轮后，到时候恐怕连个渣也分不到。而在北京路这样的核心商圈，最旺的北京路店，这一万平方的物业价值几个亿，如果丢了，不仅会造成巨额国有资产流失，严重影响主力店经营，甚至会由于产权不清晰对下一步的上市造成障碍。

唯一的出路就是抢在高院拍卖前把归我方的物业确权到广百，从而脱离拍卖。但是，高院什么时候拍卖不清楚，每一天都可能会兵临城下，每一觉醒来，都可能已经丢城失地。

形势危急！我立刻上报市政府，请求相关部门协助抓紧办理我方新翼物业的确权。市领导立即召开相关部门领导会议，部署确权事宜。

但是，由于合作方严重违规，相关项目手续不全，图纸不对，面积不符，必须要广百自己想办法解决这些问题，而要在短时间内办完这些事谈何容易，一个字：难！

可难也得上，难也得冲！我们成立了专责小组，我亲自挂帅，吴纪元副总具体抓，一场产权保卫战打响了。当时我们的口号就是：竭尽全力攻难关，争分夺秒抢时间，确保国有资产安全！

我没有哭，他们也去了

集团总经理助理陈佩雯是位年过半百的女同志，参与北京路店新翼确权工作。这天中午快下班时，她给我打电话，说按照确权计划，要请国土部门的两位科长马上到花都档案库查一份原始文件，但是已经快到午饭时间了，两位科长要吃完午饭下午再去，问我怎么办。

我说："不行！一定要抢时间，现在必须去花都。否则你这里一拖，后面环节必然也拖，风险就大了。"

陈总助说："咱们是企业，她们是政府，哪能听我们的呀！"

我说："一定要做工作请他们支持，实在不行，你就跟她们哭！你就在地上打滚！"

过了十分钟，陈总助给我打电话说："董事长，我没有哭，也没有在地上打滚，而是非常真诚地讲了我们面临的紧迫压力、过亿资产的风险，她们就答应马上去了。"

两位科长是被广百人锲而不舍、永不放弃的精神感动了，她们在花都档案库边吃盒饭边查档案，一直忙到下午2点多，直到查阅到原始文件，才赶回了广州。

后来说起这段经历，大家开玩笑说："这老太太要真在年轻人面前大哭起来，一定会惊天地泣鬼神的！"陈总助说："惊天地泣鬼神的是咱们广百竭尽全力的精神，是不达目的誓不罢休的意志！"

半夜的短信

由于确权的事件紧迫，必须争分夺秒，我们找规划局的一位领导，请他安排两个相关处室第二天加班处理我们确权的事。但是，第二天是星期天，这位局领导说，这两个处室最近工作量非常大，已经加了几次班了，星期天不好再加了，周一再办吧。

晚饭时，我们又找到这位领导，再次请求安排人周日加班。但是，这位局领导还是不大同意，说："处室的人确实太辛苦了，实在不好再让他们加班了。我保证，周一一定办好！"话说到这个份上，我们也不好再说什么了，只好悻悻地握手分开了。

晚上，我回到家，想着这件事如果拖到周一，确权的进程就会相应后延，万一这时候高院实施拍卖怎么办？

我思前想后，到了半夜十二点多，想想不行，还是要做最后一搏！这么晚了打电话不合适，我就给这位局领导发短信。在长长的短信中，我讲了事态的严重性，讲了广百上亿资产的风险，讲了广百无数双期盼的眼睛，最后说："处室的同志确实辛苦，但如能再帮一把，您和处室的同志就是广百的功臣，将永远载入广百的史册！"

当时我那个手机短信只能打六段，六段全部打满发给了这位局领导。

第二天上午九点多，我收到这位局领导的短信："他们去加班了！"精诚所至，金石为开，我长长地舒了一口气。

就像一支枪顶在背后

在大家的拼搏努力下，在政府的大力支持下，广百仅用了十天时间就办下了新翼产权！把不可能变成了可能，一场风险危机过去了。

集团召开了表彰大会，负责保卫战具体组织指挥的吴纪元副总经理获得了"竭尽全力"一等奖，其他小组成员都相应获得了奖励。

吴纪元副总在发表感言时说，面对几个亿国有资产流失的巨大风险，必须在最短的时间内办完几年也没办成的事，大家加班加点、拼死相搏，一环扣一环地往前闯！为了请政府部门一位领导尽快签发一份函件，我们追领导追到电梯里；为了重新测绘图纸，我们的人陪同测绘所的人加班到凌晨4点多……

吴总说，这十天，就像打仗一样，就像有一支枪顶在背后拼死往前冲！

什么叫竭尽全力？就像临死前的挣扎，就是背水一战地拼命！

说到吴总，他身上所体现的竭尽全力的精神，对集团的发展是起到重大作用的。

吴纪元副总原来是政府财务资产部门的处长，后到集团当副总。我不是财务出身，财务不熟，这些年，在广百的财务运筹、资本运作上，吴总起到了不可替代的作用。广百的上市，几个增发大动作以及大项目拓展的财务筹划，都是他主动建议，积极推进。而且难能可贵的是他凡事都把脑筋动足，问题琢磨到极致。

有个地产项目转让股权，税务分局的人说要纳税，我们财务部门的人就说，既然税务部门都这么说了，只好这么办。可是吴总坚持说："根据我的研究，税务部门的说法不准确，我们不能人家说什么就是什么，要动脑筋，要据理力争！"结果，通过他和税务部门的人反复讨论，税务部门的人说："你说的也有道理，我们向上请示。"

什么叫竭尽全力，这就叫竭尽全力！

天河争夺战

广百天河中怡店，坐落在华南第一商圈的天河路上，五万多平方米，是广百最有影响力、效益最好的门店之一。

说到商圈，这里不能不说说广州商圈的兴衰变迁。

广州最早的商圈，应该是西关地区，在三四十年代，就有"西关小姐，东山少爷"的说法，是个很有南粤岭南风情的商贾之地。后来，由于南方大厦等商业企业的发展，人民路商圈热起来，成为全国有影响力的商圈。但是随着城市的发展、交通的掣肘，加上高架桥的影响，这一商圈失去了原有的地位。取代其地位的是北京路商圈，广百北京路店，一个不足十万平方米的店，一年销售额28个亿，加上其他商业项目，特别是北京路青砖古道历史文化的挖掘传承、商业街的兴旺，北京路商圈成为广州第一商圈。

再后来，随着城市的东移，天河路成为广州新兴的商圈，而且发展很快，势头极盛。记得1990年代我到天河路办事，那时看到的还是一片工地。但是，曾几何时，一个享誉华南的商圈拔地而起。天河城购物中心成为全国商业模式创新的引领，三十万平方米的正佳购物中心后来居上，广百中怡店为商圈锦上添花，加上后来聚集大量国际一线品牌的太古汇、天环购物中心等高端商城的相继开业，天河商圈成为在全国有影响力的商圈。据统计，2016年天河路商圈销售额达到九千多亿！

但是，广州的商圈发展有点像狗熊掰棒子，掰一个，夹一个，扔一个。新商圈兴起，但老商圈弱化。像北京路商圈，交通问题、停车场问题，一直成为商圈发展的掣肘，能够解决问题的大马站项目迟迟没有完工，商业街众多老旧房未能改造。天河路商圈兴起后，北京路商圈面临被边缘化的危险。

刚到广百时，我问广百股份公司的黄永志总经理："天河路商圈已经发展成为广州乃至华南第一商圈，广百要成为区域龙头企业，为什么不进军天河路商圈？"

黄总说："天河路有一个中怡大厦，五万多平方米，位置非常好，物业结构也很合理，但是天河城购物中心已经和业主签了意向书了。"

我说："意向书不是合同，不是还没有最后定吗？那就全力争取！你马上联系物业老板。"

第二天，我们就约见了中怡大厦的老板林冶先生，从此拉开了天河中怡店的争夺战，吹响了广百向战略制高点冲击的号角。

山上最冷的夜晚

打进广州第一商圈，成为广百的战略目标，更成了总经理黄永志心中的第一任务。他组织团队根据项目的实际情况，研究了项目的定位，制订了富有特点的项目策划报告，展示了广百打造这一门店的美好前景。但是，要想说动业主，也不是一件容易的事，毕竟天河城购物中心的意向书也不是那么随便就能签下来的。林老板就这么一个项目，看得和自己的女儿一样宝贝，一定要嫁个好人家才行。

黄总和林老板也不知谈了多少次，在冬至这一天，一年中最寒冷最漫长的夜晚，黄总和严盛华副总又约了林老板，三人到白云山蒲谷洽谈。

黄永志，广东人，个子很高，有一米八以上，年轻时候是篮球运动员。后来从事零售业，当过店长，对百货业很熟悉，很有经验。他的前额很大，真是个聪明的大脑门。他性格温和，脸上总是带着平和微笑的神态，不是个风风火火的人，相处这么多年，好像就没有看他发过脾气。但是，他是个心里很有主意的人，认准了的事，一定要干到底。这些年开拓的几个大项目，广百地位的大幅度提升，他是功不可没的！

广州这个南方城市，人们一般的印象都是很温暖，其实到了冬天，特别是寒潮来的时候，也非常冷。而且不是北方那种干冷，由于湿度大，是阴冷。温度可能没有多低，但是感觉特别冷，是室内室外一样冷，穿多穿少一样冷。2008年抗冰雪低温，大家冷得手都不敢沾凉水，穿着大衣还瑟瑟发抖。这一年的冬天也很冷，中央广播电台节目主持人问："广东的朋友靠什么防寒？"网友们调侃说："靠脂肪，靠抖，靠一身正气！"

白云山上，月黑风高，人稀天寒。黄总和林老板边喝茶，边抽烟，边聊项目。夜越来越深，风越来越大，天越来越冷，茶续了一次又一次，烟蒂清了一缸又一缸。黄总心里打定主意，今天不谈出个子丑寅卯，就不下山了！

功夫不负有心人！广百凭着竭尽全力的精神、超前的经营理念、独具特色的策划方案、科学的分析论证、项目未来美好的前景，终于打动了林老板，使林老板下定决心和广百合作。而且租金标准比原来签意向书的天河城还少了20元。林老板握着我的手说，我把自己一生的梦想交给你们了！林老板看中的是广百的团队、广百的精神、广百的能力！

541个专柜的招商

中怡店按计划要招商541个品牌，设立541个专柜。为了选商，就必须准备四五套方案，要谈一两千个商户。尽管广百的行业地位很高，招商有一定优势，但是，时间紧，工作量大，要选商洽谈也不是一件容易的事。

廖雪强经理每天从早到晚忙于招商，一天要应对几十个客户，商谈品牌进驻的条件、扣点的标准、专柜的位置，讨价还价，甚至争来争去。当面来谈的一个接一个，电话补充协商的也不少，手机一说就是一个多小时。廖经理患上了咽喉炎，多次感冒，下班回到家累得一句话都不想说。但是，他仍然全力以赴投入工作，毫不懈怠，认真负责地落实每一个商户。在他和领导、同事精心周密、智慧真诚的努力下，广百终于圆满完成了招商任务。

招商后，专柜进场，现场二次装修，工作压力同样巨大。541个专柜需要和工程等部门一个一个地审核图纸，一条线一条线地与商场对接，一家一家地协调组织。那时廖学强和负责工程的同事们不敢离开天河店一步，不管工地噪音有多大，粉尘有多大，他们一直在施工现场与厂家和工程人员并肩作战。集团关治强副书记代表集团现场督办，组织协调，三天两头泡在工地。

到开业前的一个晚上，最后的三个专柜运输车还在上海赶来广州的途中，廖雪强和同事们心急如焚。晚上六点，其中一个专柜到了，马上进行安装；凌晨2点，第二个专柜到了，马上进行安装。可最后一个专柜仍然不见踪影，大家焦急地等待着，每一颗心都提到了嗓子眼。到早晨6点，当最后一个专柜的车开到天河店门前时，大家都激动得欢呼起来！在上午举行开业仪式前，541个专柜终于全部安装到位！而廖雪强布满血丝的双眼也禁不住湿润了。

拿下耐克和阿迪达斯

在广百天河店招商工作中，拿下耐克和阿迪达斯两个品牌是一场艰难的硬仗，钱圣山副总经理和廖雪强可谓费尽了心血。天河店要新开时尚运动场，没有耐克和阿迪达斯这样的世界知名品牌，就体现不了精品和时尚。

钱圣山，扬州人，是广百股份公司经营班子中唯一非广东籍的领导，分管供应商品牌等。百货业是做平台的，供应商的资源极为重要，供应商品牌的招商、组合、调配关系到百货平台的地位和利润。钱总大学毕业后来到广百，能够从一般工作人员发展到副总，是很不容易的，也可以说是一种理想和精神的推动。据说，他当年为了学好广东话，每天都拿着报纸练习，到现在可以比较流利地用白话进行交流，当然，广东人一听就知道不是本地人。他人聪明，肯钻研，眼界开阔，善于协调，又有股子拼劲，因此得以在成就价值的人生道路上快速发展。

耐克和阿迪达斯这两个国际品牌非常难以招商，广百不断联系，一次次约谈，但他们不是出差，就是开会，根本不与广百洽谈。对此，钱总和廖雪强毫不气馁，继续坚持努力，终于，两个品牌愿意在深圳与广百谈。

时间定在下午3点，但参加洽谈的黄永志总经理、钱圣山副总经理和廖雪强一直等到晚上6点，品牌方才姗姗到来。黄总他们饭也没吃，就开始了会谈，这一谈就是三个小时，直到九点才洽谈成功，这两家国际知名品牌终于落户广百天河店。

他们这次深圳之行可谓收获颇丰，不仅把这两个品牌谈妥了，同时又连带解决了另外6个品牌的进驻。钱总说："这次我是体会到什么叫竭尽全力了，有不达目的誓不罢休的决心，就没有攻不下的难关！"

煤气泄漏之时

中怡店项目安全负责人叫林荣，工作了一整夜的他刚刚在工地旁的休息室睡下，一阵急促的电话铃声将他惊醒。做安全工作的最怕晚上来电话，林荣像触电似的一下子弹了起来，马上拿起电话，听到的是煤气泄漏的紧急报告。林荣顿感大事不妙，他像射出的箭一样往门店冲去。

天河店工地旁的两条煤气管道意外破裂，煤气泄漏，瞬间，整个天河店工地充斥着难闻的煤气味道。林荣边跑边用对讲机指挥督导员：现场施工马上停止！不得开关任何电器！不得吸烟！封锁工地四周的道路，禁止车辆通行！搬出所有消防器材，发现火情马上扑灭！

煤气公司的人在十五分钟内赶到，经过紧急抢修，安全隐患消除，林荣才松了一口气。这时他突然感到右脚一阵剧痛，低头一看，原来自己是穿着拖鞋跑过来的，其中一只不知什么时候跑丢了，一路上的砂石、钉屑划得他脚上尽是口子。

近千辆车全堵上了

在天河店开业前的最后十几天，几百个厂家的专柜要集中进场，但是，由于市政工程施工造成周边道路限制，大量专柜的装修材料、进场的商品和装修垃圾急需进场出场。难题摆在了广百股份公司副总经理谭燕红面前。

谭燕红，是广百的老人，而且是省人大代表，个子小小的，但性子急，工作风风火火，下属完不成任务绝不客气，有人叫她"小辣椒"。

要解决面前的难题，谭燕红深感责任重大。经过几次协调会议，她对整个程序及运作过程进行了全面细致的策划，与所有相关的政府部门一一进行沟通协调，盯住团队抢时抢点，哪里没按时完成，哪里就会响起她高亢的嗓音。

终于，又一个不可能变成了可能。谁都说在9月28号前难以完成的整条路回填工程，在开业的前一天终于通了；几乎难以安排的1000多辆卡车在短时间内进场出场，也顺利实现了。

当时在场的交警对谭燕红充满了敬佩之情，说："谭总，从来没见过这么拼命的，你们广百人了不得！"

开业前三天的闷酒

2006年9月26日下午，离天河店开业的日子仅剩三天时间。在天河店消防验收的现场，消防验收人员已经离去，而摆在天河店工程总指挥黎国汉面前的，却是一张整改意见的通知书，是消防验收没有通过的无情事实！

黎国汉，广百股份公司的副总，多年来负责门店的装修工程。年龄比较大，由于疾病原因，他的脖子有点僵硬，背也有一点点驼。但是，干活很利索，走路也很快，工程交给他是放心的。

黎国汉的手机不停地响，他知道，这是各级领导询问消防验收结果的电话。

29日开业的所有准备已经就绪，1000多份请柬已经发出，可以说万事俱备，只欠"东风"——消防验收过关，可这一关就硬生生没有过！消防工程都是按照消防局审核过的方案做的，消防验收人员指出的问题也都不是关键问题，但就是没有通过。有的同事说，现在消防验收非常严格，一般不搞几个来回是不会让你过关的。可离开业就三天了，整改工程也来不及呀！

想到集团决策层多少次加班加点的会议，各级领导和筹建人员几个月来挥洒的汗水，那一双双期待的眼光，这位被誉为"永不弯腰"的硬汉子感到一种前所未有的压力，压得他几乎喘不过气来。他拉着同事王继雄的手，避开所有的人，悄悄地开车出了工地，一路上两人都沉默无语，内心十分沉重，他们来到了珠江新城的一间小饭店。

"服务员，来瓶酒！"

王继雄诧异地看了一眼黎国汉，他知道黎国汉从不主动喝酒，但他也深知这位总指挥承受着怎样的压力，他没有阻止。这一晚黎国汉醉了。

第二天，黎国汉组织大家开会，对照整改意见一条一条讨论解决办法，一项一项安排整改工程。最后他对大家说："三天，必须拿下整改，保证验收合格！"

"三天？别说合格过关，就是请消防局来验收都不容易。消防局可不是只管咱们这一个工程。"有的同事说。

"不行，就三天，我就不信了！"黎国汉咬牙切齿地说。

"子规夜半犹啼血，不信东风唤不回。"他们竭尽全力，按时完成所有整改项目，他们的拼搏精神，对项目的真诚，深深打动了消防局的工作人员。在开业前一天，消防人员经过验收发放了《消防验收合格书》和《安全验收合格书》！

捧着验收合格书，黎国汉如释重负，感慨地对我说："轻舟已过万重山。"我握着他的手说："这可不是轻舟，这是重舟，重舟已过万重山！"

河南突击战

广百2016年连开两座大店，一个是天河中怡店，5万平方米；一个是在广州珠江南岸海珠区的广百新一城购物中心，7万多平方米。两座大店的面积几乎等于广百十几年零售经营面积的总和，而且效益很好。如果没有团队竭尽全力、开拓进取的精神，这样的业绩是不可能取得的。而其中广百新一城的筹建开业，也是一场突击战。

10天内必须复工

新一城定于2006年12月28日试业，为此，项目装修工程加班加点进行。可是正当公司全力推进新一城项目的时候，12月5日，新一城负层另外一家作超市的企业，却在装修工地发生了重大人员安全事故。市有关部门立即对新一城整个工地发出了全面停工整改的通知书，"城门失火，殃及池鱼"，广百股份的工程也受牵连被迫停工。

公司立即召开紧急会议研究对策，大家分析：出现这样的重大事故，要整改，再验收，没有一两个月，工地是不可能复工的，广百新一城开业时间将会大大延期。

我当时说："这不行！一个项目一下子停工几个月，对企业造成多大的损失，在社会上要产生多大的负面影响？要按政府通知全面进行安全检查，但不是一两个月，一定要在最短的时间内复工！10天内怎么样？"

大家说，10天？涉及市、区二级建设、安监、公安等多个部门，这怎么可能？

我说："事在人为！我们在两个方面下功夫，一是在工地全面安全整改措施上下功夫，包括与发生事故的企业沟通联手，真正能够保证今后不再发生这样的事故；第二，做政府相关部门的工作，请他们一定认可我们保证安全的决心和措施。还是那句话——竭尽全力，不达目的誓不罢休！"

广百股份公司立即成立了危机处理小组，集团分管安全的领导周炳耀连续一个星期坐镇新一城工地，现场指挥协调，研究制定具体有效的安全措施，整个团队每天都工作到深夜。集团和股份公司的领导积极与各级政府部门进行协调，一个部门一个部门地报告整改方案，诚恳地说明项目时间的紧迫情况，说明一个商业品牌培养打造的不容易。有位女副总，在向政府部门汇报时，说着说着就激动地哭了起来。

广百的真诚和执着，加上各级政府服务企业的热情，终于让我们盼来了喜讯！政府发出停工通知的第6天，市建委在新一城现场宣布了广百股份复工的决定！广百人又创造了一个把不可能变为可能的奇迹！

这里我不能不介绍一下我们班子的成员周炳耀，他是位老广百了，年龄比我大，商业资历更比我老。他最难能可贵的，是不论顺境还是逆境，不论人生的高峰，还是事业的低谷，那种面对人生的乐观态度，努力尽责的精神，不屈不挠的毅力，都始终如一。这是很多人难以做到的。

在前面说的"解困突围战"中，关治强、赵慕书记为前线总指挥，集团副总吴纪元为总部粮草调配官，而集团总指挥则是周炳耀。前线面临的巨大困难和压力自然传导给他，最后能够打胜突围战，和他不屈不挠的精神是分不开的。

一天都不能推后

广百新一城真可谓一波三折，市建委宣布了广百股份复工决定后，各项开业准备工作快速推进。可是就在离开业还有三天的时候，装修工程小组报告：电力系统出问题，7万平方米的大厦电路层层跳闸！

大厦的电力系统出问题是业主开发商的责任，是他们整体物业施工的问题所致。

当时，我和黄永志总经理正在市里开会，他对我说：这很麻烦，一来业主方由于自身管理问题，动作很慢，不能很快解决问题，我们有劲使不上；二来电线大部分都已经进入墙体，检查和整改起来也非常麻烦，需要时间。

我说："如果全部由我们的队伍为主，业主方配合，大家加班加点干，有没有可能两三天拿下？"

黄总说："看我们领导的决心！"

"好！那你就通知下去，全力检查抢修电路，原定开业时间一天都不能推！按时开业，重奖！不按时开业，重罚！"

还是黎国汉副总，他和工程部门的同事，拉上业主方、施工方，昼夜不停，一层楼一层楼，一条线一条线地检查，终于在似乎不可能的时间内排除了故障，使所有的电路畅通！

2006年12月28日，广百新一城购物中心按时试营业；2007年1月15日，新一城购物中心正式开业。在那喧天的锣鼓声中，这些奋战在一线的员工百感交集，不少人眼睛里都噙满了泪水！

在总结表彰大会上，我说："推迟两三天开业不会造成多大的损失，可是遇到困难就往后撤，企业的战斗力、竞争力损失就大了。我们要的不仅是这两三天时间，我们要的是团队竭尽全力的精神！"

上市攻坚战

广百股份公司于2002年进行股份制改造，并请广证的券商进行辅导。由于全国停止上市审批等种种原因，广百的上市一直"在路上"。2006年，全国上市工作解禁，广百开始在上市工作上发力。但是，真要上市，却发现还有很多问题，还需要做很多工作。而上市能否通过，也是未知数，多少准备充分的企业最后在发审会上过不了关。那时有个说法，叫"宁可错杀一千，也不放过一个！"。发审会严格把关，稍有质疑，宁可退回也不放过。上市，对于广百来说，无疑是一场难度极大的攻坚战。

见"佛"说佛

上市的一个关键环节和重要任务，就是提前确定上市后的募投项目。广百新一城主力店租赁了业主1.7万平方米物业，我们把收购这个物业作为募投项目。为了保证按期上市，必须在5月前签署募投项目的合同，一旦上市批准即行收购。

新一城的业主是位女老板，由于种种原因，她不想转让物业，收购工作难度很大。

她还是位虔诚的佛教徒，在佛教与慈善事业上非常用心，还专门从东南亚请了两位高僧到家里，每天一起念经三次，雷打不动。平时她也将大量的时间花在去六榕寺、光孝寺念经、吃斋上。但是花在自己公司上的时间却有限，对公司经营上的问题也不是很清楚。实际上，她的公司已经面临了资金风险，转让商场的部分物业，不仅有利于我们上市，也是她公司的出路。

我和她见面谈项目时，她先说很多佛的事，然后对我说："下面咱们谈正事吧。"我开玩笑调侃她说："不对！刚才说的佛才是正事，下面要谈的是闲事，是凡事。看来您还要修炼呀！"

和她谈收购物业的这个艰巨任务，交给了集团的投资总监高艺林和副总监陈键。

高艺林在集团大都做的是策划工作，还没有负责过这样的"攻坚战"。按他自己的说法，自己是个书生，不是一个能打能拼的猛将。但他是个喜欢动脑筋的"书生",而且责任心强,接了任务不论多困难,也会想尽办法去完成。和这位信佛的女老板周旋谈判,还真不能用猛将,高艺林正合适。

那段时间,高总监绞尽了脑汁。商战也是心理战,要获得成功,必须深入研究对方的心理、爱好,寻求共同语言,从增进双方的了解和认同开始,争取对方的信任。他决定三十六计,攻心为上。

高总监就从"佛"开始了。

对佛从不问津的他临阵磨枪,认真研读佛教书籍,领会佛教精髓。和女老板见面时他不急着说项目,而是谈佛论经。他三天两头去老板办公室,办公室找不到,就去家里。赶上老板正在家里念经做法事,不能打扰,就边和她老公聊天边等待。有时还带着妻子女儿参加这位老板组织的佛教活动,主动陪同她到寺庙吃斋饭。

通过这样的努力,高总监和这位老板慢慢建立起信任关系。老板也愿意和高总监聊公司的情况,听他的建议。高总监就帮助分析她公司当前经营的问题和下一步资金短缺的风险,指出向广百转让新一城部分物业,不仅是支持广百上市,更是保证她的公司规避风险的重要措施。

真诚终于换来了成功。2007年4月30号,募投项目终于签约,广百上市的又一个关键难题得到解决。

"拿下"商务部

广百股份上市进入到了冲刺阶段。股份公司的股东中有家外资企业,按照当时国家的规定,有外资股东的,5000平方米以上的商场要报商务部批。这么些年没有报批,经营也不受影响。可上市就不同了，所有的事情都必须符合规定。因此，必须补办报批手续。广百二十几家门店，哪家都在5000平方米以上，我们询问了商务部相关机构，说从逐级上报到审批下来，至少要四个月。可根据向证监会递交报告的时间计划表倒推，留给我们找商务部审批的工作时间不足二十来天了。四个月的事要二十天办完，还是要全国商业的顶级机关商务部来办？！很多同事都摇头。

情急之下，我找当时分管商业的副市长请求支持。副市长立即拿起电话，给商务部的一位领导打过去，讲了这边的特殊情况，请求特事特办，加快审批。商务部领导答应抓紧办理。

虽然市领导和商务部作了沟通，但是，要在这么短的时间办成，难度还是很大。

任务交给了股份公司的董秘邓华东。

邓华东是一个内向型的人，性格温和，不急不火，好像从来没有着过急，做事的特点是非常细致，谨慎稳重。但是，这次到商务部办理申报审批，他就像换了一个人。

为了抢时间，他超常规办事，在商务部采取盯人战术，全程跟进。材料到了哪个处，他就跟到哪个处，到了哪个领导那里，他就跟到哪个领导那里。当得知办审批的人太忙不能马上起草批文时，他立刻递上早已拟好的批文草稿；当看到打印室要下班了，他立即冲进去，好说歹说请打字员加班……

有个段子："出了北京都是地方，出了上海都是乡下，出了广东都是北方。"对于各省市来说，北京的国家部委机关就是"中央"，是受到全国仰视的地方，部委的责任和权力也是"一览众山小"。因此，下面的人到商务部办事，往往都是非常客气，谨慎小心。像邓华东这样"穷追猛打"的，从来没见过。

最后，邓华东所体现的毅力、耐力、真诚和竭尽全力的精神，深深感动了商务部相关部门的领导和办事人员，大大加快了公文流转与审批的进度，最后竟然在短短的15天内完成了审批！广百又创造了一个奇迹！

黄永志"魔鬼式"练兵

在2007年中秋节前，我和黄永志总经理带领几位班子成员和同事进驻北京，为上市最后的关键环节——发审委会议答辩做准备。

"上会"答辩是上市难度极大的一关，很多公司都是在答辩时落马的。证监会为了对股民负责，审核极为严格。七个发审委委员，五个同意才能过关。会上他们会提出很多尖锐的问题，答辩人如果答不上来，或答得不对，或不符合他们的预期，上市就会被否决，公司之前长达几年的上市努力都会前功尽弃。而一旦被否决，要想再进这个门，就不知猴年马月了。我们当时的心情也是忐忑不安，怎么办？只有充分准备，保证答辩顺利通过。

集团决定由黄永志总经理担任主答辩，我们整个团队共同进行准备。要准备企业的商业模式、市场前景、经营状况、财务情况，要对220多页的招股说明书了如指掌，要准备好可能问到的各种问题。我们分析提问的可能性，共准备了80多道问题和答案，反复研究这些问题的答案是否符合法规和政策，是否合理。特别是要站在发审委的角度，能否理解和接受。这是一场十分严格的考试！

黄总在北京的十几天，夜以继日地研究问题，熟记要点。当人们还沉浸在睡梦中的时候，他早已披衣起床开始熟读资料，晚上又干到一两点。大伙说，简直是魔鬼式的训练。为了将相关观点和数据记得清楚，他将80多个问题和答案按照自己的理解又全部默写了一遍。

黄总是个地道的"老广"，普通话虽然说得还不错，但是广东人特有的地方音还是会时不时冒出来。就像有个笑话，说广东省领导陪中央领导乘船视察郊区，说："您坐船看娇妻，会越看越欢喜。"我们天天听广东普通话，对这些都习惯了。但是发审委的委员们可不经常听广普话呀。广东话里"自觉"和"拒绝"几乎同音，如果把"自觉接受证监会监督"说成"拒绝接受证监会监督"，那麻烦可就大了！黄总反复练关键词的发音，防止一失"音"成千古恨！

功夫不负有心人，答辩时黄总有问必答，谈吐自如，回答效果极佳。

答辩之后，在证监会一楼的大厅里，我们都在焦急地等待着审核的最终宣判。集团副总经理吴纪元、股份公司总经理黄永志、董事会秘书邓华东，还有券商广证的梁伟文总经理，都不说话，心都提到了嗓子眼。

爱因斯坦的相对论是有道理的，那点时间不知道怎么那么漫长，短短的十分钟像是凝固了。最终，发审委一位处长过来宣布："广百股份已获审核通过！"我们通过啦！大家立刻欢呼起来，相互拥抱，相互祝贺，甚至流出了眼泪。

"我们广百通过了！"邓华东这一条短信，于2007年9月25日下午3时发往广州，在家的同事们也都欢呼起来！那天是中秋节，晚上我们喝了很多很多的酒。后来记者问当时的情景和心情时，我说："等待的那十分钟，是我人生最长的十分钟！"

11月22日，我们到深交所敲响了上市的钟声！

2002年到2007年，多少人的努力，多少个日日夜夜，多少人的心血和期盼，终于实现了！终于如十五的月亮，圆满了！从此，广百开始了一个新纪元！

直到十年后，在上市十周年的纪念大会上，大家还是激动不已，我自己眼中更是闪着泪花。

在大会致辞中我说：

那些年，我们广百打了很多场战役，上市，是一场难度最大的硬仗！过会那天，在我们前面有被枪毙的，在我们后面有落马的，而我们是一次审核通过！命运总是眷顾有准备的人，而广百是准备最充分、准备最到位的，是一种不达目的誓不罢休的、竭尽全力的精神，使我们冲上制高点！

我常想，广百兄弟姐妹们的那种不屈不挠的奋斗精神是怎么来的？我感到那是每个人出自内心的一种人生态度，是一种对理想和信念的追求。

在历史的长河中，在浩渺的星际中，人的一生是短暂的，怎么活也是一辈子，浑浑噩噩是一辈子，庸庸碌碌是一辈子，而充满理想，努力奋斗，实现对社会有益的人生价值，也是一辈子。这里我想起激励了我们一代人的一句话，就是《钢铁是怎样炼成的》一书的主人公保尔·柯察金说的："当他回首往事的时候，不会因为虚度年华而悔恨，也不会因为碌碌无为而羞耻。"

为广百上市而拼搏，为广百的发展而奋斗的广百人，在回首往事的时候，没有悔恨，只有骄傲和自豪！

有这种理想和信念，有不达目的誓不休的竭尽全力的精神，广百人就一定有精彩的人生，广百就一定有更加辉煌的明天！

竭尽全力，是人生的态度

每个人都希望成功，每个企业都需要成功，为什么有的人成功，有的人不成功？关键和本质的内核，就是对人生的态度，一种对理想的追求，一种人生的格局，就是什么挫折都无法阻挡的对梦想的坚守。

中央电台《经济之声》的片花，正是这种人生格局的真实写照。

李安：1984年，30岁的他，从纽约大学电影学院毕业，踌躇满志。1990年，他已经在家赋闲六年，每天洗衣煮饭，全靠妻子赚钱，小儿子出生时，他身上只有43美元。2013年，他第三次举起奥斯卡奖杯，达到了华人导演从未企及的巅峰，他告诉记者："我始终记着太太的话——李安，不要忘记你的梦想。"

李宗盛：他是家里唯一的儿子，被父母和三个姐姐寄予厚望，复读两年都没能考上高中，鼓起勇气报考音乐中专却得了零分，他成了亲戚和街坊眼中彻底的失败者。他没有放弃对音乐的热爱。上午在机电中专读书，下午帮着爸爸搬运煤气罐，晚上一有空就用已经僵硬的手指拨动着心爱的吉他，唱着写给自己的歌。他叫李宗盛，被封为华语乐坛的教父，今天所有的歌手都将能唱一首他写的歌视作毕生的幸运。而他却说，我还是很怀念当年被叫做小李的日子，是那些走街串巷送瓦斯的时光造就了我，我始终记得我是谁。

科比·布莱恩特：NBA现役得分最多的球员，让人沸腾的冷血杀手。他五次夺得总冠军，两夺奥运金牌，他曾在一场比赛中得到81分。记者问他为何能做到这一切，他反问道："你知道洛杉矶凌晨4点的样子吗？我知道。因为我会在那个时候出发，去球馆训练，我在洛杉矶的每一天。"

我非常欣赏电视剧《康熙王朝》中的歌词，觉得那是人生的态度，人生的格局。在集团大会上我曾经以此来激励大家，激励自己。

> 一生，有一种大海的气魄；
>
> 岁月，一页页无情翻过；
>
> 把乾坤留在我心中的一刻；
>
> 就已经注定我不甘寂寞。
>
> 一心，要一份生命的广阔；
>
> 世界，一遍遍风雨飘落；
>
> 把江山扛在我肩头一刻；

就已经决定我男儿本色。

我在一次大会的致辞中说：

"上苍赋予了我们生命，我们一定以顽强不息的精神回报上苍；社会赋予了我们责任，我们一定以永恒的努力和信誉回报社会；历史给予了我们舞台，我们没有理由不上演有声有色、精彩壮观的剧目来奉献给历史！"

科学创新的紫色文化

市场不相信眼泪。企业以及项目必须符合市场需求，符合市场规律。没有科学的定位、科学的模式、科学的手段、科学的论证和风险把控，企业及项目就要失败，真金白银就会无情地消失。

人们的需求在不断变化，科技在不断发展，企业不能适应变化，不能创新，就会被淘汰。曾经红极一时的诺基亚手机黯然退场，将科技与艺术相结合的苹果引领风骚；曾是全世界人都离不开的柯达胶卷，已经销声匿迹成了历史的记忆，数码科技风靡全球。科学创新，是指引人类发展的灯塔和不竭的动力。

南方大厦百货的兴与衰

南方大厦，民国时期民族经济的商业标杆。新中国成立后，由于当年得天独厚的地理位置，加上敢为天下先的创新精神，南方大厦仍然绽放着光彩，傲然屹立在市场的潮头。

特别是在改革开放初期，南方大厦成为第一批试行扩大企业经营管理自主权的企业，大胆推出近百个创新举措，成为全国百货业改革创新的领头羊。"站立售货""柜台开放""大件商品送货上门""家电预约上门维修"等等，这些在今天看似平常的做法，在当年不亚于一场商业革命，在全国百货业掀起"服务看南大"的热潮。在改革开放后的十五年间，南大销售额从5000万冲上16个亿！

但是，市场在变化，许多零售巨头、民间商业抢滩广州市场。特别是随着城市中心的东移，新商圈的兴起，南大往日的优势在慢慢减弱，南大主力店的销售在下滑。面对激烈的市场竞争，南大制定了"三环战略"，向市内、省内、国内拓展。

拓展没有错，关键是怎么拓展。据一些商业界老人回忆，当年南大有拓展的胆识，但是缺乏拓展的大脑；有拓展的进取精神，但缺乏拓展的科学理念。南大前后拓展的14家分店，选址大都没有做好市场调研，重经验，缺论证；装修费用高，不善于精细掌控成本；核心人才跟不上，委派的人员业务不到位；人浮于事，缺乏科学的考核管理机制。结果，两年内14家分店无一盈利。主力店业绩的下滑和众多分店的亏损，使南大陷入了巨大的资金困境。

而在天河商圈兴起的时候，当时誉为我国"购物中心开创者"的天河城购物中心，邀请南大入股天河城天贸南大百货60%的股份。南大经营者没有看到购物中心这一新兴业态的价值，没有意识到丰富体验是消费者需求变化的方向，没有抓住天河路这一商圈的巨大商机，只要了38%的股权，后来还放弃了。最后，南方大厦出现了前面说的濒临倒闭的局面，不得不托给广百集团解困。

南方大厦从全国十大名店、百货业的标杆、广州商业的符号，到资不抵债，最后不得不转型数码城，彻底退出了百货业，教训极为惨痛。这一惨痛教训的启示就是，发展必须要科学创新！

咒语与魔棒

"不发展等死，发展找死"，这句话就像南方大厦的真实写照，也近乎成为当年百货业的"咒语"。过去多少百货企业不发展，最后不是自行消亡，就是被别人吃掉。而要发展，又有多少壮士悲歌，初始攻城略地，最后却是折戟沙场。

这真是百货业的"咒语"吗？有没有打破"咒语"的"魔棒"？我们说，不发展肯定等死，但发展不一定找死，关键是如何发展。打破"咒语"的"魔棒"就是科学创新。

记得有一个公司领导说过，他们和麦肯锡合作拓展大型商业项目。麦肯锡极为重视科学论证和风险管控，要上一个新项目，开一家新的大型百货店，就要回答100个问题，而且必须证据确凿。但有的公司不是这样，而是"三拍项目"："拍脑袋决策，拍胸脯保证，拍屁股走人。""三拍"之后，损失的是真金白银，丢掉的是企业。

为了实现科学发展，我们首先定了广百发展的总理念、总方针："下功夫做强，科学地做大，立足于做长。"

说到这一提法，还有个小插曲。当时我提出的是"下功夫做强，科学地做大，着眼于做长"，在班子会上讨论时，赵慕书记提出，能不能把"着眼于做长"改为"立足于做长"？我说："好！这样更扎实。"

我们倡导的理念是：

积极发展，是永不改变的方向标；

科学论证，是永不放弃的护身符；

风险管控，是永不解除的紧箍咒。

我们既要有气吞山河的气概，又要有如履薄冰的心态。

为了保证项目的科学性，我们规定了新项目的"四不上"原则：

没有经过充分科学论证和风险评估的项目，不上；

风险超出承受力的项目，不上；

非相关多元化的项目，不上；

没有相应人才的项目，不上。

在项目论证中，做到"四准确一到位"：

市场情况搞准确；

目标客户搞准确；

项目定位搞准确；

运作利弊搞准确；

各项应对措施到位。

同时，坚持创新理念，把创新作为科学发展的灵魂，努力打破千店一面的局面，形成特色，突出新意，鼓励团队树立创新意识，大胆地想，大胆地试，努力撞出创新的思维和火花。

我常在会上说：现在是年轻人"异想天开""胡思乱想"的时代，是商业变革层出不穷、眼花缭乱的时代，如果我们还墨守成规，抱残守缺，就会脱离潮流，离消费者越来越远。

广百股份公司历史上当年开业当年盈利的新市店、后来"亮剑"天河的中怡店、敢于试水南岸的新一城购物中心、自创品牌的妇儿公司、信息化武装起来的储运吉利配件配送中心、善用汇率的汽贸公司，等等，一个又一个的成功，都离不开科学创新！

防止得意忘形

科学发展的重要保证之一，是要防止个人权力的滥用，避免决策的盲目性和武断性。为此，必须坚持依法经营，依规管理，必须严格遵守决策权限和决策程序。因为个人权力是会膨胀的，特别是坐在权力顶峰上，认为自己可以掌控一切的时候，很容易得意忘形、自以为是，个人说了算。而大型项目的开拓与经营，需要大量的信息，绝不是一个领导者个人能掌控的。

国有企业都设有纪委和监察部门，对企业的团队是否严格执行规定，是否廉洁自律，是否会个人盲目决策进行监督。从实际情况看，企业的纪委对下面的监督是有效的，但是对同级班子及其成员，特别是对一把手的监督是不到位的。纪委书记从级别上，是集团的副职，虽然没有一把手调整纪委书记的决定权，但是建议权还是有的。现在的纪委是上级直接派驻的，但我在广百的那些年还不是这样。因此，纪委书记对集团一把手是很难监督到位的。

上级纪委的监督，不要说市纪委，就是直接监管企业的国资委纪委，由于监督的集团多，又不参与集团日常的经营和管理，很多问题苗头和蛛丝马迹很难提前知道和把握，往往都是有了举报，或者已经出了问题，事后才能体现监督和处置的功能。同级纪委不敢监督，上级纪委又监督不到位，怎么办？

我想了很久，想出了个同级监督的办法。

经过领导班子讨论决定，集团的纪委监察审计室每个月要对集团领导班子和每个成员这一个月的决策行为进行审核，看有没有不按规定和程序办事的。审核后写出报告，报集团领导班子和董事会。我对集团纪委的人说："你们纪审部门一定要讲真话，讲实话，如果发现问题不提出来，就是你们的失职！"

做了这一决定后，每个月集团纪审部门都到集团办公室，仔细查阅集团班子每一个决定的记录和相关材料，查阅每个成员的批件，然后写出报告。发现有问题的，不管是谁，都指名道姓地写进去。

有一次，一位副总看到监督报告中有他的内容，说他批了一笔接待费的决定违反了程序。因为按财务规定这笔钱不应该由他批，而应该由一把手批。这位领导一看就火了，到纪审部门发脾气："不就那么点钱的事吗？就不能口头提醒一下？非要写进监督报告？"

事情反映到我这儿，我找这名领导谈了话，并在班子会上说："纪委把问题写进报告，被写的人是有点不太舒服。但是如果不写，不监督，将来出了大问题，就不是有点不舒服，而是非常不舒服，甚至彻底不舒服。所以，大家一定自觉接受这个监督。"

有的同事就对我说，你这是自己跟自己过不去，不仅把自己限制死了，而且一不小心就会弄到自己头上来。我说："自己找自己的麻烦，总比将来市纪委和检察院来找麻烦好。"

后来，还真出了一次情况。

有一次我在北京出差，一位副总打来电话，请示一笔公益性经费的支出。好像有一二十万吧，我听了情况后就说："你办吧，我回来补签。"

到了月底纪委审查的时候发现，这笔属于公益性的支出与经营性支出不同，不是一把手的权限，而是集团党政班子联席会议的权限。当时的纪委书记打电话跟我说："这可要写进监督报告了呀。"

我马上说："是我记错了，违反了规定，照写！"

在报告上来后，我在报告上写道："是我违反了规定，我检讨，今后一定吸取教训！"

同级监督的办法，犹如一个紧箍咒，防止我们个人头脑发胀随意决策。后来，集团班子成员在签批意见时，都会问问部门的人，这是我的权限吗？流程对吗？按规矩办事的意识大大增强。

人可以得意，但是不能忘形。特别是一把手，一旦得意忘形，就容易有恃无恐，离出事也就不远了。要想不忘形，就要自觉把紧箍咒套在头上。

"河南一间房"的梦幻奇迹

要想科学发展，保证每个项目的可行性，科学论证和风险管控是非常重要的保证。

市里介绍了位于海珠区的一座7万多平方米的大型物业，希望广百能够进驻，并希望十天之内定下来。我说："不行呀！论证不清楚我可不敢定。"

之前广百的领导考察过这个项目，没有下决心，放弃了。当时海珠区的商业氛围和购买力都不被看好，有两个略大型的商场还撤场了。也像上海当年的一种说法一样：宁要河北一张床，不要河南一间房。加上广百也没有做超过7万平方米购物中心的经验，特别是当年又刚刚签了天河5万平方米的中怡店，一年做两家大店，团队压力是可想而知的。

我想，这些压力要具体化，必须进行详细的调研和论证。为此，我们组织开展市场调研，公司开了多次论证会，分析海珠区市场的利与弊，探讨项目的定位与组合，研究项目的问题和短板，寻找解决问题的策略与措施。

具体组织项目调研的是广百股份的副总严盛华。

严盛华，当年股份公司年轻的副总。虽然年轻，但是业务能力很强，当过店长，干过总部，对百货零售业非常熟悉，对项目的投资效益分析很在行，聪明能干，富有闯劲。

在组织新一城的市场调研时，鉴于海珠区缺乏可比对的项目，他们进行了全面的市场调研。从经济发展、未来趋势、人均收入、人群结构、消费能力、消费偏好、经营意向等方面做了大量的调研和分析。

其中，对广百的供应商和外部重点合作客户（如超市、餐饮、培训和影院的经营户）进行了问卷调查和访谈，一共发出3000多份问卷，咨询他们对这个项目的看法，进驻经营的意向。同时，对项目1～3公里范围内的居民和商务办公人士一天不同时段的消费习惯进行摸查，发了2000多份问卷回收后进行分析。期间，还分别找行业协会专家、学者、教授、政府官员、集团和公司内部专业人员等进行访谈，先后举办了20多场项目研讨会，360度全面无死角地进行论证，从而保证了项目的可行性和各项举措的正确性。

新一城开业后不久，在几任店长，特别是詹俊良店长的努力下，针对新店开业培育期面临的困难和压力，广百进行了更加科学创新的调整和运营，举办各种文化活动吸引客流，引入市场看好的新品牌带动租金提升，为商户排忧解难，提供贴心服务等等。

在科学创新"魔棒"的点化下，"河南一间房"出现了魔幻般的奇迹，广百新一城在所谓不适应大型商业体的海珠区，不但生根开花，而且枝叶茂盛，成为参天大树。

广百之夜的风情

创新，永远是企业的动力。企业关注创新，支持创新，这个企业就会是常青树。

乔布斯之所以使苹果改变了世界，就是他永远追求创新。他手下有个硬件团队的负责人，也是他的好朋友，叫乔纳森·鲁宾斯坦，天性谨慎。而乔纳森的手下乔尼·艾弗，则是一个创新型人才，经常挑战工程制造的极限，作出目眩但是难以实现的设计。两人经常发生争执，几乎大打出手，然而每次乔布斯都会选择艾弗。

百货商城每年都组织两三次大促销，每次促销都是商场和供应商共同让利，除了个别一线品牌外，大都打到五六折，有的还更低。零售业价格是敏感的要素，到那一天，商场里人山人海，销售额翻十几倍。

但是，随着市场的变化，特别是电商的兴起，这种仅靠打折的单一促销方式已经不合时宜了，而且，这种做法多了，还会把市场预期做坏。

怎么办？后来，广百股份公司创新促销方式，举办了以文化和情感促销为主要内容的"广百之夜"活动。

活动紧扣"健康、低碳、环保"绿色主题，联手各大品牌组织多场潮人派对嘉年华，跨界融入健康环保新品发布、养生文化沙龙、以旧换新等活动。现场举办空中花园式VIP酒会、歌手明星见面会、冲制咖啡表演、三人足球赛、创意绘画展示、公共艺术巡展、专家健康养生讲座，携手品牌邀请港台男神级明星现场与粉丝互动，并呈上热情森巴舞、泰国风情舞、萨克斯风演奏与维多利亚天使热舞、快闪兔子、少儿芭蕾表演等等，热闹非凡。原来无生命的塑胶模特都换成了真人模特，顾客们都兴奋至极，纷纷用手机拍照、发微信。文化促销充分利用Ｏ２Ｏ网络营销工具，结合线上线下资源，为顾客提供更便捷、更多样化的消费体验。

"广百之夜"获得巨大成功，不仅当天销售额由原来的几百万猛增至几千万，而且借助于现场无数顾客的手机拍照、微信传播，门店微信粉丝剧增，这些都大大促进了广百品牌的传播和美誉度的提升。

"青木河"是条金水河

自营，或叫直营，是百货业创新的重要模式。这一模式的提出，离不开百货业的发展史。

在计划经济时期，国内百货商店长期由国家安排统购统销。那时的状态是供不应求，厂家和商家都不用下功夫研究市场需求。

但是，改革开放后，开始实行市场经济，市场从供不应求逐步变为供大于求。各种商业体也如雨后春笋，百货公司市场老大的地位受到挑战。在这种情况下，百货公司无法把握那么多种商品对市场变化的适应，而厂家过去只面对百货公司，也不了解市场的需求，百货业难以为继，甚至有人称之为"夕阳产业"。

后来，百货业创新突围，逐渐推行"专柜联营、分成扣点"的模式。就是把厂家从幕后推向市场的前沿，由供应商厂家直接对市场销售，直接把握消费者的需求变化，从而不断进行商品调整，不断提升商品的市场适应度和竞争力。而百货业则做平台，整体上打造百货商场的文化和服务，形成平台的影响力，促进供应商商品的销售。百货商场收益，主要是在供应商的销售收入中分成扣点。百货商场由于不直接采购商品，不直接聘用专柜销售员，自身的成本大大降低，也防止了库存积压风险。接着，百货业又开始实行连锁发展，进一步增强自身竞争力和收益，因此，百货业又迎来了自己的春天。

有人管百货业叫"二房东"，这个说法不准确。因为"二房东"只把物业租出去就完事了，而百货公司还要打造物业平台的管理和文化，形成消费更丰富、体验性更强的大平台，大大提升了平台在市场和消费者中的地位。对消费者来说，他们的第一或主要认知是平台，是这个商场的影响力，其次才是个体商品。而要打造这个平台并不断维护和提升，是极其不容易的。

俗话说，风水轮流转，三十年河东，三十年河西。随着商业地产价格的攀升，物业成本不断增高，人力成本不断加大，行业竞争的不断加剧，再加上互联网电商的冲击，百货业的利润受到挤压，整个行业又面临怎么办的问题。

前几年商务部就号召百货业加大自营模式。

自营，包括自有品牌、直接采购、品牌代理等方式，一句话，都是自己直接销售商品。这样，毛利率会比联营扣点方式大幅度提升。国外百货店自营的比例比较高，一般都在20%以上。

百货业要自营，说着容易，干起来很难。主要是百货业多年做平台，直接面对市场销售的武功基本都废了。怎样建立适应自营的战略和体制，如何重构供应链，如何建立相适应的团队，怎么样才能保证商品适销对路，如何防止大量库存积压，这些都不是一句两句话的事，把握不好，就可能出现亏损风险，严重的甚至伤筋动骨。

因此，百货业自营的步子迟迟迈不开。前些年商务部在全国开展评选"金鼎店"活动，评选标准中有自营商品的规定。结果，不搞不行，搞又不敢搞，最后自有品牌多为纸巾、纸杯，直采的多为个别无保质期限制的产品。

但是，百货业自营的路是必须要走的。

广百集团所辖的妇儿公司，很早就开始自有品牌的探索。妇儿公司是个广州的老牌国企，在思维理念、机构体制上，都有着很多传统的制约。但是，它率先开始了创新。

妇儿公司总经理刘广增，稳重但进取，细致且睿智。他带领团队进行了大量的市场调研，最后确定开发儿童装自有品牌，并起名"青木河"牌。接着，研究商品的成本控制、质量、生产、市场推广策略等等。最终，"青木河"成功了！很快，"青木河"品牌童装的营销网点增至16个，品种增加至300多个，毛利率达到60%左右，大大高于一般服装品牌20%～30%的毛利率。"青木河"成了"金水河"！

此后，广百股份公司也迈开了品牌代理的路子，做"六福珠宝"以及一些其他穿戴类品牌的代理。总经理黄永志说："代理压力很大，有时要进一批金货，到底好不好卖？金价会涨还是会跌？搞得很晚都睡不着觉。"

"老人"的又一春

集团下属的广州储运公司，成立于1950年代，一直经营传统的仓储运输业务。作为一个老国企，能延续至今，很不容易了。但是，毕竟像个老人一样，机能活力不足。

2009年，"老人"遇到了挑战。储运公司接手了吉利汽车备件广州代理库项目，主要负责向华南区福建、广东、广西、海南、湖南郴州市、江西赣州等六个省市100多家4S店供应汽车零部件。项目服务内容包括采购分销、订单管理、资金结算、仓储管理、二次封装、物流运输和服务评价等。

吉利公司对代理库有着非常严格的商务考核政策，考核指标包括：备件一次性满足率、备件金额满足率、到货及时率、新品种储备执行率、业务评价、业务投诉等。指标非常高，如备件一次性满足率要达到95%，如果采购过度或采购不合理，则会造成备件积压，形成亏损。整个中心零配件大大小小上万个，保证难度极大。

开始时储运公司各项指标达不到要求，仓库连续亏损。后来中心的团队积极创新，大量采用信息化技术，彻底改变传统的人工保证系统。

他们采用条形码管理，使用了自行开发的WMS管理系统，对配件进行ABC分类管理，对小配件区进行了"S"形动线规划。优化实施后，拣货线路缩短了近三分之一，分拣效率得到了大幅的提升。针对汽车配件形状各异、存放要求迥异的特点，设立了特殊件专用货架专区。利用大数据分析，采用客户服务评价、项目KPI考核成绩作为员工考核的依据和计算员工薪酬。改变过去"定向定时销售"模式，采取"不定时销售和奖励采购"模式。优化采购预测，应用数学线性分析方法制定采购计划，控制成本。

科学创新大大提升了仓库管理水平，从开库至今，广州储运公司共向吉利公司采购数亿元配件，精准率控制在98.5%以上，遥遥领先于全国同行其他代理库。广州代理库由于创新业绩突出，曾先后获得"广州市文明号标兵""广州市先进集体""广东省五一劳动奖章"等殊荣。

广州展贸城的难题

广州国际商品展贸城，是市政府考察了义乌小商品城后常务会议定下来的项目。项目选址在广州市番禺区化龙镇，占地4800亩，地块的性质是农村经济留用地，项目的目的是为了把市里的批发市场转移过来。化龙镇距离市区很远，周围没有商业氛围。后来经过亚运会的带动，特别是广汽的自主品牌研发基地的进入，现在环境好了很多，但是当年可是谁看了谁都摇头的地方。

项目启动之初，市里决定由广百集团做第一大股东。市领导谈话问我的意见。我说，这个项目很难，至少现在不是时机。一是农村经济留用地没有产权，难以吸引投资，上百亿的投资，广百是无力承担的；二是距离市区太远，对市内的批发市场没有吸引力，政府又不大可能采取行政措施促使市内的批发市场搬过来，招商困难。展贸城不是政府投资的基础设施项目，更不是慈善项目，而是企业的市场行为，不按市场规律办事，难以成功。因此，希望不要安排广百做第一大股东。

但是，市领导说："市政府常务会议已经定了，你广百是国企，你们不上谁上？"

在这种情况下，我们只好硬着头皮上了。既然上了，我们清醒地认识到，必须把科学创新贯穿其中，必须紧紧贴近市场需求。

首先，按市场实际确定规模。我们改变了市政府关于4800亩地全面开发的想法，先规划开发260亩，建设面积26万平方米，把投资额从百亿降低到6个多亿，而且由国企和民企合作投资，努力降低风险。公司团队费了九牛二虎之力，终于找到合作投资方，再经过努力，终于建起了26万平方米商城。

第二，科学定位。26万平方米的商城定位为什么批发市场，这是个关键问题。我们一方面委托专业机构进行调研咨询，一方面又自己组织了两个小组，对批发市场进行了详细的市场调研和论证。我们摸查了很多行业，穿戴类、五金类、机械设备、汽配类，都不大行，最后选了LED灯光。虽然中山古镇已经是灯光集散地，但是，专做中高端的LED灯光平台还有希望。因此，我们将商城定位为"广州光谷"，招商大型LED灯光企业进驻，打造展贸结合的平台。

第三，科学招商。正如开始向市领导报告的，这个地方招商难度非常大。集团分管这个项目的副总黄荣新和展贸城公司的李彦东、江泓、危一达、师杰等领导以及公司全体人员齐上阵。为了加大招商力度，我将这里作为重点项目也一头扎了进来，同时，集团从各部门抽调人前来支援，全都上了招商一线。

要想招商成功，人多是一方面，关键还是理解客户的需求，制订相应的符合市场的招商政策和条件。白天，大家一个厂家一个厂家地跑客户，晚上就一起开会分析招商情况，研究当天所联系客户的反应，调整招商政策。那段时间，每天晚上的会议我几乎都参加，一干就到大半夜。后来大家说，那时候是天天的"夜总会"。

为了加大项目的文化体验，取得宣传推广的好效果，大家策划开设"灯光历史展"。找广告策划公司做，要近20万的费用不说，还不能保证项目开业时交付。集团企业文化部总监张嘉玲说："我们干！除了制作成本外，其他费用一律省下！"

张嘉玲总监，曾继军副总监，办公室的汤智全副主任，南大公司李伟武以及杨丽娟、王明赤、彦聪等，分工合作，动脑筋想办法，突击筹展。他们收集资料，寻找实物，从远古的钻木取火到煤油灯，从五六十年代的电灯泡到现代的LED，从编写材料到布置展区，天天晚上都加班加点，硬是在最短的时间做好了灯光发展史的展区，得到了业界的高度评价。

在大家的努力下，"广州光谷"第一期招商终于成功，每一个LED大客户都是几百甚至上千平方米敞亮的LED展示馆，配以灯光发展史的展馆，还是很不错的。广州市长和书记以及分管的副市长来考察后，都给予了充分的肯定。

创造性就是要胜过前人

创新，不论是大创新还是微创新，关键就是要有创造性，有开拓性。从思维角度，要学会发散思维、跳跃思维，要善于联想，不能只是直线思维，不能墨守成规，不能受传统思维的禁锢，不能什么事都是"以前都是这样做的""这事没有先例"。当然，这不等于不专一，不务实，不脚踏实地。在执行的时候，在具体落地的时候，需要聚焦思维、精准思维、持续思维。开阔的眼界，活跃的思维，对一切新鲜事物的敏感，再加上火一样的激情和持之以恒的耐力，就一定会成功。

世界品牌欧莱雅选拔人才的标准是"将诗人和农民结合在一起"，要"像诗人一样富有激情和创造力，又像农民一样勤恳、脚踏实地"。

工作中的激情和创造性非常重要。一个人到了一个岗位，接手一件事，一定要善于问："还有什么新的作法吗？"一定要有比前人干得更好的意识。

当年我从士兵提升为干部，在鱼雷快艇大队基地部当干事。前任干事给我交代的工作，大都是参加会议、上情下达、下情上达等面上的工作。

我那年19岁，一腔热血，天天想的是怎么样把工作干得更好。干了两三个月后，我觉得这个岗位的空间很大，可以干得更多些、更好些。

那时全基地各连队的人早中晚吃饭都要到大饭堂前集中，唱歌或领导讲事，然后才蜂拥进去吃饭。这个饭堂据说是日本鬼子占领期间修的罐头厂，体量很大，墙很厚，里面净高大概有七八米。这日本鬼子还真没有临时观念，一个罐头厂都下这么大工夫，还真准备用多少代呢，但他们没想到没过几年就被赶回老家了。

我发现饭堂门口是个宣传的好场地，饭前也是个宣传的好机会。我就找木工做了四块大黑板，每块都有五六米长，分立在饭堂大门的两边。

然后，我结合工作跑基地属下各个单位，收集经验体会、部队官兵的好人好事，编写成短小精悍的稿子，周日写板报，而且是图文并茂。周一第一板出来的时候，来吃早饭的整个基地官兵的眼睛都睁大了！队伍一解散没有一个进饭堂，一下子全都围到板报前面，兴致勃勃地边看边议论。当看到本单位的事迹、信息时，甚至都兴奋地叫起来。

以后，每周出一板，这里成了整个基地的中心、宣传阵地，对推动基地的管理和教育起到不可估量的作用。

这件事没有领导交待和布置，自己就是有股子要干得更好的钻劲。创造性的工作，不仅为单位的事业作出了贡献，自己享受了成功的喜悦，而且进一步锻造了创造性的素质。

人才希望的绿色文化

绿色是春天，是生命，是希望。给人才以希望，让优秀人才脱颖而出，是企业生命之树长青的关键，是企业社会责任的重要内容。

比尔·盖茨说："如果把我们公司顶尖的20个人才挖走，那么我告诉你，微软会变成一家无足轻重的公司。"

位列美国最重要私营公司榜单第五位（《财富》杂志）的对冲基金公司桥水，创始人瑞·达利欧（Ray Dalio）曾入选《时代周刊》世界100位最具影响力人物，并跻身《福布斯》世界前100名富豪行列。由于他独到的投资准则改变了基金业，《美国CIO经理人》杂志称其为"投资界的史蒂夫·乔布斯"。瑞·达利欧在为总结一生的管理经验而出版的《原则》一书中说："比做什么事更重要的是找对做事的人。"他说，"创建一部'机器'时，有什么样的设计，就有什么样的人，因为你需要的人要由设计来决定。"

海尔张瑞敏说："把员工自身价值的体现和企业目标的实现结合起来，这就是企业文化，它是企业的灵魂。"

这些道理讲得都非常对，企业领导对员工的态度是关键。你是在利用员工赚钱，还是从心里把员工的发展摆在第一；对员工的责任只是当作一种手段，还是发自内心的关心；不同的选择导致的结果是不一样的。就像我们对子女，你关注的不会是他们为家里赚多少钱，而是关注他们一生的发展。

松下是制造什么的公司

我们讲一个松下的故事。1956年，松下电器公司举办了一期人事干部研讨会，与会者是各部门的人事负责人。公司老板松下幸之助莅临讲话，他直接发问："在拜访客户时，如果对方问你，松下公司是制造什么产品的公司，你们如何回答？"

人事经理恭恭敬敬地回答："我会告诉他，松下电器公司是制造电器产品的。"

"错了！像你这样的回答是不负责任的！你们整天都在想什么？"松下幸之助的训斥响彻整个会场。难道真的错了吗？与会者都莫名其妙，遭训斥的人事经理更是搞不懂哪里说错了。

松下大声地说："你们这些人都在人事部门任职，难道还不懂得培育人才是你们人事干部最主要的职责吗？如果有人问松下电器公司是制造什么的，你们就要回答松下电器是培育人才的公司，并兼做电器产品。经营的基础是人，对于这一点，我不知讲过多少次。在企业经营上，资金、生产、技术、销售等固然重要，但人是这些东西的主宰，归根结底，人是最重要的。如果不从培育人才开始，那松下电器还有什么希望？"

我们都可以深思一下这个故事。

"两不"的用人观

我在集团提出了"两不"的用人观：一是"英雄不问出处"，二是"用人不拘一格"。单从这两句话来说，不算什么新的说法。但是，对广百集团却是极有针对性的，是有重大意义的。

我刚到广百的时候，和集团的人交流了解情况。一位部门领导在交流时对我说："荀董事长，咱们这里复杂啊！"他说："咱们广百，有来自一商局整体转制的，有物资集团合并过来的，有东百、南大托管过来的，还有政府下来的，各有各的山头，各有各的背景。你用这个人，就要考虑那个山头的反应，月那个人就要考虑这个山头的平衡。"

有一次，我看到两个中层领导的研讨文章不错，就叫登载在《简报》上。没想到其中一位领导非常紧张地跟我说："哎呀！您怎么把我们两个物资集团的文章都登在一起了？一商局的同事会有看法的，我们不好做的！"

还有一个问题，就是在一些人头脑中的等级观念。广百集团从一商局整体转制后，已经没有行政级别了，但在人们的意识里，还认为集团是局级，部门领导和二级公司是处级，三级公司和门店是科级。一次，为了扁平化，集团将一个二级公司撤销，公司的领导充实到他们原来下属的两个公司担任领导。被调整的人对我说："从正处到正科，对外影响不好呀！"

"山头文化""等级观念"严重影响着人才的使用和调整，因此，我才提出了用人的"两不"原则。

"英雄不问出处"，就是不管来自哪个"山头"，也不问从属哪位"教头"，一律以自身素质和业绩为用人标准，以是否和岗位匹配为人员调配的着眼点。

"用人不拘一格"，就是不讲资历，不讲学历，不讲台阶，只认素质。特别是大胆启用年轻人，让团队这潭水活起来，充满生机和动力。

为了让"两不"的用人观成为大家的共识，成为企业的文化，我大会小会讲，利用一切机会宣扬。

有一次，我向集团一位副总征求对人事调整方案的意见。这位领导指着方案中一个人选说："这个老体系的人用的是不是多了点？"我想了想，向他提出另外一个体系中明显不合格的人，问他："这样是不是两个系统就平衡了？"这位领导马上说："不行！不行！他素质明显不合适。"我说："还是呀，用人要看素质，不要看出处嘛。"

在用人不拘一格上，我们采取了大胆的实际行动。

大胆启用年轻人

广州新大新公司是集团所属重要的百货公司。所谓新大新，是有历史来由的。

早在民国初年，蔡昌兄弟集资400万港元在香港德辅道开设了大新百货公司，1916年，在广州惠爱中路，也就是今天的中山五路，设立了大新分店。两年后，又在广州西堤的珠江边，兴建规模宏大、拥有12层楼高的大新大厦，也就是今天的南方大厦。1949年后，位于中山五路的大新公司更名为"广州新大新百货公司"。新大新公司归属广百集团领导，在广州开设了几家分店。

我到广百时，新大新公司亏损很大，原因是多方面的，其中亏损严重的天河路维多利店拖累最大，而整个公司管理运营也出现了很多问题。

为了使新大新公司扭亏为盈，更好地发展，在2006年10月，我和一些领导研究更换新大新公司的总经理。对于总经理的人选，我提出用亢小燕。方案一经提出，立刻哗然。

亢小燕，那时才30岁。之前，她是广百百货公司下属的店长助理。当年5月，经过竞争受聘到集团运营部任副总监主持工作，到提出她为新大新总经理人选，时间还不到六个月。一年不到，就从相当于所谓副科级的门店助理冲到了相当于正处的总经理，而且是新大新这样一个重要公司的一把手。有的领导瞪大了眼睛：这个年龄不大的黄毛丫头，行吗？

我向各位领导谈了对她优秀素质的看法，多数领导都很认可，但是都说确实没有想到破这么大的格。我说，既然都认为她素质不错，就不要论资历，论年龄，就要不拘一格，大胆启用。最后，班子绝大多数人同意了这个提议。

亢小燕到新大新后，也真是不负重托。当时，她面临几大问题：一是人心涣散，"负支持率"；二是机构不畅，效率低下；三是资金紧张，融资困难；四是销售下滑，亏损严重。

面对这种局面，亢小燕决定靠实际行动给团队信心，靠综合治理提升业绩。她给自己定的基调就是"不叫口号，埋头苦干；公平公正，凝聚力量；深思熟虑，抓住关键"。

一是抓精简用人。将原有的68个中层岗位砍掉一半，调整为34个，制定公平竞争上岗的用人制度，打破关系网，大胆启用有能力有业绩的人，增强了团队的信心，调动了团队的积极性。

二是抓开源节流。集中原来分散的账户，收缴各商场的小金库，调整供应商结算机制。同时拜访各大银行负责人，解决新大新在亏损状态下的银行授信问题。既树立了正气，又解决了资金问题。

三是抓创新增效。通过市场调研调整4家门店的定位，调整品牌，装修改造环境，制订供应商超额返点、结算奖励机制，抓货源，抓促销。同时，严格控制成本。她作为总经理开支的年度业务接待费不超5万元，不到以前的10%。

四是在集团的支持下，关闭亏损门店，截流止血。

在亢小燕的努力下，团队信心剧增，众心凝聚，员工的聪明才智充分发挥，止血降费，积极营销，提升服务，公司一年就扭亏为盈，从2006年亏损过千万一跃为2007年的净利润1700万元，员工收入增长23%。到2008年再上一层楼，还拓展了新门店。

在那段时间，亢小燕被人误解过，被市场挖过"坑"，巨大的压力使她经常要靠安眠药才能睡觉。但是，她从来没有向集团领导叫过苦抱过怨，没有退缩过，一直是以不屈不挠的毅力推动公司冲出困境，打下一片天地，个人的品牌地位在行业里也越叫越响。

通过对她的任用，集团"两不"的用人理念真正树立了起来，团队的活力大大增强。

放到合适的岗位上

瑞·达利欧在《原则》一书中说："让合适的人做合适的事。""要记住人与人存在差异，认识不同、思维不同，使不同的人适合不同的工作。"

唐太宗李世民说：明主之任人，智者取其谋，愚者取其力，勇者取其威，慎者取其慎，无智愚勇慎兼而用之，故良将无弃才，名主无弃士。李世民真是优秀的HRD（人力资源总监），用人的高手！

前面说到，我到储运公司考察并听取第二年的打算，公司总经理报告的第二年计划很保守。这位总经理快60岁了，干了一辈子储运、业务熟悉，考虑问题周到，但是，过于谨慎，不免缺乏开拓进取精神。有的领导建议免了算了，换一个有闯劲的上来。我思前想后，向班子提出了一个方案：成立物流专家委员会，负责对储运公司的新上项目进行风险评估，对方案进行论证。委员会请几位专家和行家为成员，任用这位总经理当委员会主任。他业务熟，考虑问题细致谨慎，搞风险把控正好发挥长处。

后来证明，这位主任在新岗位上发挥了很好的作用。他在到龄退休时对我说，干了一辈子储运，对储运是有感情的，非常感谢能在退休前的这两三年继续为储运做点事。

王熙凤的容人

给人才以希望，不仅是在调整岗位或提升职务的时候，还要体现在平时的使用上。在平时的工作中，对下属要给他担子，给他责任，给他权力。出了问题如果是按照领导的总调子做的，领导就要承担责任。

大胆使用，愿意看到下属干得出色，也是人才希望的重要环节。为此，领导者一定要以大格局用人容人。正如瑞·达利欧所说的："要用比你强的人。"他说："如果我真是个伟大的指挥，我就能找到比我更强的指挥，并招募过来。"

海军培养新舰长，虽然在院校进行了基本理论和实际操作的学习，但是，到舰上后还要不断进行操舰的训练，这种训练通常由教练舰长负责。在训练舰艇靠码头时，有的教练舰长的方式是碎嘴子，一看到新舰长指挥不理想就干预，一会儿："靠左，靠左！"一会儿："靠右，靠右！"搞得新舰长不知所措，效果不好。而有的教练舰长不是这样，只要新舰长指挥不出大问题，就不干预，等训练结束后再帮助新舰长分析，哪个动作好，哪个动作不好，这样的方式效果非常好。

中央广播电台经济之声《王冠红人馆》的节目我非常喜欢听，不仅分析问题精准有深度，而且非常幽默。他们的"职场穿越红楼"很有意思。其中讲到第五十五回，王熙凤休病假，王夫人安排探春作为临时"CEO"主持贾府的管理工作。

探春主持工作后，严格按制度办事，该说的说，该管的管，有些事甚至都驳了王熙凤的面子。在这种情况下，王熙凤教丫环平儿该如何对待探春，说："她虽是姑娘家，心里却是事事明白，不过是言语谨慎，她又比我知书识字，更厉害一层了。如今俗话说：'擒贼必先擒王。'她如今要作法开端，一定是先拿我开端。倘若她要驳我的事，你可别分辨，你只要越恭敬，越说驳的是才好。千万别想着怕我没脸，和她一强，就不好了。"为了贾府的大局，王熙凤宁可牺牲自己的面子，也要维护新人的管理权威，真是大度、大格局。

电台里几个主持人开玩笑说，要我们可能都做不到。主持人之一老李说，要是我作为CEO住院了，新安排主事的喊哩喀喳大折腾，我可能连点滴没有拔就冲过去了："你想干什么，想干什么？"

用红楼梦说职场，很是恰当。曹雪芹真是社会大师、组织管理大师、人力资源大师、市场营销大师！

我们广百的上市可是集团的头等大事，涉及方方面面，哪个环节也不能出问题。我们参与的相关领导和部门都是各管一摊，各负其责。我除了总体研究和重点环节亲自过问外，其他的都放手让大家干。每个人都发挥了竭尽全力的精神，都圆满地履行了责任。最后不仅上市成功，而且大家都得到了锻炼和提高。

识人用人要下功夫

人才有没有希望，要靠自己努力，但是选准人、用准人的组织行为更为关键。我们要对企业负责，对人才负责，首先就是要准确识才用才。广百组织上如何识人用人的真人真事说多了不方便，这里想借我在部队干部部门的亲身经历来探讨一下。

我在南海舰队时，从军单位干部部门的干事到舰队干部部门的领导，干了十六年的干部工作，在1989年还出了一本《军队干部管理学》（时任军事科学院院长郑维汉中将作序），写书的过程就更是一个系统研究的过程，因此在如何识人用人上有一定的心得。

南海舰队下辖部队很多，军、师、团各级都有，范围也很大，遍布好几个省。部队由于服役年龄的限制，师职干部55岁就要退休，团以下干部每年都有不小数量的转业，因此，干部调配量很大。怎么才能为党委提出好的干部调配方案，是干部部门的重要任务。

首先，要看准干部。

军队干部部门很忙，但是不论多忙，每年我都要拿出将近三分之一的时间，组成考核组到师团单位考核干部。我们在每个考核的师团级单位都要住上三四天，听取领导班子的汇报，分别和班子成员以及中层干部谈话，翻阅大量的文书资料，全面了解考核目标的素质和业绩，提出必要的调整方案和可提拔的后备人选。

要准确客观地评价一个人不容易，对于比较熟悉的人，基本素质好评价，但是也容易形成固有看法。而对于一个第一次接触的人，要在短时间内把握好他的素质，他的优缺点，判断对以后使用的关联性，都不是简单的事。考核业绩，还要注意条件和环境等制约因素。考察素质，要分清特点。有的人独立工作能力、开创性很强，不一定谨慎稳重；有的人服从性很强，开拓性可能较弱，主导性较差；有的人考虑问题很周密，办事很细致，可能大小不分、轻重不分；有的人大事看得清楚，大局善于把握，决策魄力大，又可能不拘小节，等等。这些素质、特点都关系到能否准确用人的问题。而这里面还涉及考核者自身的眼光，搞不好就会出现一定的评价偏差。

所以，每每我总是告诫考核组的人，要对一个人负责，要对部队负责，要对今后的战争负责，一定要尽可能多地掌握相关情况，反复研究后才下评价结论，切不可粗心大意。

后来，我要求对每个领导的鉴定要和本人见面，当年也算是对考核工作的一种改革。这样做的好处是：第一，可以倾听本人的意见，倒逼考核工作要更加客观准确；第二，也是对本人的教育，他可以知道自己该发扬什么，该克服什么。

同时，要看准岗位。

在看准干部自身的素质和业绩的同时，还要认清岗位的职责特点，包括岗位的工作对象和工作环境的特点、对人的匹配要求。这方面国外比较重视，有专门的职位分析人员。而我国是后来才引进职位分析的，有的运用还不够科学。

用人的原则是因事择人，人适其事。否则，优秀的人用错了地方，这个人才也就"虾米"了。过去有的单位往往不重视这个问题，认为只要是积极努力的人，就可以提升，就什么岗位都可以安排，就像当了劳模就一定可以提升为领导者一样。

陈云说过（大意），干部分为两种类型，一是管理型，一是会计型，要用在不同特点的岗位上。

我看过香港一本书，叫《权变领导》，说领导人员分为"关系导向型"和"工作导向型（或目标导向型）"两种。关系导向型的领导把工作业绩建立在良好的人际关系上，调整好团队的关系是第一要务；工作或目标导向型，是把工作目标放在第一位，我不管你高兴不高兴，完成目标是第一位的。书里说两种类型无所谓对错，就看用在什么环境和什么时机。

部队里面，同一级别、同一性质的职务，由于单位组织结构不同、工作环境不同、工作对象不同，对人员的素质要求也差别非常大。

比如，勤务船大队的大队长是正团级，一艘大型运输船的船长，由于吨位大，作战保障责任重，也是正团级。但是勤务船大队下辖几十艘营连级运输船，天天都分散在广阔的海域里，管理难度非常大，对大队长的组织管理能力要求很高；而一艘大型运输船，不仅人员数量少，而且都集中在眼皮底下，船长在操船和补给业务上要求高，但是管理工作相比之下容易多了。一个作战部队的团政委和一个医院的政委，职级都是一样的，但是所在岗位的管理对象不同，面临的压力不同，岗位需要的人员素质也不尽相同。

主官和副职，承担的责任、面临的压力和需要的素质也不尽相同。

据说二战的时候，苏军用人，当司令员的可能就一路在司令员岗位上发展，当参谋长的可能是一直在各级参谋长的道路上发展，他们着眼的是岗位特点。这样可能就出现跳级发展，如师参谋长到军参谋长，就是从副师一步到副军，越过了师长正师一级。而我军则一般是着眼级别，一个师参谋长的发展轨迹可能是：副师长、师长、军参谋长（或副军长）、军长、军区参谋长。

我们到一个舰艇部队去考核舰政委。这个部队装备的是导弹驱逐舰和导弹护卫舰，驱逐舰的政委是正团职，护卫舰的政委是副团职。

在考核时，有一个护卫舰的政委进行讲课考试。他上台后很紧张，头上冒虚汗，很长时间说不出话来。我们就让他下来休息，我跟他聊了聊天。据他说，一接到准备考核的通知后，就感觉压力很大，晚上一直睡不好。

后来，再在部队详细了解才知道，这名政委以前是做业务工作的，很勤奋、正派，就被提到舰政委岗位上来了。但是作为领导，特别是一把手，他缺乏主见，怕处理人的矛盾。他曾经多次向上级申请干业务工作，或是平调到驱逐舰上当副政委。了解这些情况后，我就跟这个部队的领导说，这名干部的特点不适合在舰艇上担任主官领导，要尽快调整到副职或业务岗位。

企业用人，也是同一个道理。不同业务的企业，不同的发展时期，都有不同的特点。例如，制造业的生产管理和不断与消费者直接打交道的商业企业的管理不同，传统成熟型企业和创新型企业也不同。什么地方需要主导型人才，什么地方需要执行型人才，什么地方需要创新型，什么地方又需要规矩型人才，一定要搞准确，努力做到因事择人，人适其事，人岗相配，这样才能真正地有利于人才的发展，有利于事业的成功。

关键是用人的标尺和决心

准确用人要看如何确定标尺和决心。这方面的道理很多书都讲过，我这里讲几个在我在部队亲身经历的例子。

有一次，我到北京的海军干部部汇报师职干部调配方案。

地方的人把凡是海军的单位都叫海军。但是，海军内部说到机构则不是这样，对海军的舰艇大队就叫大队，师级的支队和军级的基地就分别叫支队和基地，高于军级单位的舰队（南海舰队或东海舰队），就叫舰队。说海军，就一定是专指在北京的海军总部了。一个人调到舰队机关工作，别人不会说你调到海军了。

我当干部处长时，舰队党委研究了一批师职干部的调整方案，由我到海军干部部汇报。方案中有个建议是把某支队的副支队长提升为支队长（副师到正师）。会上海军干部部的处长提出质疑，说："这个副支队长在南京海军指挥学院培训时，晚上的集体活动经常是打个照面就不知道干什么去了。"言外之意，是自由活动了，素质有问题。

我当时说："干什么去了？会不会是去图书馆了？会不会学院旁边有个孤寡老人，去照顾老人做好事了？还有就是你们的意思，去处理个人事情了。"

"我说的意思是，人无完人，看一个军事指挥员重点要看他的基本素质，不能只看一点不计其余，更不能用似是而非的问题来否定对一个人的使用。"

"根据我们长期的考察，这名指挥员军事素质好，指挥能力强，南海方向是战略重点，南海舰队将来是要打仗的，主力作战部队一定要用能打仗的人当军事指挥员。"

后来，海军党委同意了我们的方案，上报总政任命了这位支队长。再后来，这位支队长晋升为副军、正军，直至大军区副职的海军副司令。

还有一个干部，是快艇支队参谋长（副师职），大个头，黑黑的脸，小眼睛，挺吓人的样子。他军事过硬，管理严格，能啃硬骨头，别人拿不下来的任务，他能拿下来。但是毛病是不拘小节，讲话特别冲，不考虑别人的感受，有点像电影《亮剑》中的李云龙。他分管行政，规定营区车速不得超过15公里/小时，所有车辆必须执行。有一次，一位副司令急着用车，司机去接他时开得快了，正好被这位领导看到，立刻被他喝停了车，把司机好一顿臭训，并命他站在旁边的土堆上不能动！后来还是那位副司令跑来，才领走司机。大院里还传出笑话，说谁家的孩子哭了，大人就吓唬："再哭！黑大个来了！"就像农村吓唬小孩说大灰狼来了一样。

在舰队准备把他提升正师的时候，告状信很多。海军政委利用下部队的机会来考察，我作为舰队干部部门的负责人陪同。在考察休息的时候，政委问我对这名干部的看法。我说："他毛病不小，告状信说的问题也八九不离十。但是，他能干事，急难险重任务能拿得下来。整个海军总要用几个这样的师职指挥员，到了关键时刻能用得上。"海军政委说："我赞成你的看法。"

后来，这名干部不但提升为正师，还逐步提升到正军职的舰队副司令。在带领编队执行亚丁湾护航任务时，面对复杂的情况，他指挥得当，任务完成得很好。

商场如战场，企业用人就要着眼于市场的拼搏，着眼于真金白银的结果，刀刃要用好钢，要用能打仗、打胜仗的人，这才是对人才负责、对事业负责。

南沙主任的去留

领导者、组织系统，要爱惜人才，不要因为一点小的过失就放弃人才。

南海舰队的南沙巡防区在中国南海的最南端，由于战略位置重要，独立性强，艰苦危险，所以任用的一把手都是选素质最好的。要么提升进去，要么平职进去出来提升。

当时有一个主任是平职进去的，但是因为在南沙时有一两件事处理得不好，出来时没有提升，而是平职到一个基地当处长。当时这位领导有怨气，换班路过舰队时见到我，提出要转业。我了解他，知道他从骨子里是想一辈子干海军的，而且军事素质很好。我就苦口婆心地劝他，一定不能提转业，一定要经得起挫折，坚持下去！

后来，这位领导提升为副师，又晋升为正师。再后来部队缩编，他转业到省政府一个重要部门当副局长，也干得很好。

作为企业也是一个道理，对人要看基本素质，要有爱才之心，要留住优秀人才。

"不务正业"的干部要不要用

南海舰队有个沙角训练基地，坐落在东莞虎门，是专门训练舰艇新兵的。每年征召到舰艇的新兵，要先到训练基地进行各类专业的训练，如枪炮、雷达、电讯、机电业务等等。训练一年，达到熟练掌握专业技能的程度才分配到舰艇上。

那年我到训练基地考察干部，有个政治教员，素质很好，但在能不能提升为政治教研室副主任的问题上，基地出现争议。主要是这名教员在教学之余研究军事心理学，还经常出去参加一些学术研讨会，被人看作"不务正业"。当年军事心理学还没有列入部队的教育体系，很多人对军事心理学也不以为然。

我对训练基地的领导说："军事心理学虽然还没有列入部队教育体系，但是它对于搞好兵员训练有帮助，对全军更有价值。这名教员在这方面下功夫，正说明有强烈的事业心，有开拓创新精神，这样的干部怎么能不提升重用呢！"

后来，这名教员提升为副主任，他出版的《军事心理学》在军队影响很大。再后来，军事科学院调他去做研究工作，现在已经是研究员了，技术4级，相当于正军待遇。这些年他还研究国家和企业战略，经常到大学以及国家机关讲授战略课。

作为企业，由于市场千变万化，科技日新月异，必须高度重视创新型人才、视野开阔的人才。要给他们以创新学习的空间，给位置，给条件。

给优秀领导的一封信

我们部队有一名团政委，转业到地方后发展得很好，在广州市某单位当了副局长，后来又当了局长。

有一次一起吃饭，他对我说："你还记得吗？我要求转业的时候，你当舰队的任免科长，还给我写了一封信，这封信我现在还保留着。"

"啊？我给你写过信？写的一定很不中听吧？"我说。

"不，你在信里给了我很高的评价，劝我继续留在部队。"

这一说，我想起来了，当时他是在远离舰队机关的一个部队当团政委，根据平时的考察，他是比较优秀的团政委，由于家庭原因要求转业。我当时就是觉得海军需要优秀的人才，所以给他写了信。当然，他还是转业了，但金子到哪都能发光，转业后干得也非常好。

看眼睛的医生

还有一件有意思的事。我离开舰队干部部门后，有一次到舰队的医院看眼睛。一起去的人可能是为了使医生重视点，就说："这位是咱们舰队原来的干部处长。"

那位医生立刻说："啊？您是荀处长？我还到您家里去过的，为了调级的事。"

"啊？还有这事？当时我的态度好不好？如果不好今天咱们眼睛就不看了。"我半开玩笑说。

"不，不！您当时态度非常好，带去的礼物不收，还给我们单位的上级机关打了电话，解决了问题。"

"那眼睛咱们接着看吧。"我说。

后来我记起来，当时我打电话到他的上级机关，了解到他虽然资历不深，但是在专业上很棒，单位调级工作过于看重资历了，就提醒他们注意，要鼓励人才。

企业用人切忌论资排辈，特别是当今时代，很多年轻人的创造力都是超乎一般人想象的，论资排辈的企业一定留不住人才。

广百也要办"黄埔军校"

对员工负责，就要关注员工综合素质的提升，对他们的长远职业生涯做好规划。对员工的培训，就是对员工长远负责的具体举措，是提升企业软实力的重要方面。

2018年诺贝尔经济学奖得主之一保罗·罗默（Pavl M.Romer），其内生性增长理论将企业对人员的教育、培训、在职学习放到了经济增长的重要地位。

当年我在职读香港公开大学的硕士班，给我们上课的一名教授是广东农工商职业技术学院的一名领导。他告诉我农工商学院主要是培养基层和中层企业管理人才的，建议我们合作，为广百培养管理人才。广百集团很多基层和中层领导当年都是广州第一商业学校培训出来的，是中专学历，很需要进一步提升。我们一拍即合，就和农工商学院联合开办了广百商学院——广百的"黄埔军校"。

2007年3月29日，由广百集团与广东农工商职业技术学院联合创办的 "广百商学院"暨"广百集团农工商学院培训基地"正式挂牌。南方电视台、《广州日报》等多个新闻媒体都来进行了采访报道。

广百商学院的培训对象是集团二级公司的中层，包括店长、项目经理等等。培训不以技术为主，不以学历为目标，而是以商业管理为主，有点MBA的意思。我们认为，商业发展，特别是我们做平台的，关键不是纯技术，而是商业管理。如怎样培训、激励和带领员工，如何进行消费需求和周边市场分析，如何了解和破解对手策略、制定市场发展策略及平台决策链，如何进行成本管理、时间管理、目标管理等等。

后来有的人提出，广百商学院要不要以学历教育为主，我感到这不全面。

有一篇《印度比中国可怕在哪里》的文章，使我更感到当年广百商学院的方向和培训内容是对的，只是做得还不够而已。

据文中介绍，在制造业和工作效率上，中国已经甩出印度十万八千里，但在管理能力上，印度人则已经把中国人甩出三十一万六千里。印裔国际CEO的数量已多到不可思议，谷歌、微软、摩托罗拉、百事可乐、诺基亚、软银、Adobe、SanDisk、联合利华、万事达卡、标准普尔……这些在中国人心目中如雷贯耳的国际巨头，其CEO级别的高管位置居然都被印度人拿下！谷歌董事会的13位高层领导中，居然有4位是印度裔。除了企业高管，越来越多的印度人也开始担任欧美知名商学院的院长。

印度人的管理能力是怎么来的？上述文章的作者担任中兴印度公司CEO期间，招聘过大量印度本地员工。发现这些员工的简历中，无论技术专业是什么，都同时还有一个MBA学历。

印度1947年独立后，马上就把发展管理能力作为印度振兴的一项重要内容。印度不仅专业的管理学院长期持续发展，而且将MBA

课程普及到了所有高校所有专业的学生中去。在印度所有高校毕业生中，学习MBA也成了默认的必修课。

那些年，广百商学院教师队伍中包括农工商学院的教授、广百的高层领导、外聘的专家。教学的内容包括流通业的发展理论、前沿成果、商业实战案例等，教学方式有授课、考察、研讨等等。我本人也去上过服务管理课、企业文化课。后来集团还规定，凡是准备提升为店长的，必须要经过广百商学院的培训。几年的实践证明，广百商学院对提升管理人员的素质确实起到了积极有效的作用。

在办好广百商学院的同时，我们还积极鼓励集团和二级公司的高管去各大学读MBA或EMBA。我说，你们把控的都是上千万、几个亿的项目，花点钱去读书，提高素质，开拓视野，非常必要，就怕你们不想读。

一句话激励了我一生

人才希望的绿色文化中，对员工的鼓励是重要的内容。

美国心理学家莱曼·波特（Lyman Porter）和爱德华·劳勒（Edward Lawler）提出的"波特—劳勒期望激励理论"认为，激励对人有暗示引导作用。激励包括外在的报酬，如工资、地位、提升、安全感等，也包括内在报酬，如由于工作成绩良好，对社会作出了贡献，对自我存在意义及能力的肯定。激励要形成激励—努力—绩效—奖励—满足，并从满足回馈努力这样的良性循环。

人才要有希望，除了用人、育人以外，还有就是激励。这里包括奖金物质上的激励和荣誉精神上的激励，同时，还包括领导的赞许。每个人都有积极的一面，也有消极的一面；有优势的一面，也有弱势的一面。激励，就是调动积极和优势的一面。因此，作为领导，不要吝啬对下属的表扬。有时候，领导一句鼓励的话，甚至一个赞许的眼神，对于下属来说，可能都是巨大的力量。实践证明，对员工的激励比金子都宝贵！

在这方面，我自己是有切身体会的。

我1968年当兵后，凡是填表填到学历，都写上"初二"，因为我们上到初中二年级就被"文化大革命"阻断了学习。后来领导告诉我，你就是67届初中毕业生，就填初中好了。直到后来，才读了中央电视大学，拿到大专学历，之后又读了香港城市公开大学，拿下了硕士学位。

当年的初中生，在连队的时候又忙忙碌碌，没有学习提高的机会，因此，调到舰队机关后，就怕写材料。开会时科长一说要写材料，我就把眼光转向别的地方，怕和科长一对眼，他把写材料的任务交给了我。

不想写是不想写，但是舰队机关是大机关，文字材料多，两三年下来还是写了不少材料。当时我们的科长叫余国斌，写东西功夫硬。每次我起草的材料报给他后，他都会一字一句地修改，有时改掉了百分之七、八十，改得我是面红耳赤。但每次他改回来的材料我都会认真研究，他为什么这样改？为什么这样改了就感觉非常好？那几年他给我改的稿子我装订了几大本，现在还保留着。几年下来，我的写作水平在不知不觉中有了一定的提高。但是，仍然没有自信心，还是怕写材料，能躲就躲，能不写就不写。

我们干部部有位副部长，大家公认的大笔杆子，公文报告、讲话材料、调研文章自不在话下，还经常发表小说。

有一次我们到济南空军干休所参观考察，回来后我写了份考察报告报到部里。下班的时候我在走廊里迎面遇到这位副部长，打了个招呼后就擦肩而过，就在快走过去的时候，他突然转身对我说："小荀，这次干休所的考察报告写得不错呀！"

竟然得到他的表扬？！竟然得到大笔杆子的赞许？！我当时都不相信自己的耳朵，兴奋极了！从此，我的信心大增，在科里不但抢着写材料，还主动写些干部人事方面的文章，投到部队简报、地方刊物上发表。后来，还写了27万字的《军队干部管理学》。到地方后，还受邀到世界零售商大会、世界管理年会等国内外会议上演讲，到一些大学和企业讲课。

一句鼓励的话，激励了我一生，成就了我众多的成果。

用真心来激励员工

广百新市店有一名收款员，原本聪明伶俐，收款技能也很好，就是个性太强，自以为是，纪律散漫。主管领导几次跟她沟通谈话，她都听不进去，仍然我行我素。

有的领导提出，这个员工合同期快满了，到时不要续约了。但是店长邓惠贤心想：这样对待她，这个员工今后可能就更没出息了，当她的领导，就应该对她长远负责。因此，邓店长就直接找这个员工谈话，把自己对这问题的思考，以及这个员工的不良表现带来的利弊跟她分析沟通，说现在，谈未来。

邓店长的真诚感动了这位员工，她流着泪说："店长，我一定要改正不足，好好表现，我会做一个最好的员工给您看！"中国有句老话："浪子回头金不换。"后来，这个员工真的变得很好，工作积极主动，待人非常诚恳，同事们都很喜欢她，顾客也称赞她。

沮丧时的鼓励最宝贵

汽贸公司的小余是代理郑州日产的推销员。她一个人去政府部门推销车辆，政府部门的人对她没有一点好脸色，说："今天你是第4个上门推销的了，烦死了，快走吧！"而这样的脸色一天要看几回。

小余没有业绩，又受委屈，回到公司坐在办公桌前默默流泪。主管看到后马上上前询问情况，知道原委后微笑着对她说："别灰心，小余。做销售没有一说就成的，要看长远，好好想想办法。你一定行，我相信你！"

领导的话让小余重新树立起了信心，她马上开始进行反思，改变了以往急功近利的做法，把握一切机会，参加各种联谊活动，广交朋友。"精诚所至，金石为开。"许多单位需要采购车辆时，第一时间就想到小余。那一年，她创下了个人销售郑州日产汽车50辆的佳绩。

要鼓励人才不怕吃苦

艰苦奋斗，这个是从我国计划经济时代就倡导的作风，今天的社会还需要不需要艰苦奋斗？回答是肯定的，甚至是更需要。作为一个年轻人，不论是在企业打工，还是个人创业，都需要艰苦奋斗。因此，广百各级领导把培养艰苦奋斗的作风作为带队伍的重要内容。

广百集团有个度假村，在番禺莲花山的脚下，环境不错，但是基础设施条件比较差。总经理蒋宝国就带领团队自己进行改造——修路，刷房子，凡是一切自己可以干的都带着员工自己干，不知付出了多少汗水。他说，不仅仅是为了省钱，更是为了锻炼年轻人吃苦耐劳的精神，因为，他们将来的路还很长。

蒋宝国原来在海南三亚的海军部队，年龄很大了，身体也不太好。我说：蒋总，你多注意身体呀。但他说，比当年部队条件好多了。

这话也不假。当年我们在海南三亚海军当兵，六七十年代的海南可不像现在，条件非常艰苦。

我记得当新兵刚进营区时，看到一队水兵走过来，蓝色工作服就像刚从水里捞出来的一样。我们问带兵的，他们怎么穿着衣服游泳？带兵的说："什么呀！那是在机舱里汗湿的！"海南岛的太阳，好像就在头顶上烤一样，那个热呀。白天甲板晒得烫手，舱内四五十度高温。那时的舰艇没有空调，战士的汗水就像小河一样往下流。后来我们调侃说，在那个年代我们就享受桑拿了。早期三亚还不能完全解决淡水供应问题，用水很紧张。中午训练回来没水冲凉，战士们就用毛巾沾着半缸子饮用水擦擦身子，湿透了的工作服甩到毒辣辣的太阳下面晒，下午继续穿上参加训练和施工。很多部队退役的干部、战士说起自己到地方后的成就，都会说得益于当年的艰苦磨练。

扫地、打印文件也是在造就人生

集团每年都要招收一批大学生，有些大学生来一段时间后有抱怨，说扫地、打印文件之类的事总是我们新来的干。

在新大学生座谈会上，我说："当然，企业要合理安排工作，要尽快让新来的大学生接触主要业务。但是，从个人来说，应该怎么对待眼前的境遇？我认为首先要认真地干好每件事，就是扫地、打印文件也要认认真真地干，认认真真地做好每个动作，做到极致。这是你塑造自己人生的需要！" 我讲了自己在部队的亲身经历。

我在军单位干部处时是任免干事，也就是做干部任免调配工作的。调到舰队干部部时，没有把我放到任免科，而是放到了离退休科。当时普遍的看法是，任免工作关系到师团领导班子建设，非常重要，研究用人问题对个人的素质提升大，发展路子也宽。而离退休科天天和老干部打交道，没有任免工作重要，个人发展路子也窄。我自己心里也很别扭，一段时间提不起精神。

但是，后来我自己调整了心态。古语说得有道理："三百六十行，行行出状元。"其实不在于干什么，而在于怎么干。当年我29岁，人生的路还很长，关键是全面提升自身的素质。既然已经确定干老干部工作了，就不能浪费时间。

从此，我不仅认真做好老干部琐琐碎碎的日常工作，而且开始学习一些老年学的知识，把老干部工作当作一门学问来研究。老干部都是为军队、为国家做出贡献的，他们从领导岗位上下来后，诸多不适应，心理发生很大变化，对是否受到关注和尊重特别敏感。因此，我在老干部工作中特别注意对待老干部的态度。

那个时期，很多老干部在历史上也有很多遗留问题要求组织解决。我每次都会热情接待来访的老干部，对他们反映的问题，都会及时与相关部门进行沟通，想方设法帮助解决。有时候下班走在路上，有的老干部也会截住你，说他的问题，其实这些事恐怕都说过好几次了，我们都很清楚了，但是，我没有不耐烦，还是认真地听他讲。老干部就从爬雪山、过草地说起，一站就是很长时间。对此老干部很满意，说："嗯，小荀不错，起码能认真听我们说话。"

两三年下来，老干部工作很有成绩，自己有很大提高，老干部普遍对我反映很好。

1985年上半年，任免科长调走，要选个新的任免科长，没想到竟然把我这个在离退休科的干事选上了。当时我还是正营职干事，而任免科长是正团职，一步就从正营到了正团！

后来领导说，当时用我，很重要的一个因素，是我在老干部工作上很用心，肯动脑筋，舰队的老干部普遍反映很好。当然，任免科长非常重要，舰队专门对我进行了考察，以人手不够为由抽调我参加了一次对干部的考核工作。当时每天乘车回来，带队的政治部副主任总是问我对一些考核对象的看法。我当时不知道他们的目的，也没有压力，自然是有什么说什么。说完后，好像大多数时间他都会满意地点点头。

我自己的这段经历说明什么？说明不论干什么，都是自身素质完善提升的机会，都能成为有价值的过程。

我对大学生们说："你不可能一辈子扫地，不可能永远打印文件。但就在这一个阶段上，如果你认认真真地去做，地扫得干净，文件打印得正确，甚至装订都讲究，你会收获优秀素质，一种扎实、严谨、细致、极致的素质，一种应对不顺利、不满意时的正确心态。而如果你不认真去做，甚至怨天尤人，混日子，你也会有收获，但是收获的是不良的素质。将来，只要遇到不满意的事，认为不重要的事，你就会不认真，就会退缩。"

我说："人生不如意十之八九。但是，不论遇到什么沟沟坎坎，都能始终如一地昂扬向上，竭尽全力，做到极致，不达目的誓不休，你就一定能最大化实现自身的价值！能吃别人吃不了的苦，能受别人受不了的委屈，你的一生就一定是光彩的一生！"

像奥斯卡颁奖一样走红地毯

激励员工的积极性，就要尊重员工的贡献。激励不仅是物质方面的，精神方面的同样重要，从某种心理和社会角度说，精神上的激励可能更重要。

过去，表彰标兵和先进，一般都是被奖励的人在台上站成一排，领导上来挨个颁奖就算完事了。

这年年底，集团要开年度总结大会，要表彰广百的"十大标兵"。我对企文部说，表彰的方式能不能改改，像奥斯卡颁奖那样，一个一个上来颁。大家都说好！

经过企文部的精心策划、充分准备，广百集团的表彰大会以全新的面貌出现。在大会会场的中央通道上铺着红地毯，周边是各种色灯，被宣布的第一名标兵戴着红绥带，手捧鲜花，从会场入口进入，沿着红地毯走进会场。追光灯追着他，大屏幕上播放着他的事迹视频，主持人宣读着他的奖励语。当他走上舞台后，集团领导为他颁奖。

接着是第二名，第三名……

标兵得到了极大的荣誉感、成就感和尊重感，有位标兵发短信给他的朋友："我今天获奥斯卡大奖啦！"同时，这种颁奖仪式对于全集团的激励和教育作用更大，几天来都是大家议论的话题。在整个集团，我们倡导的精神和理念更响了！

小陈的奖金该不该给

广百为了上市，聘请了资本运作能力很强的陈健来投资部任副总监。在整个上市过程中，小陈发挥了很好的作用，对上市做出了重要的贡献。

上市成功后没过多久，小陈提出辞职。辞职原因他也很坦率，是四川有个企业请他去，给的待遇很高，聘他当副总，还给股份。

我劝他，广百上市后还会有很多资本运作的事，照样可以发挥作用，个人发展的空间也很大。但是他说机会难得，还是要去。

我见他决心已下，就说："好吧，既然这样那就去吧。"他说："我会按原来签的劳动合同约定补偿集团。"他指的是个人辞职要补偿集团二万元。

我想了想说："不要用辞职的方式，用协议离职的方式吧，这样就不用给集团补偿了。"小陈很感动，一再表示感谢。

过了一段时间，集团研究上市的奖励问题。在会上我提出："如果投资部的陈副总监没有走，他应不应该获奖？奖多少？"

人力部门说，当然应该奖，他的贡献是明摆着的，应该奖5万元。

我说："那现在还应不应该给他这个奖金？"

有的领导发表意见说，现在不用给啦，辞职是本人提出的，集团还用协议的方式免了他应该给集团的补偿金，在分手协议上也写明了不存在任何经济遗留问题和纠纷。

我说："我的意见是要给，因为他为企业做出了贡献。凡是为广百作出贡献的，广百都不能忘记。这不仅仅是对一个人的奖励问题，而是对整个团队、全体员工的态度问题。"

大家经过充分讨论，最后决定奖励陈健5万元奖金。小陈怎么也没有想到，竟然在离开广百后还收到了广百的奖金，非常感慨，说，这就是广百的文化！

要对员工负责，就要尊重员工的贡献，这样人才才有希望。

广百的"三多"

作为企业，人员调整是正常的，有岗位不适合需要调整的，有年龄大了需要调整的，有业绩不佳需要调整的，有违反规定需要辞退的，等等。

这些调整，从企业角度都是需要的。但是，从当事人的角度，恐怕大都是难以接受的。离开总有一种失落，而新岗位的安排，也未必符合本人的情况和愿望。

我们对员工负责，不仅是在他们顺利的时候，更要在他们不顺利的时候。为此，我们总结了对离岗人员的"三多"政策，就是：

多看他们过去的贡献，

多理解他们当前的困难，

尽可能多给些选择。

我到广百后调整部门领导，根据大家的反映，其中一位部长被认为不适合再担任部长职务，决定安排他到集团下面一个小公司当经理。在谈话时，这位部长提出协议离开集团。他说，那个小公司已经不适应市场需要了，没什么干头，想到外面去试试。但是，干了这么多年了，希望拿到补偿金。

对他的要求，有的领导不赞成，说反映不好的还要照顾给钱？我说，这位部长虽然不适合在现在的岗位上，但是毕竟在集团干了很多年，对企业的发展是有贡献的，在可能的情况下多给他个选择，是对他过去贡献的尊重。最后班子同意他协议离开。

在前面说到的新大新公司一把手调整的事，对原来的总经理怎么安排？我也是这句话，新大新能形成现在的规模和地位，这位总经理是有贡献的，现在根据企业的发展需要调整，但是不能忘记她的贡献。因此，通过班子研究，安排她到集团当总经理助理。这个职位不仅地位与她原来的总经理地位相当，而且视野开阔，对她的素质也是个很好的扩展机会。

讲真话、讲实话的蓝色文化

团队能够讲真话、讲实话，企业才有一个明净、透彻的干事环境，才能充分激发每个人的聪明才智，才能适应市场，实现企业的成功。讲真话、讲实话的文化，就是对员工的尊重，是对员工主人翁地位的尊重，是发挥员工聪明才智的保证。这是对员工负责的重要体现。

企业要形成讲真话、讲实话的文化，关键是领导者要尊重你的团队成员，尊重每一位员工，从内心里尊重他们的人格地位和聪明才智。孔子说过，"出门如见大宾"，是说出门见人，应像见贵宾一样，谦恭地对待每一个人。"昔仲尼，师项橐"，有三千弟子的孔子，东游的路上遇到七岁的项橐，也谦恭地向他求教。

在现代，在高科技、互联网发达的时代，年轻人更是不可小觑，很多年轻人脑子里就有着改变传统模式的新思想，甚至改变世界的大能量。

瑞·达利欧在《原则》一书中说："如果我们不能开诚布公地讨论问题，寻找解决路径，我们就找不到同甘共苦的伙伴。""极度透明会减少办公室政治的危害，并降低不当行为的风险，因为不当行为更可能是在遮遮掩掩中产生的，在公开场合则无处躲藏。"他说，"因此我让实事求是和公开透明都达到极致。对我来说，在公司里无处不在的创意择优=极度求真+极度透明+可信度加权的决策。"

不想听真话的国王

据野史记载，中亚古国花剌子模，位于中亚西部的区域，今乌兹别克斯坦及土库曼斯坦两国的土地上，为"太阳土地"的意思。

花剌子模有一位国王，他有一种近似天真的品性，以为奖励带来好消息的人，就能带来好消息；处死带来坏消息的人，就能根绝坏消息。因而凡是给君王带来好消息的信使，就会得到奖励，给君王带来坏消息的人则会被送去喂老虎。

1219 年，成吉思汗亲统大军西征花剌子模，历时五年，消灭了花国40万军队。蒙古大军都打到了都城兀笼格赤，信使还向国王报告前方战事顺利，屡打胜仗。于是这位国王丝毫未做防御准备，成吉思汗几乎兵不血刃就攻占了都城，毫不费力地征服了花剌子模。

这个故事从另一个角度说明，真话可能让人不愉快，假话可能让人舒服。但是，真话能让人活命，假话能让人丧命。在现代社会，领导者当然不会是花剌子国王的思维方式，可是，喜欢听顺耳的话，不喜欢听逆耳的话，却是大有人在。面对错综复杂、千变万化的市场，企业领导者切不可学花国国王。

成功的企业家都愿意听真话

很多知名企业家都是倡导讲真话、讲实话的。美国知名女企业家玛丽·凯说："不善于倾听不同的声音，是管理者最大的疏忽。"世界零售业的"精神大师"山姆·沃尔顿说："倾听公司中每一位员工的意见，并要想方设法广开言路。第一线的员工，真正与客户进行交流的人员，才是惟一知道实际情况的。"

美国IBM公司是一家全球最大的计算机公司。1993年4月1日，郭士纳担任董事长兼CEO。在他掌舵的九年间，IBM公司持续盈利，股票上涨了10倍，成为全球最赚钱的公司之一。

郭士纳非常重视企业和员工之间的双向沟通，为了加强这种双向沟通，IBM至少建立了四条制度化的通道：

第一条通道是与高层管理人员面谈。员工可以借助"与高层管理人员面谈"制度，向高层经理提出建议。

第二条通道是员工意见调查。IBM通过对员工进行征询，可以了解员工对公司管理阶层、福利待遇、工资待遇等方面有价值的意见。

第三条通道是直言不讳（Speak up）。在IBM，一个普通员工的意见完全有可能送到总裁郭士纳的信箱里，"Speak up"就是一条直接通道。

第四条通道是申诉（Open door），IBM称其为"门户开放"政策。IBM用Open door来尊重每一个员工的意见。员工如果有解决不了的问题，不便于和直属经理讨论，就可以通过Open door向各事业单位主管、公司的人事经理、总经理或任何总部代理申述，申述会得到上级的调查和执行。

IBM公司的四条特别通道，可谓纵横交错，密而不漏，使公司上下形成了一种敢于表达自己的想法和意见、能够说真话说实话的氛围。

乔布斯是一个很独断、很挑剔的企业家，而且不能控制自己的情绪，经常对不满意的下属大喊大叫。但是，他愿意听取大家的意见，特别是反对的意见。《乔布斯传》中提到，现任苹果公司CEO、当年的首席运营官库克说过的一段话："我很早就意识到，如果你不说出自己的意见，他就会把你赶走。他会采取对立的立场以激发更多讨论，因为这样做可能会带来更多的好处。因此，你不习惯反对他的想法，那么就无法在苹果待下去。"

两捆草前的笨驴

企业要形成讲真话、讲实话的氛围，是不容易的。因为，一般的人是不愿意得罪领导的。因而，关键的是一把手首先要愿意听真话、听实话，鼓励大家讲真话、讲实话。

在我上任后第一个经营年度内，广百拓展了天河中怡店和广百新一城购物中心。对于新一城购物中心，由于是在"宁要河北一张床，不要河南一间房"的海珠区，人们普遍质疑新一城这个7万平方米的大型商业项目是否可行。为此，我们召开了由集团领导、部门领导和广百股份公司领导参加的新一城论证会。

论证会上第一个发言的是集团的一位部长，他说了很多新一城项目的好处，但是对项目有什么问题，存在什么困难，却只字未提。我轻声问身旁的一个领导："不是说海珠区建大型商业项目风险很大吗？怎么讲的全是好的呢？"

这位领导犹豫了一下后悄悄告诉我："您董事长把项目拿出来讨论，说明您想上这个项目，谁还会说不好呢？"

这可坏了，我还真是不知道这个项目该不该上。我来广百之前从来没有沾过零售业，对商业可以说是"擀面杖吹火——一窍不通"。我希望的是大家实事求是地摆情况，作分析。当然，就是大家摆情况，作分析，我也不一定一下子就听明白。但是，实事求是地摆情况，作分析，也是摆给广百这些老零售自己听，引导大家从实际出发来分析判断。广百的这些老零售都是商界的精英，我相信，大家只要把情况摆到位，分析到位，就一定会得出正确的结论。我做个组织者、倾听者、最后的决心下达者。 要达到这样的效果，前提是大家必须讲真话、讲实话。

我马上拿过话筒说道："大家都清楚，我刚到广百，说实话对这个项目上不上心里没底，更谈不上下决心。有个寓言说有一头笨驴，面对着两捆草不知道该吃哪一捆，选来选去下不了决心，最后竟然饿死了。我现在就像那头笨驴，对眼前的项目不知道该上还是不该上，所以，请大家一定要有什么说什么，摆情况，说依据，一起来分析，一起来下决心。将来赞成这个项目的可能是功臣，不赞成这个项目的也可能是功臣。"

听了我的话后，冷了一会儿场，大家开始踊跃发言，对这个项目有赞成的，有不赞成的。不论是赞成的还是不赞成的，都摆出了很多的情况和依据，大家非常认真地进行讨论。我就不断把问题和风险进行总结归纳，引导大家不断深入研究。

这样的论证会我们开了很多次，每次大家都会提出一堆问题，再研究对策。最后，大家统一了意见，一起下了决心。由于项目论证到位，措施到位，策划符合市场实际，项目上马后效益很好，成为公司利润的重要来源之一。

在这件事情之后我就想，一个几万平方米的项目，涉及的问题非常多，情况非常复杂，运作风险也非常大，如果大家都是看脸色，顺竿爬，不讲真话，不讲实话，项目还能搞得准吗？项目可行性和风险论证不到位，几个项目下来可能就把企业拖垮了，南方大厦的教训不就摆在眼前吗？看来， 讲真话、讲实话的问题必须解决，必须成为集团的文化。

必须让大家相信——你愿意听真话、听实话

要形成讲真话、讲实话的企业文化，首先领导要让团队相信——你愿意听真话、听实话。只有大家相信你愿意听真话、听实话，才敢讲真话、讲实话。而领导真的要听到真话和实话，首先就要端正态度，要听得进态度不好的话、说得过火的话、不注意场合的话，甚至说得不对的话。

唐太宗李世民是愿意听真话的贤者。谏议大夫魏征是一个典型的"逆才"，他经常对唐太宗的缺点和不足犯颜直谏，多次让唐太宗威仪扫地。贞观十三年他所上《十渐不克终疏》，尖锐地指出唐太宗十个方面的过错和缺点，令唐太宗非常尴尬。可唐太宗仍然将魏征作为难得的贤士善待、重用，甚至将《十渐不克终疏》列诸屏风，朝夕瞻视，作为自己当朝执政的座右铭。正因有唐太宗善待"逆才"的雅量，才有魏征之类"逆才"的地位和价值，才会有大唐的贞观盛世。古人尚可如此，处在今天的我们为什么不行？握有无上权力的一国之君尚可如此，我们一个国企的领导为什么不行？

为了使大家相信我愿意听真话、听实话，从而使讲真话、讲实话成为集团的文化、大家的自觉行为，我多次在大会小会上倡导大家讲真话、讲实话。我说："你看领导脸色，市场不会看领导脸色；你顺竿爬，效益不会顺竿爬。如果大家都不讲真话、讲实话，等待我们的就是原来的南方大厦！"

我还说："能够对我讲真话、讲实话的，是我的哥们；不对我讲真话、讲实话的，一定是想看我的笑话！"

我在部门领导的会议上说："部门对于我提出的意见，你们有质疑的至少有三次建议权。如果只说了两次，一旦出了问题，我要

承担责任，你也跑不掉，因为你没有第三次提出意见。"

我所开通的"董事长信箱"，就是为了减少层级门槛，广开言路，直接听广大员工真实的声音。很多员工都给我发邮件，内容有言辞犀利的批评，有新颖独到的建议，有实际困难的诉说，也有深情款款的感谢。为了鼓励大家积极给我发邮件，对员工发来的邮件，不管多忙、多累，我都会亲自回复，需要处理的立即安排有关部门研究处理。

请不要抽烟

要形成讲真话、讲实话的风气，对于有些敢于发表意见的人一定要鼓励。集团的司务会议，是集团领导和各部门领导参加的会议，会议室里满满坐了一屋子人。在一次司务会议上，我习惯地点上了一支烟。过了一会儿，我收到一条短信，是一个部门的副职发给我的，说："荀董事长，我建议您不要在司务会议上抽烟。不要'因恶小而为之'，也'不因善小而不为'。"

我心里很高兴，因为有人愿意给我提意见，而且提的是抽烟这类一般人可能不好意思管的事。我立刻在会议上说了这条意见，对这位副部长进行了表扬，并表态：今后在司务会议上我坚决不再抽烟！

你该去学文件

我收到一名副部长的短信，报告说："储运公司上报的2000元资金报损的请示，我们三个部门的领导碰了一下面，予以驳回了，因为他们还缺少一份中介机构的证明。"

原来，储运公司有一名员工，在前几年向公司借了5000块钱，还了3000，还有2000没有还，就走人了，现在也找不到他了。为此，储运公司向集团请示，请求集团批准报损这2000块钱。这份请示我看过，储运公司走足了程序，有七八个不同部门的人签名盖章，我就批给相关部门研究了。

2000块钱，公司有正式请示，还有行政、财务、工会等等七八个部门签字，有必要打回去吗？那个员工跑了，钱追不回来了，这个公司内部的情况外部中介机构的证明真那么有价值吗？我就这些质疑意见给这位副部长回了短信。

这位部长回短信说："现金报损要求是很严的，国资委有文件，规定要中介证明，手续不全是不行的。"

我回复说："凡事要看实际情况。如果是二十万、二百万，那可能不一样。但是2000元，一个二级公司七八个人签字了，你们三个部门还研究了，应该可以把握了。而且那个中介证明没有什么实际价值。"

没想到这位部长回了一句话："您应该去学学国资委的文件！"

让我去学文件？竟然教训我？太过分了！我当时真有点生气了。但是，冷静下来想一想，这位部长的意见尽管我不认可，但却是敢于发表不同意见，这不正是我极力推动的讲真话、讲实话的精神吗？要听真话、听实话，就要鼓励大家讲心里话。

第二天，我在大会上讲了这件事，表扬了这位副部长敢于讲真话、敢于发表不同意见的精神。后来，这位副部长由于工作表现好，还提升到了正职。

向司令"开炮"

其实，我在部队时，自己也是敢"放炮"的人。在干部部门干了十五六年，我认为干部部门的工作者最重要的一个品格、一个职业道德，就是要讲真话、讲实话。这是对干部负责，是对部队建设负责。

有一次，舰队收到下属基地党委的报告，请求重新处理一个运输船大队大队长的处分问题。因为大队长是正团职，处分问题的权限在舰队。

这个运输船大队的一艘运输船在海上出了事故，船破损严重，基本报废。为此，大队长受到撤职处分。后来基地党委经过研究，认为当时有很多海上的客观情况，撤职处分重了，就报舰队请求重新研究。

我当时是任免科长，职责之一就是研究舰队任免权内干部的任免、调配和处分问题，提出建议。按程序我们科拿出意见后要报干部部部务会，再经舰队政治部党委讨论，最后报舰队常委会研究决定。

评价一条船在海上的事故，明确责任，涉及航海知识、运输船性能、操船规范、当时海上情况等等。航海知识和操船是要经海军院校专门培训的，而且还要有实际经验。我是旱鸭子出身，没有在舰艇上干过，在航海方面是空白。我就向航海保证部门的领导和业务专家求教，找老舰艇指挥干部研究。最后，终于弄清了情况，分清了责任，认为基地党委的意见是对的，建议同意减轻对这名大队长的处分。

我们科的意见在干部部部务会顺利通过，政治部党委会也同意了，就等舰队常委会讨论了。

舰队常委会是由司令、政委、副司令、副政委、司令部参谋长和政治部主任组成，当时的舰队是兵团级，司令、政委的地位都很高。

那天舰队开常委会，先研究了一批干部的任免调配，然后政委问："还有什么事吗？"

干部部部长回答说："还有榆林基地运输船大队大队长的处分要重新研究。"

此话一出，舰队司令就发火了："那个大队长，一条船搞掉了，撤职怎么就不应该了？不要研究了！"

这时我也不知怎么突然大声冒了一炮："两级党委有意见，舰队党委可以不同意，但是不能不研究！"

当时全场立刻鸦雀无声，怕是掉根针也听得到。我们这位司令是战争年代过来的，脾气很大，恐怕没有人顶过他，尤其是当着这么多人的面。

过了一小会儿，舰队政委看了看表说："还有点时间，要不咱们就研究研究？"

我立刻进行汇报，连准备的一大捆海图都来不及展开，就慷慨陈词一口气汇报完。然后舰队常委认真进行了讨论，最后决定还是维持原判。尽管如此，但是我心里还是很欣慰，常委会虽然是维持原判的意见，但是对这名干部是负责任的。

散会的时候，司令走过来指着我那一大捆海图问："小荀，你这一大捆子是什么呀？"我说："就是刚才那件事的海图。"司令笑了笑说："你这个小荀呀！"

司令的这话等于是没有计较我刚才的"放炮"，首长的心胸还是很宽阔的。

从此机关传开：刚提升的那个任免科长敢讲话！

不能只顺着领导说话

有一年，舰队政委调整，新任政委到任后，要下部队熟悉情况，我和舰队司令部办公室主任陪同。那天，我们去了在海南的一个猎潜艇大队。

这个大队驻扎在三亚榆林港，三天两头到西沙巡航，任务十分繁重，部队很辛苦，但是平时作风有点松散，按部队的俗话叫"作风稀拉"。

"稀拉"的问题当年在海南岛的海军部队比较普遍。一方面，舰艇部队的特点，出海时晕船呕吐，还要值更训练，完成任务回来一靠了码头，就松懈下来了；另一方面，是海南岛天气太热，七八十年代条件非常艰苦，只要能完成任务，领导对管理多少也有些放松；第三是文革时期只讲政治，不讲训练、不讲管理的影响。

这天我们去猎潜艇大队，没有按计划先去大队部，车直接开到了码头。我们到码头下车后，看到码头上的武装更和几个战士正在和渔民聊天。武装更是海军的叫法，也就是在舰艇上持枪站岗执勤的战士。

那时部队没有军衔，干部、战士的区别主要是看着装。穿灰色军装时，干部上衣是四个口袋，战士是两个。在换了上白下蓝军装后，明显的区别是干部大盖帽，战士是无檐水兵帽，上衣扎在裤子内。水兵服很精神，在舰艇进出港时，水兵双手背后，两脚叉开，在舰舷列队站立，海军行话叫"站坡"。远远看去，真是威武。

由于没有军衔，是基层干部还是高级领导从外表看不出来。因此，那天的武装更也搞不清车上下来的人是什么级别的领导，既没有跑过来报告，更没有注意自身的行为。

政委走过去问这个武装更："你在干什么呐？"战士回答说："要探家了，我跟渔民换条鱼。"边说边拎了条鱼给政委看。

这时候，几个大队领导从大队部跑过来了。看得出，他们都很紧张。舰队政委跟他们聊了几句，就说走了，还要去别的部队。

我们上车后，舰队政委很不满意地说："这个部队管理太差了，领导是怎么带兵的？大队长叫什么名字来？"

我心说，完了，全舰队那么多团大队，舰队政委一两年也不一定来一次，这个不好的印象可能要留好几年了，这个大队长以后的使用怕也要受影响了。

我说了大队长的名字后，接着说道："部队确实有些松散，管理不严，需要加强。但是，这个部队完成任务还是不错的，长年在西沙值班巡逻，很艰苦，一直干得很出色。大队长家属没有随军，两三年没有探家了，经常跟舰艇出海，几乎全部精力都放在部队上了。"

舰队政委听完后，"哦"了一声。我也不知道他是接受了我的看法呢，还是对我说些不同的看法感到不快。但是我相信，这位大队领导在他的印象中，一定不只是刚才的印象了。后来，这名大队长因为表现突出，得到了提升，转业后还当了地级市的政协主席。

领导可能经常会在干部部门的人面前谈对一些干部的看法。对有的干部看法好，说起来情绪也会好；对有的干部看法不好，说起来情绪也会不好，有时甚至还会很生气。这时候，你要顺着他说，他也可能就高兴，等于佐证了他的看法正确；要是说不同的意见，他可能就会不高兴，甚至还会对你有看法。

但是，干部部门的人（包括一些领导）如果只会顺着上头领导说，那可能就要出问题了。一个基层干部，很难有机会在领导面前表现，也没有机会知道领导的看法，更不能为自己表白。如果干部部门的人再不实事求是，实话实说，这个干部可就没前途了。而且，从根本上说，不实话实说，也是对领导的不负责，对事业的不负责。

要敢于为艰苦地区的干部说话

在一次讨论干部调配的政治部党委会上，为一个岗位干部的选配，我和政治部领导发生了争执。

海军广州基地后勤部需要配一名政委，副师职。这个岗位非常有吸引力，是升职机会，广州又是条件最好的地方，很多副师职干部平调都想来。

我当时是舰队干部部门的领导，也是舰队政治部党委委员。我们干部部门做的方案，是推荐南沙巡防区要换班的一位团级政委提升到这个岗位。

推荐南沙政委的理由很充分：他是正团职平调进南沙的，按常规出来应该提升；南沙是前沿，艰苦且危险，这位政委家属在广州，长期两地分居，自己身体又不好；关键是在南沙表现不错，自身素质也很强，应该是很合适的人选。

但是，在政治部党委会上，有位领导提出，要一名机关的处长平调过去，我们都知道这名处长很想去广州。

我作为党委委员不同意处长平调的意见，我说，这样做怎么能调动一线干部的积极性？怎么能鼓励干部到艰苦地区去？

最后，舰队常委会还是同意了我们的干部部门方案，并上报海军党委批了下来。

艰苦地区的干部你不能不为他说话，否则，就没有公理了。

对不留面子的诊断书怎么办

某日，储运公司召开企业诊断会。会上，聘请的咨询公司根据对储运公司的调查研究，提出了一个调查报告。报告从企业的发展战略、经营模式，到企业的管理理念、服务意识，做了全范围的诊断。但是，报告没有像一般中介报告那样，先讲一大堆好话，然后轻描淡写地说点问题。而是直截了当地揭示出了储运公司的"短板"，例如：在拓展业务上中标率不高，拿不到大业务；在内部管理上，流程管理不到位，效率低；在服务上，关注客户不够，客户不满意。一针见血，入木三分。

当时参会的一些领导有点坐不住了，有的甚至还面露抵触情绪。

集团副总经理兼储运公司总经理黄荣新站起来说："诊断报告说的是不是事实？这些问题如果没人说是不是就不存在了？不正视和解决这些问题，我们储运公司就会被市场赶出去。我们天天说要讲真话、讲实话，现在有人讲真话、讲实话了，我们怎么就叶公好龙了？"

后来，大家统一了思想，认真研究整改措施，推动了公司的发展。

尊重、理解、关爱的橙色文化

橙色是温暖、温情的象征，尊重、理解、关爱，让员工感受到企业的温暖，营造和谐的人文环境，是增强团队凝聚力、提高员工忠诚度、调动人才积极性的重要保证，是社会责任的重要内容。

IBM创始人托马斯·沃森说："企业必须自始至终把人放在第一位，尊重员工是成功的关键。"

洛克菲勒说："我不会无视雇员的存在，反而会认真看待他们，准确地说，在我脑子里，始终把为我卖命的雇员摆在第一位。"

亚洲首富李嘉诚说："不是公司养活了员工，而是员工养活了公司。"

我们说：关爱员工就要时刻把员工放在心上，企业把员工放在心上，员工才会把企业放在心上。

关心员工要从心开始，要做到"四像"：尊重员工，像尊重自己的师长一样；理解员工，像理解自己一样；关心员工，像关心自己的亲人一样；赞美员工，像赞美英雄一样。

P和L的理解

在商业中"P"和"L"通常指盈利（profit）和亏损（loss），但玛丽·凯化妆品公司总经理玛丽·凯说：不过在我们看，"P"和"L"指的却是人（people）和爱（love）。

玛丽·凯化妆品公司总部设在美国达拉斯，来宾走进公司总部大楼，首先看到的是该公司全国各地销售主任们的照片。这些照片放得比真人还大。这正是玛丽·凯公司所强调的："我们是重视人才的公司。""开门原则"是玛丽·凯公司提出来的：总经理办公室的门每天都是敞开的，随时欢迎想提建议的人进来。玛丽·凯说：不应该让办公室的一堵墙、一扇门，把人们隔开。"开门原则"强调的是上下通气、人与人的交流，也体现了公司对人的重视。

在给予员工无微不至的关怀方面，玛丽·凯公司也做得非常好，许多做法都体现了一个"爱"字。

公司员工过生日都会受到祝贺，公司还会为他们准备一份免费午餐，使每个员工都能感受到公司的温暖。

"秘书周"也是玛丽·凯化妆品公司的特色，在每一年的这一周里，所有秘书都会获得一束鲜花和一个咖啡杯。礼轻情意重，表明公司时刻都想着大家。

玛丽·凯还经常邀请员工来家里做客品茶，有时还要亲自下厨烙几张小甜饼，这使员工非常感动。玛丽·凯公司的成功，和人们的亲密无间、团结协作是分不开的。

生日的贺卡

2006年，在南大集团的民主生活会上，当轮到纪委书记黄茵发言的时候，她掏出手机，翻开一则短信，激动地读了起来："今天对你是重要的，对集团也是重要的，因为你对集团是重要的……"读着读着，声音已经哽咽，眼泪不觉已从脸上流下。

她说："这是今年我过生日时，收到的最令我感动的短信，这是苟董事长发给我的。我要永远保留它。"

为了让员工感受到企业的重视和温暖，我要求给每位员工过生日。集团负责为中层以上领导和集团总部的每一个人过生日，包括司机。

集团本部的每一位员工在生日这一天，都会收到企文部准备的鲜花和贺卡。我只要在集团，就由我来为过生日的员工送上，我不在，就由其他领导送上。不仅送上鲜花和贺卡，还要与员工合影留念。集团下属企业中层以上的领导过生日时，则会收到一张由所有集团领导亲笔签名的贺卡，同时收到作为董事长的我亲自发来的祝贺短信。

贺卡上写什么？我很费了一番脑筋。经过反复斟酌，确定贺卡上的贺词是："今天对你是重要的，对集团也是重要的，因为你对集团是重要的。"

中层领导过生日，我都会编发一条短信祝贺。除了上边这句话外，还有针对性地说些感谢的话。有人曾经劝过我，每人编发一则不同的短信很费时间，不如设置一条统一的生日短信，届时调出来发出就是。我说不行，那种统一编发的短信一看就知道是制式的，不是专门给他的，不真诚。一定要编发有针对性的短信，让人感受到我是在用眼睛望着他，是在面对着他真诚地表示祝福。

对几百老员工不能躲

那年八·一前，舰队领导来广州慰问转业的师职干部。我正在慰问会上，突然接到集团的电话，说广百股份公司几百名早已离职的老员工上访了，他们冲到公司的大会议室，吵着闹着一定要见董事长。

我立刻赶回公司。在楼下，集团分管领导和部门的人都在，他们简要讲了下情况。

原来，在前些年，各门店效益好了，就发奖金。按道理，这部分收入应该纳入住房公积金的基数，个人缴一部分，企业再缴一部分。但是，那个年代人们对住房公积金还不是很重视，对到手的奖金更在乎。所以，当时个人没缴，企业也没有缴。现在这些老员工要求解决。

部门的人说，老员工的诉求是合理的。但是，一是数量很大，怕是要上千万元；二是发奖金时没有严格的登记手续，说不清每人发了多少。所以一直没有解决。

我说，我先上去见他们。部门的人立刻劝我："最好不要去，他们现在情绪很激动，不知道会干出什么出格的事来。还是我们上去慢慢做工作吧。"

我说："哪有领导怕见自己员工的？"说完就立即上楼。

还没有到大会议室，就听到一片吵闹声。走到门口，就看到大会议室已经挤满了人，连门口和过道也是人，都在大声吵着。

我进去后站在大会议室的小讲台前，对大家说："各位老同事，大家的要求我都知道了。我想说，首先，没有各位在座的老同事几十年的努力，就没有广百的今天！为了广百，你们付出了多少个日日夜夜，付出了多少的心血，你们为广百付出了一生最好的年华！今天，广百发展了，不能忘记你们这些老同事！""第二，你们的要求是符合法规的，是正当合理的。为此，企业该拿钱就必须拿钱，不管数量多大！当年登记不清楚，不完整，我们大家可以一起想办法。请大家相信我，我们一定在最短的时间内给大家一个满意的结果！"

全场响起了经久不息的掌声！最后在我离开的时候，很多老员工围上来和我握手，有的老员工还流下了眼泪。出来后，部门的领导说："真没想到会是这样感人的场面！"

后来，我们和老员工们反复进行沟通，用不同级别员工的平均数来作为当年发放奖金的标准，并经集团研究全部予以落实，老员工们很满意。

对员工尊重、理解、关爱，最基本的就是要尊重和维护员工的合法权益。而对于法规上没有明确规定但在情理之中的诉求，只要企业承受得起，就应该想办法解决。

这方面，广百股份的书记陈奇明做得很好。他对于上访的老员工，从来都不是站在对立面，也不躲着藏着，而是主动面对，积极沟通，对合理合法的诉求想方设法解决。

决不让员工流血又流泪

公司有个督导员（保安加引导）小马，在一次促销活动中，为了维护秩序，被歹徒刺伤，身体受到严重损害。伤好后难以承担督导员的工作，公司给他调换了不需要走外场、劳动强度不大的岗位，但是，他干起来感觉还是比较吃力。眼看劳动合同就要到期了，小马非常担心公司不再续聘他。如果真的不再续聘，自己再找工作就很难了。老家在偏远贫困的甘肃农村，家中还有年迈多病的父母、年幼的弟妹……

那天，我和赵慕副书记以及股份公司的其他领导去看他。我是第一次见他，他脸上已经没有了那种和歹徒搏斗的英雄气概，有的只是担心、忧虑。我心里很不是滋味，沉沉的。和他一握手，他的眼泪就下来了。我赞扬了他的英勇行为，感谢他为企业做出的贡献，询问了他身体和家庭情况，说："小马，你放心，广百永远是你的家！"

事后，我和公司的领导进行了研究，我说："一定要尽全力安排好小马，我们决不能让员工流血又流泪！"后来公司经过研究决定：一是再次全面对照法规和政策，该给的权益和待遇一条不能少；二是合同到期后继续聘用，并调整到更加适合他的岗位，工资不但不减，还要增加；三是想办法帮助解决租赁房；四是家里有困难给予补助，每逢节日发给慰问金。同时，安排对他进行专门的心理治疗和辅导。

众人齐献爱心救助同事

2004年的一天深夜，集团下属一个公司总务部的清洁工人李国良，在家突然感到头昏、胸闷，伴有心绞痛。急诊后他住进了广州市中山一院，经检查是由于胸腹主动脉瘤压迫胸大血管渗漏造成，如不及时实施手术，还有进一步恶化的可能，甚至危及生命。但需要12万元的手术费，除医保承担的费用外，自付部分有可能要突破6万元。李国良收入不高，而且两年前妻子病故，现在刚刚还完债务，身边还有一个8岁的儿子。6万元！对于这个家庭来说，这意味着一场大灾难。

工会知道李国良的情况后，迅速在公司内开展了一场爱心捐款大行动，从公司的高层领导到一般员工，都向李国良伸出了援手。手术顺利施行后，面对李国良家庭继续存在的困难，公司没有就此停手，而是设立了"济难"基金，启动的"生命阳光"帮扶活动一直温暖着李国良。李国良逢人就讲："是广百救了我一条命，救了我全家。"

少赚利润也要解决员工的就餐场所问题

为了增强广百员工的幸福感，集团在调研的基础上，发文决定开展"幸福广百工程"。"幸福广百"提出了很多条具体措施，包括福利方面、文化方面、体育方面，等等。

其中，解决员工就餐场所问题就是很重要的一项。

广百的店大都在商业旺区，门店是寸土寸金，所有能用的位置都用在了商业经营上。员工吃饭，只能是挤在储物间里，坐在楼梯台阶上。我到各门店转的时候，看到员工在这样的地方吃饭，心里很是难受。为这事我问起下面公司的领导，公司领导说，这些年也

一直想解决这个问题，但是门店的销售任务非常重，实在舍不得拿出经营的面积来解决员工的就餐场地问题。

我们开班子会研究，经过讨论，大家形成共识：少赚利润，也要解决员工的就餐场地问题。为此，广百将解决员工的就餐场地一事列入"幸福广百工程"，我亲自检查落实情况。

公司对各个门店场地进行了规划，挤出面积解决员工就餐的场所问题，从此，员工有了像样的吃饭地方。

请一线员工喝早茶

我们的"幸福广百工程"有一条，就是要求集团和二级公司的领导每个月都要请一线员工喝一次早茶。

早茶，广东也叫"叹早茶"，到茶楼饮茶，是广东人喜爱的社交方式，是广东饮食文化的重要组成部分，大概有上百年的历史了。喝早茶，一是饮茶，二是吃早点，而点心甚至比茶讲究。这和潮汕地区的"功夫茶"不大相同，"功夫茶"的重点是茶。

早茶的习俗有"问位点茶、揭盖续水、叩茶行礼、睇数埋单、点心单盖印"等等。其中最有意思的是"叩茶行礼",就是用食指和中指轻叩桌面,以表示对续水的谢意。传说是乾隆年间,乾隆微服私访,和大臣上茶楼喝茶。乾隆觉得伙计倒水的样子挺有意思,就学着样子给大臣续水。大臣受宠若惊,想行大礼叩谢,又担心暴露身份,急中生智,就用食指和中指弯曲叩在桌上,代替屈膝之礼。从此,"叩茶行礼"延续下来。传说真假不知,但是,确实实用,既省事又表示了谢意。

喝早茶,是件很愉快的事情。

广百是个流通企业,有大量的一线员工,包括和供应商直接签署劳动合同的售货员,有两三万人。公司领导不可能熟识每个员工,很多员工也可能多少年都没有接触过公司领导。公司每个领导每个月和十来个一线员工喝早茶,一方面可以面对面了解一线员工的情况以及店面经营情况;另一方面是对一线员工的激励,增强员工的幸福感,提升团队的凝聚力。平时很难见到领导的一线员工,能够和领导一起喝早茶,一定有一种特别的感受。

我请一线员工喝早茶时,开始大家比较拘谨,后来聊起来,他们就有说有笑了。我挨个询问他们每个人的岗位、家庭情况、平时的业余文化生活、对公司的意见建议。通过一两个小时的早茶,知道了我们一线员工的很多情况,也了解了他们所关心的问题。

后来,股份公司领导说,参加喝早茶的员工都很兴奋,回去后和同伴们讲起与董事长一起喝茶的情况,描述着他们眼中的董事长。有的说回家就和父母讲了,外地的说已经打电话告诉家里了。

粗略算过,集团领导加上各二级公司领导,每人每月请十个左右的一线员工喝茶,一年全集团就可以请上千名员工喝茶,这不但能够听到很多基层的情况，更重要的是对员工的激励。而经过这些员工口口相传，请员工喝早茶的影响面就更大了。

供应商的员工同样要放在心上

有一次，我的"董事长信箱"收到一封署名"七楼促销员"的邮件。邮件中提到，由于上"两头班"，回家吃饭要坐四次车，费时费钱，感到压力很大。

促销员都是供应商专柜聘请的，归专柜管理，反映的问题不是广百直接管的事。但是，供应商的员工也就是我们广百的员工，要一视同仁，我们不能不管。

我当即将这封投诉信转至广百股份公司，并批示他们要尽快与供应商协调，了解情况，想办法解决问题。股份公司领导十分重视，立即分别召开了促销员座谈会和供应商代表座谈会，了解情况，进行沟通。经过协商，供应商决定尽量根据员工家庭住址安排相近的门店专柜工作，同时，给每个上"两头班"的促销员解决交通费问题。从收到投诉信到问题的解决，只用了一两天的时间，各级重视程度之高，办事效率之快，都让促销员感动不已。

不能让"美丽"忧伤

一天早上，在荔湾商厦阿曼琪专柜，售货员们正在打扫卫生，柜长发现怀着四个多月身孕的叶美丽促销员那张美丽的脸上挂着淡淡的忧伤，眼圈也是红红的。在柜长的一再追问下，她才慢慢地道出了原因：原来前段时间她弟弟摔断了手，住院治疗了一段时间还没出院，而祸不单行，两天前父亲又中风入院。这对一个普通的农村家庭来说，简直是无法承受的压力。难怪昔日的"美丽"变成了今天忧伤的样子。

"美丽"尽管是供应商的员工，但是广百没有把她当外人，而是当作自己的员工一样予以关心。一场捐款行动开始了，你五十我一百，大家都尽自己所能帮助困难的"美丽"。门店也迅速启动"爱心基金"，为"美丽"发了救济款。当捐款送到"美丽"的手上时，"美丽"感动得热泪盈眶，说："我是一名厂家促销员，广百却把我当作自己的员工，让我感受到家的温暖！"

大火之后

一场大火烧了公司女服商场职工谢艳芬的家。谢艳芬母女俩虽然幸运逃生，但由于火势太大，房间里的家具、电器等所有财产都毁于一炬。

受灾的消息被公司工会主席陈妙然获知后，她立刻与商场经理卢丽群、李方梅等一同赶到现场。那一刻，房子还在冒烟，四周仍处于戒严状态，他们是受灾户所属单位中第一个来到现场的单位代表。陈主席在详细了解火灾情况和谢艳芬目前的生活状况后，及时对她进行了安慰，告诉母女俩："广百一定帮助你们渡过难关。"同时，与所属街道居委会取得联系，安排她和女儿住进了招待所。

第二天，公司党委书记来了，公司行政领导来了，分店经理、商场经理也来了，他们一方面送上单位的慰问金，鼓励她一定要坚强起来，克服困难，另一方面与集团联系，为其租到一套房子，并派出电工上门安装水电设备。女服商场和男服商场的同事，也纷纷伸出援助之手，这个拿出几百元，那个上街买新衣、棉被……面对领导、同事热心捐助的物品和一笔笔爱心捐款，谢艳芬流下了泪水。

第二次生命

这天刚好是除夕，南方冬末细雨沥沥，使这片喜庆的天空笼上了层层阴霾。和往常一样，储运公司的区永光一大清早就赶往公司加班。就在他刚走出家门时，灾难发生了，一名抢劫犯用棍棒在他头部重重一击，顷刻间血流如注，他昏死了过去……

经过医院近十个小时的抢救，区永光总算捡回了一条命，但却落得终生残疾。由于脑部受重伤，他无法像正常人一样工作和生活，讲话吐字不清，手脚协调能力差，视力模糊，他由原来的家庭经济支柱一下子变成了完全丧失劳动能力的残疾人，这对本来就不富裕的家庭来说，无疑是雪上加霜。

妻子面对突如其来的灾难，茫然不知所措，一度失去了面对生活的勇气。就在这时，公司领导和职工向他们伸出了援助之手，企业为他们解决了所有的医疗杂费，并定期给予困难救助，职工也捐衣捐物。

公司领导对他家里人说，只要储运公司在，就不会不管你们！

以后，公司工会一直照顾着这个家庭。在区永光妻儿的户口问题上，在子女读书遇到困难的时候，在需要解决住房问题以及办理广州市"特困户证"的时候，工会杨惜白主席都出现在面前，二话不说就帮着去解决问题。很多事跑一次不行跑两次，两次不行跑三次。在公司领导的不懈努力和争取下，区永光一个又一个的困难得到解决，还成为广州市首批"解困廉租房"的受惠者。

整整十年，公司领导换了一批又一批，但是企业的关怀和温暖却一直延续着！每当提起这些，区永光的妻子都会饱含热泪地感叹道："是广百给了区永光第二次生命，也给了我们家庭第二次生命。"

部队的传统，地方的传承

有次市领导来视察，当听到广百尊重关爱员工的桩桩件件事例后也是军人出身的市领导说："荀董事长是把部队的光荣传统搬到企业来了。"

其实，部队和地方一个道理。战争年代，解放军在武器装备很差的情况下，之所以有很强的战斗力，一个重要的原因，就是良好的官兵关系、强有力的团队精神。而国民党部队装备精良，在战场上却一败涂地，其中一个重要的原因，就是他们没有解放军那样的官兵关系。

我自己在连队干了近十年，从战士到班长，从副指导员到指导员，既感受了领导对自己的关心，自己也身体力行，把关爱倾注到战士身上。而正是部队这种光荣传统，日复一日，年复一年，熏陶着每一个军人，使这种传统深入到指战员的血液里，再从部队传承到地方。自己的血液里，也植入了军队官兵关系的"基因"。

半夜查铺

当年，我在连队当领导的时候，每晚查铺查哨是一项重要的工作。一般在晚上十点熄灯后，就到各班、排的宿舍查铺，给战士拉拉被子，掖掖蚊帐，以保证战士有良好的睡眠和健康。

当年的海南三亚，条件非常艰苦，从春天到秋天，三亚都是炎热的夏天，房间里没有空调，热得要命。每个人床上的凉席都有个人影似的褐色印子，全是汗水"画"出来的。到十点熄灯的时候，热得根本无法入睡，战士的蚊帐都不愿放下来，被单也盖不住。有的战士就到海边坐着，直到十一点左右，到大水池子冲两盆凉水才回来躺下。

所以，在熄灯后查铺，为战士盖被单、掖蚊帐是没多大效果的。但是，到了很晚，凉了，战士不知不觉睡着了，不盖被单，有可能着凉，蚊帐没放下来，海南的蚊子是绝不会讲客气的。

当时，我就想，怎样才能实实在在帮助到战士呢？既然正常的查铺时间不起作用，那就改在半夜战士睡着了再查铺吧，那时天凉了，给战士盖被单、掖蚊帐才有用。以后，我都是强迫自己睡到一点多起来，到各班、排一个床铺一个床铺地走，没盖好被单的盖好被单，没有挂好蚊帐的挂好蚊帐。一点多查铺，等于是刚睡下就起来，非常辛苦，但能实打实地关心到战士，心里很是欣慰。

替班看电影

当年，由于"文化大革命"的影响，那时的电影很少。流传的说法是"八亿人民八个戏"，就是那几个样板戏。文化生活非常匮乏。因此，一旦部队放电影，特别是一些新片子，干部、战士都非常爱看。

那时我在的部队，放电影是在基地的大操场上，银幕非常非常大，可能有两三层楼高，据说放映机是什么碳棒的，可以放得很远。特大屏幕非常清晰，能够坐在大操场上看如此清晰的电影，这对干部、战士简直就是一种极为奢侈的享受。一通知晚上要看电影，大家在吃晚饭的时候就开始兴奋了。特别是遇到难得的片子，比如当年看苏联片《解放》《攻克柏林》，还有日本片《军阀》《啊，海军》等等，有时一晚上连看两三部片子，那简直是天大的享受。

但是，部队不能所有的人都去看电影，站岗的、值班的，都不能去。一旦遇到新电影，站岗和值班的战士那个难受劲呀，就像猫抓似的，别提多难受了。遇到这种情况，我都要替战士站岗、值班，让他们去看电影。有的时候，其他干部也抢着留下来替班。被替换的战士，都怀着极大的感激之情，一再"谢谢！谢谢！"。

病号饭不想吃就换

海军的伙食，根据不同的职能和条件，分三六九等。

鱼雷快艇部队，由于海上风大浪高，士兵容易晕船呕吐，所以水兵灶伙食费标准高，一天是一块三毛五；在港里作业的拖船、吊船、交通艇等港灶，由于不出远海，伙食标准低于快艇部队；在后勤保障基地的鱼雷检修所、机电修理所等和油料打交道的部门，为三号灶，比港灶低；到警卫、汽车以及后勤机关，我们叫大灶，伙食标准最低，大概是每天五毛三，这还是三亚有地区补助。

别看一块三毛五和五毛三好像差得不多，但是，在那个年代可是天壤之别。水兵灶每天都是鸡鸭鱼肉，还发罐头、水果。大灶每顿饭就是两个青菜，仅有二三片肉。那时连队自己种菜，不知什么原因，种的空心菜是杆长叶少，炊事员切的时候又是"大刀阔斧"，结果，吃的时候一头咽到嗓子里了，一头还在碗里。早上的咸菜，不是几根咸不咸、酸不酸的萝卜干，就是一勺大酱。海南岛的部队，一天三顿都是大米饭，但从来没有新米，都是陈米，一点油性、粘性都没有。由于油水少，我们吃大灶的饭量特别大，一吃一小饭盆。当然，那个艰苦的年代过去了，现在部队的伙食非常好了。

当年在那样的条件下，对陆勤大灶具有诱惑力的有两样东西：一个是过年过节时候的加菜会餐，一个班围在一起，七八个荤菜又有酒，真是开心；一个就是平时的病号饭。如果哪个战士病了，伙房就会给做病号饭。病号饭其实就是面条，一般是做一小盆，放到餐桌上。士兵们，特别是北方籍的战士，看着面条那个馋呀！有的时候面条刚端上来，病号还没怎么吃，临桌有不客气的就走过来，说："怎么？不吃吗？不吃吗？"边说边盛一碗走了。

有次，一个战士病了，躺在床上。灶上给他做了大家都很馋的面条，由班长端了一碗送到宿舍去。一会儿，班长回来对我说，他不吃。原来病了的战士是上海人，对面条不感兴趣，加上病了没胃口，所以不吃。

我说，那他平时喜欢吃什么？班长说："糖水蛋会不会喜欢？"我说："那就让炊事班做糖水蛋。"

结果，一会儿班长又端回来了，说还是不吃。这时候有个战士说，他平日最喜欢抢锅巴泡着吃。我立即叫来炊事班长，赶快把中午大锅饭剩下的锅巴找来，做菜汤泡锅巴。

一会儿，班长跑回来高兴地嚷着："他吃了，他吃了，而且吃得很香！"

企业和部队一样，每个人都需要尊重、关爱，都需要理解和尊重，在某种程度上，这种尊重、理解、关爱比金钱还重要。

在员工最需要的时候

在2018年抗冰雪低温灾害的时候，为了帮助上百万的滞留旅客度过难关，广百的团队全力以赴投入抗灾，众多的员工奋战在火车站广场、各大场馆，顶着寒风冷雨，为旅客提供食品和急需的旅途用品，一干就是十一个日日夜夜。

在抗灾的过程中，集团各级领导一方面积极组织抗灾服务，一方面无微不至地关心着每一个在抗灾一线的员工，尽最大努力为他们提供服务。

股份公司陈奇明书记听说猪脚姜醋有暖脾胃、散寒气的功效，便不辞辛劳，连晚饭都顾不得做，与太太一起煮起了猪脚姜醋汤。到晚上11点，陈奇明提着煮好的猪脚姜醋汤匆匆出门。刚出门，就碰上加完班回家的儿子。儿子说："老爸，我跟你一块儿去。"就这样，父子俩迎着扑面而来的冷雨寒风，奔向广百的爱心售货车。

为了让一线员工吃到热饭热菜，广百股份物业管理中心经理吴少萍、刘静芬等多名工作人员买好保温餐具和泡沫盒，将盒饭裹得严严实实。送往现场时，旅客多得挤不动，他们就把盛满盒饭的保温箱扛在肩上，踏着泥泞，挤过人海，送向广百的服务点。

妇儿公司总经理刘广增、副书记余惠娟和工会主席冯惠仪，带领后勤部室人员，煮茶叶蛋，煲热姜汤，送一线员工；集团部门总监单亦明，熬好热粥，送一线员工；新大新公司总经理尢小燕和公司其他领导，煮好热腾腾的姜汤，送一线员工；工会领导汤莲春，亲自带领物业管理中心和企业文化部的工作人员，在为员工送饭菜、送开水的同时，还带上羽绒服、雨鞋、独立雨衣衫裤、手套、茶叶、纸杯、卷纸等物品。

由于琶洲会展中心的服务点偏僻，交通不方便，奋战到深夜的工作人员赶不上最后一班车回家，这让店长詹俊良看在眼里，疼在心里。为此，他承担了接送琶洲点工作人员的任务。每晚11时，他不顾上了一天班的疲惫，开着自己的车接上夜班的员工去琶洲，然后又将下班的员工接上逐个送到每个人的家门口。

更要尊重和关心在低谷的人

我到广百时，有位领导因为一些问题免职待分配，其心情之沮丧和压力之大可想而知。

春节后上班第一天，按照惯例，我和集团领导都会到各个部门拜个年，大家拱手作揖，互道祝福。当我们挨着门走到这位领导办公室的门前时，见门紧闭，无声无息，不像其他房间的门都大开着，笑语欢声。

这时有的同事就暗示我走过去吧。我说："不可以，要给他拜年。"我立即来敲这位领导的门，这位领导开了门，我和班子成员一起走进去，非常真诚地说："过年了，我和集团各位领导给您拜年！祝您在新的一年万事顺意，健康愉快！"接着，大家都一起表达了对他的祝福。这位领导当时没有说出更多的话，只是和我们每个人紧紧地握手。

那天后，我对他说，你的人脉关系广，这些关系都是广百的宝贵资源，你过年代表集团走动走动，该喝茶吃饭的就喝茶吃饭，费用集团报。

后来，上面明确了这位领导的工作。在一次领导班子民主生活会上，他在发言中讲起了上面那些事，说着说着就泣不成声。他说："你们不知道，在那个时候，哪怕是一句问候的话，甚至一个真诚的眼神，都让我感到极大的安慰和鼓励。"

我对很多人说，人生不可能一帆风顺，谁都有高峰，也可能有低谷。越是在低谷的人，我们越要理解他的心情，越不能忘记他的贡献，越要给予尊重。

车管员的告别

广百北京路店的停车场设在11和12楼，停车要排队进入电梯间，再升上去。地面上还有些车位，供卸货和集团几个领导停车用。所以，我每天上下班，都会在这个停车场进出。在维持秩序和安排进出车辆的车管员中，有很多是年龄比较大的员工。这些老员工长年在室外工作，夏天热得很，没遮没挡，冬天寒流来时，又冷得很，瑟瑟的寒风中也要站在风口上。

我每次进出车场时，车管员都知道这是董事长的车。我知道，旁边的车管员都在看着这辆车。因此，我都会放下车窗，和旁边的车管员招招手。上下车时，都会和就近的车管员打个招呼，问候两句。

有一天早上，我在车场刚下车，有一位老车管员跑过来跟我说："董事长，我前几天退休了，这几天每天都来，就是想跟您告个别。"

我对他没有什么特殊的关照，和他个人也没有私人往来，只有平时打打招呼的举手之劳，他却在退休之际还要跑几趟，就为跟我打个招呼告个别。我紧紧地握着他的手，喉头哽住。

我们的员工真的很好，你只要在乎他们一点，他们就把这份在乎看得比什么都宝贵。

我在大会上曾经讲到《集结号》这部电影。我说，影片中的连长谷子地，在几十个战友牺牲后，还惦着他们，要为他们正名。为此，他费尽了周折，吃尽了苦头，拼上了后半生的精力。电影告诉我们的是什么？弘扬的是一种什么精神？是对每个人的尊重！对已故的人还这样放在心上，那么对于我们的同事呢？对于我们的员工呢？我们天天强调要培养员工对企业的忠诚度，而我们对员工的忠诚度呢？

企业把员工放在心上，员工就会把企业放在心上。

对社会的责任

　　社会，是指在特定环境下形成的个体间存在关系的总和；社区，是若干社会群体或社会组织聚集在某一个领域里所形成的一个生活上相互关联的大集体，是社会有机体最基本的内容，是宏观社会的缩影。而广义的社会，也可以是指全国的社会。

　　社会是企业的依托，企业是社会的细胞；社会是水，企业是鱼。企业的发展离不开社会资源，否则企业就成了无源之水、无本之木，难以为继；而社会也需要企业的反哺，需要企业的支持。所以，企业要持续经营与发展，就必须同时承担对社会的责任。这里所说对社会的责任重点指社会公益、社区建设、扶贫济困和赈灾等等。

　　首先，对社会履行责任是企业的义务。

　　对于整个社会，企业应该关注、关心，包括环境保护、社会公益、扶贫济困，特别是当发生灾害等大事件的时候，更应高度关注，真诚地投入赈灾，有钱捐钱，有物捐物，有力出力。这是企业的良心，是民族大义。

　　对于企业所在的社区，企业也应该给予关心。对于所在区域的社会、经济、文化和教育等等，企业都应该力所能及地给予支持，与社区的政府和民众建立和谐的关系，为企业创造良好的营商环境。

　　第二，社会责任不是企业的负担，是企业发展的动力。

　　企业关心社会，必然得到社会的支持。特别是积极投入扶贫、赈灾，使贫困地区人民和灾区人民感受到企业的大爱之心，拳拳之情，必然会提高企业的美誉度，得到消费者的拥护，得到更大的市场。而且企业员工积极参加扶贫赈灾等公益事业，更是增强了团队的责任意识，加强了团队的建设。

第三，企业履行社会责任要量力而行。

扶贫赈灾，不是说捐钱越多越好，不是说要你的企业伤筋动骨。大企业有大企业的能力，小企业有小企业的力量，只要有心，只要尽力，只要和人民同呼吸、共命运就是尽到责任了。

第四，政府和社区不要强制企业履行社会责任。

企业不是唐僧肉，不能谁都想咬一口。政府和社会要企业履行社会责任，只能号召，不能强制，只能量力而行，不能施加企业无法承受的压力，而且对履行了社会责任的企业，政府要赞扬，社区要感恩。

微软创始人的善举

微软的创始人是谁？严格说不是比尔·盖茨，而是保罗·艾伦(Paul Allen)。在保罗14岁、盖茨12岁的时候，他们都在西雅图中学读书，一起学习编程，而那时的盖茨还是跟着保罗玩，是保罗手把手教盖茨。

保罗后来考大学，考试成绩是1600分的满分。但是他置哈佛、斯坦福、加州理工和麻省理工的邀请于不顾，上了早有渊源但排名很后的华盛顿州立大学。保罗读了两年，觉得大学的课程太简单，直接退学了，并且死拉活拉地把后来考入哈佛的盖茨也捣鼓退学，两人一起成立公司，保罗为公司起名微软。第一个IBM的操作系统订单就是保罗为主完成的。在他们两人的努力之下，微软成为了世界顶级的软件公司。

1982年开始，保罗两次患上了淋巴癌，但他奇迹般地战胜了病魔。后来他告别微软，开始积极为社区服务。

在他的家乡西雅图，有一个本土的橄榄球队西雅图海鹰队。因为比赛成绩太差，球队老板要把球队迁移到加州去合并重组。球队一旦走了，本地就没有一支代表球队了，社区居民找到了保罗。保罗直接买下了整支球队，使原本快要解散的西雅图海鹰队重振雄风，赢得了48届超级杯，拿了3次NFC的冠军。

西雅图音速足球队不行了，保罗再一次介入，把球队从死神边缘拉了回来。他还拯救了陷入困境的波特兰开拓者篮球队，帮助球队成绩稳步上升。

当时最先进的西雅图全景电影院经常免费为孩子们放电影，但是经营不善要倒闭。保罗收到孩子们"救救电影院"的传单，他买下了这家电影院。经过他的运营，西雅图全景电影院重新恢复生机，还成为了当地的一个地标。

1995年，著名的梦工厂陷入困境，一年几乎拿不出几部像样的动画片。他又收到孩子们给他写的信，便直接买下了梦工厂18%的股份。然后在他这个完全不懂电影制作的外行的整顿下，梦工厂起死回生，后续制作出了马达加斯加，功夫熊猫等脍炙人口的动画片。

保罗深入制作各类反映社会民情的公益电影，最近的一部轰动全球的影片就是《女孩崛起》，帮助全世界了解很多女性受到的压迫，还筹集了210万美元用于女性的基础教育工作。

保罗所参与的项目涉猎之广令人咂舌，项目之多令人惊叹，但是万变不离其宗，他参与的所有项目的核心就是民众和国家。他是一个商人，但是在他身上闻不到铜臭味，他把赚到的一半收入都投入到了各类慈善和公益事业。

他在1988年成立的家庭基金会帮助了很多困难家庭渡过难关，帮助很多失学儿童上学。他向自己的母校华盛顿州立大学捐赠修建了艾伦图书馆，建立图书捐赠基金会，让更多的贫困孩子能够读到书。他捐赠1400万美元用于改建他当年就读大学的计算机工程系；捐赠2600万美元建立全球动物健康学院；捐赠4000万美元，建立Paul G. Allen计算机科学与工程学院。

他在社区建立了展示西雅图流行文化的"流行文化博物馆"、使大家不忘爱国英雄的"飞行遗产收藏品博物馆"、普及微电脑历史的"STARTUP画廊""博物馆+实验室"。这些全部向公众免费开放，分文不收！

他甚至成立了一支船队，用于全球各类海上救灾。曾经帮助皇家海军一起打捞二战英雄战舰HMS Hood号，使当年英雄们的残骸终于得以回家。他的Tatoosh号参与了开曼群岛的珊瑚保护工作，为当地的生态环境保护做出了重要贡献。

他出资成立"伟大的大象普查队"，保护非洲草原上的野生大象；出资开展了鳍鱼、鲨鱼和珊瑚的保护工作，创立的在线数据库有效打击了全球非法捕鱼行为。他不断呼吁，终于使华盛顿州通过了禁止野生动植物贩卖运输倡议。

他自掏腰包建立了脑科学研究所，用于研究脑科学和提供各类数据模型，使allen brain数据库成为很多脑研究者必看的网站；投入1亿美元建立细胞研究所，研究对抗各类疾病。2014年埃博拉病毒蔓延，他投入上亿美元用于对抗埃博拉，拯救了全球数以千万计的人。

他的人生就是为了让别人生活得更美好，更安全，他一直在努力着。然而，第三次癌症爆发，他没能躲过去。2018年10月15日，他在家乡西雅图逝世，享年65岁。

我们可能从来没听到过他的名字，但是他的善举，早就传遍全世界。很多网友都非常的难受，说："晚安保罗，感谢你对人类的贡献，大家不会忘记你。"

可以步入天堂的邵逸夫

香港电视广播有限公司荣誉主席邵逸夫，1958年于香港成立邵氏兄弟电影公司，拍摄过逾千部华语电影，是香港成就"东方好莱坞"的奠基人；他捧红了数以千计的明星，包括"四大天王"和一代代"港姐"。他旗下的电视广播有限公司（TVB）主导着香港的电视行业。

自1985年以来，邵逸夫通过邵逸夫基金与国家教育部合作，连年向内地捐赠巨款建设教育教学设施。截至2012年赠款金额近47.5亿港元，建设各类教育项目6013个。以"逸夫楼"命名的教学楼、图书馆、科技馆、医疗中心等机构，几乎遍布中国版图。历年捐助社会公益、慈善事务超过100多亿港元。

鉴于邵逸夫在影视文化界的杰出贡献和履行社会责任的善举，1974年获英女王颁发CBE勋衔，1977年获英女王伊丽莎白二世册封为下级勋位爵士，成为香港娱乐业获"爵士"头衔的第一人。1990年，中国政府将中国发现的2899号行星命名为"邵逸夫星"。1991年，美国旧金山市（三藩市）将每年的9月8日定为"邵逸夫日"。2002年，创立有"东方诺贝尔奖"之称的邵逸夫奖，以奖励世界上在数学、生命科学与医学及天文学卓有成就的科学家。2014年1月7日，邵逸夫先生逝世，享年107岁。

习近平主席在悼词中说："邵逸夫先生一生热爱国家，关心民祉，慷慨捐赠，惠及多方。其爱国之情，其为国之志，人们将铭记在心。"

经济之声电台用网友的话说："如果把邵先生捐赠的逸夫楼的台阶连接起来，足可以让邵先生步入天堂了。"

广百人倾注心血和情感的公益活动

广百积极履行对社会的责任，在社区公益、扶贫、赈灾上，都做出了积极的贡献。

广百的各级公司、各门店，都在周边社区经常性开展大量的惠民活动，包括商品咨询、社区卫生、社区文化、帮助孤寡老人等志愿者活动，得到了周边社区广大群众的赞扬。

广百按照市政府的规划，重点扶助梅州市五华县的贫困村。集团及相关公司高度重视，积极投入人力财力，帮助村子改善面貌，加强教育，增加村民收入。到2012年，被扶贫的中兴村、甘茶村

547户贫困户全部脱贫。

王华俊接任集团董事长后，对社会责任更加重视，在新一轮的扶贫上做了更多的工作。王董事长亲自督办扶贫脱困措施的落实，保证脱困指标实实在在地完成；利用广百在零售业市场的优势，帮助当地的企业提升竞争力，拓展市场，增强造血功能，增加贫困村的集体收入；帮助当地的医疗机构提升医疗水平，为贫困地区人民就医提供更加良好的服务。王董事长还多次到扶贫村调研，走访贫困户，了解贫困户的实际困难，嘘寒问暖，让贫困地区群众感受到社会大家庭的温暖。

对于赈灾，广百更是高度重视，全力以赴，而令人最难忘的是2008年。

2008年，将作为中国企业"社会责任交锋年"定格于人们的记忆，永久载入史册。

这一年，神州大地先后发生了罕见的冰雪灾害和震惊世界的"5·12"汶川大地震。就在举国哀痛并化悲痛为力量、众志成城的时刻，在大爱无言、用爱心抗击寒流、用人道阻击天灾、用道义战胜无情的时刻，同一蓝天下却在蔓延着另一股"人祸"——令人痛心与愤怒的中国婴幼儿奶粉三聚氰胺事件，震动社会的列车相撞事件，尾矿溃坝、煤矿爆炸等一系列质量案件、安全事故……

如果说，天灾与人祸的交织是最令人痛心的，那么，面对天灾人祸所表现出来的两种截然不同的态度、主张和行动，更加令人揪心；如果说，天灾人祸考验着国人面对灾难的预警能力、快速反应能力、抗灾自救能力、灾后重建能力，那么，面对天灾的态度、主张和行动更加考验着国人的道德、良心、道义和人性，也在考验着企业作为社会有机组成分子的社会责任心、社会责任战略、社会责任管理水平以及社会责任的执行力。

在这场灾害中，广百经受了洗礼和考验。

2008年抗冰雪灾害

2008年的早春，中国南方大地遭遇了八十年不遇的特大冰雪低温灾害。高速公路封道，空港被迫关闭，整个南中国的公路、铁路、航路运输都陷入瘫痪状态，数十万旅客滞留广州火车站，饮食供应告急，安全维稳告急，这给广州的春运工作带来了严峻的挑战。

在市委、市政府的组织和号召下，各有关部门迅速采取措施，各相关区政府几乎所有机关人员取消了假期，全部上了支援前线，全市数千名公安干警和部队开向了火车站，拉开了全力保春运，迅速救助滞留旅客的大幕。

广百集团发挥国有商业龙头企业作用，竭尽全力投入抗灾救灾斗争，以社会责任为己任，坚决完成市政府下达的各项物资保障任

务。同时，主动为滞留旅客提供各种服务，为抗灾救灾、支援春运做出应有的贡献。

从1月26日晚接到市经贸委通知开始，到2月6日抗灾告一段落，在十一个日日夜夜的抗灾救灾斗争中，广百集团共出动545人，调配运输车辆50余车次，无偿提供70余万元各类物资，包括10万余份食品和水、3万件雨衣、2000床被子、25台大型电热水器以及大量的毛毯、帐篷、饮水机、袜子、暖水瓶等物资。主动在春运现场设置5个广百爱心售货车（售货点）和多个流动服务点，以低于市场价售出几十万份食品，平抑了市场价格，为滞留旅客提供了最急需的服务。同时，发挥大型龙头企业的引领作用，通过媒体向全市商业企业发出积极投入抗灾救灾、保证货源、平抑物价的倡议书，得到众多企业的积极响应。

在这些看似简单的数据背后，却是多少尽心尽意的努力，多少困难的克服，多少感人肺腑的故事，多少让人难忘的场面。十一个日日夜夜，刻骨铭心，永远留在人们的心中。

吹响集结号

2008年1月26日，周末，晚7时。

我刚刚回到家中，突然接到总经理助理兼办公室主任陈佩雯的电话，急促地传达了市政府经贸委的通知："要求我们立即摸清下属各零售企业饼干、方便面、矿泉水的库存和货源情况，随时做好向春运现场供应物资的准备。"

想到火车站黑压压的滞留旅客，我立刻意识到事态严重，任务一定不轻，必须马上全面部署和准备。我立即在电话中要求陈主任，马上通知集团副总经理关治强，要他率领企业管理部全体人员赶回集团，成立集团支援春运紧急指挥部，统筹协调，摸清货源，组织物资，随时待命。"作为国有企业，我们必须为政府分忧，为民众解难，用我们广百的真诚服务把温暖送给每一位滞留旅客……"我说。

紧接着，我一边往回赶，一边又一个一个电话向陈主任下达着指令：

"通知各公司一名领导到集团。"

"不仅要摸查自己的库存，还要摸查相关厂家的库存，还要了解整个春运的形势、火车站春运现场的情况。"

"按物品数量计算搬运人力，通知准备人手，通知储运公司准备相应的车辆。"

陈主任当时刚刚到养老院探望母亲，她顾不上和母亲说话，就立即往回赶，并一个电话一个电话地传达我的指令。

军人出身的关治强副总，接到电话通知，顾不上吃晚饭，抓起衣服就冲出门，一边往集团公司赶，一边电话通知集团指挥部成员马上到位。

企业管理部副总监区瑞琳，离开刚点好菜的饭桌，顾不上已经一个月没见面的女儿哀求的目光，立即赶往集团；副总监高志峰轻吻出生刚十六天的女儿赶回集团；副总监李兆福从数十公里外的增城赶回集团；副总监廖志辉和黎荷华打的士回集团。

接着，各公司领导迅速赶到通知的集结地点流花展馆，储运公司副总经理杜新生带着两部货车赶到了，广百股份总经理黄永志、副总经理钱圣山，新大新公司总经理亢小燕、副总经理伍文驹迅速赶到了。

集团副总经理兼储运公司总经理黄荣新，接到集团"紧急抽调人员和车辆参加抗灾"的通知后，亲自担任储运公司支援春运总指挥。随着"公司应急预案正式启动！"的一声令下，储运公司各路人马立即进入应急状态：

储运公司副总经理杜新生赶到集团指挥部，参与物资调运的研究和指挥，并根据集团的指示，调动6辆运输车，作为"广百爱心售货车"和配送春运物资用车。同时，保持10辆备用车随时准备出动。

储运副总经理蒋俊杰，马上整合社会车辆资源，准备20多辆大货车候命。

储运副总经理姜兵，立即调动公司保安队伍，随时准备到现场执行保安任务。

集团指挥部一条条指令迅速发出，向着各下属公司、仓库，向着供应商延伸。在那个深夜，在许多人还在温暖的家中享受天伦之乐的时候，广百集团以闪电般的速度编织起了支援春运的物资调配供应网。

黄瑜，广百股份采购配送中心超市部的经理。1月26日晚，身患感冒的她接到钱圣山副总电话，要她立即筹措几千箱饼干和水，做好紧急调货的准备。

接到通知时已是晚上10点多了，厂家都已下班，要是按正常办法打电话到厂家，厂家根本不可能落实。于是黄瑜立即赶回公司办公室，在资料库把厂家所有联系人的电话以及仓库的地址都翻查出来，开始拨厂家总经理、业务员、区域经理，甚至仓管员的电话。尽管因为感冒，她喉咙已经痛得撕裂一般，但为了确保货品可以按时按量调度，她竟先后打了上百个电话！夜深了，各个厂家都被她高度的责任心深深感动，纷纷做好了紧急出货的准备。

27日凌晨0:09。

市经贸委紧急通知：发送水和食品各5万份到交易会流花展馆，配给准备进驻的滞留旅客。

我们立即行动，全力组织送货。

我要求集团指挥部及各级领导，务必做到"两个一定"：一定要坚决完成政府下达的抗灾任务，一定要主动为滞留旅客提供服务。

物资紧急到位

凌晨零点。

储运公司星之光电器城保安队长马建军面前的电话铃声急促响起，电话里传来安全保卫主管梁玉奇的通知："公司紧急预案启动，马上以最快的速度通知所有的保安员到流花展馆4号门执行卸货任务！""是！"马建军一边大声回答，一边跑到宿舍的通道里吹起了哨子，保安队员立即集合，跑步出发。

凌晨零点。

急促的电话铃声惊醒了刚刚入睡的南大集团副总经理李伟武，电话里传来集团副总经理、南大集团董事长关治强焦灼而又坚定的声音："马上带领南大支援人员，火速赶往流花展馆执行卸货任务！"接到命令，李伟武立即召集职工火速奔向流花展馆。汽车无法通过管制区，李伟武就下令全体员工下车"跑步前进！"，凌晨1:05，南大队伍以最快的速度到达现场。

凌晨3点。

在流花展馆4号门前，集团领导及所属广百股份、新大新、储运、南大等各公司领导和装卸人员到位，一起抢卸集团运来的救灾物资。方便面、八宝粥、饼干、牛奶、矿泉水一箱箱地搬进旅客安置区。"加快进度，两箱一齐上。""我有力气，三箱没有问题。"……很多人基本上是小跑着搬运，你追我赶，争分夺秒，急如战场。

凌晨5:57。

广百集团首批支援物资食品50438份、矿泉水51126支，连同其他应急物资，全部运送到位，抢卸完毕。市政府经贸委值班员接到集团的报告后，情不自禁喊了一声："太好了！"

如果是我的女儿

在抢运完物资后，我站在安置场地外的路边，在黎明前的夜色里，黑压压的滞留旅客在慢慢地移动着。我看到几个小女孩，拖着箱子，在寒风和霏霏细雨中犹豫着，不知道该往哪儿走。她们看到我，就问我政府的休息区在哪里。我告诉她们往旁边场馆的路。看着她们瑟瑟发抖的弱小的身子，看着她们那无助的眼神，我心里一阵阵难过。假如是我的女儿……

抗灾结束后记者采访，当说到这一幕时，我仍然喉头发紧，说不出话来。

在第二天集团赈灾工作会议上，我对大家说："这滞留的上百万旅客，假如是我们的子女，是我们的兄弟姐妹，是我们的父母，我们该怎么办？赈灾，支援春运，不是一件工作，不是一项任务，而是在帮助我们的亲人！我们一定要尽我们的全部力量帮助他们，关心他们！"

爱心售货车

广州，这个春运的重点城市，汇集的旅客越来越多，他们都在焦急又无奈地等待着。他们当中有的已经一天没吃上东西了，周边有些不法商贩，趁机抬高物价，方便面卖到20元一碗。很多旅客都是农民工，收入有限，每天在这样的价格压力下，简直忧心如焚。

我和集团领导研究，应该为滞留旅客提供食品和热水的服务。当即我们向市政府指挥部报告，请求同意集团派售货车，设售货点，进驻成千上万旅客拥挤着的火车站广场、流花展馆、体育馆等旅客临时安置场所。指挥部当即同意了我们的请求，但是要求不得无偿派送，防止现场出现混乱。我当即表示，以低于市场价格的象征性价格进行销售。

当时，有的领导提出，这样去卖货是不赚钱的。我说："说得不错，低于零售价，甚至低于进货价为滞留旅客服务，不仅不能赚钱，肯定还会赔钱。但是，成千上万的这些旅客就是我们的消费者，在他们最困难的时候我们要不要帮他们，这不是赚不赚钱的问题，而是有没有责任和良心的问题！"

我们立即组织多台大卡车，上面立着"广百爱心售货车"的大红牌子，开进各个旅客聚集点。当时，其他各点都顺利进驻，但是，进火车站的车被人山人海堵住，进不去。我接到带队领导的报告后，立刻赶到现场，大声喊着，一点点地拨着人群，带着车慢慢地往前蹭，最后终于到达火车站广场。

广百集团的爱心售货车载着全体员工的爱心到了旅客面前，大量的旅客蜂拥到车前，开始购买方便面、面包、饼干、矿泉水。旅客们喝着一杯杯暖人心的热水，吃着一碗碗热气腾腾的方便面，脸上一直以来的忧虑得到了缓解。

旅客多得不可想象，广百员工们冒着严寒，24小时不停地在现场卖货。后来，我们组织员工轮班倒，歇人不歇活，坚决保证满足旅客的需要。

七个年轻人一把伞

这天晚上，流花展馆4号大门前的广百爱心售货车，长长的旅客队伍排在车后购买食品。当晚在这儿忙碌的是广百的七个年轻人。

老天爷偏偏选择在这个时候来考验大家，凌晨2点多，天忽然下起了雨，冰冷的雨点打在人的脸上，有种刺骨的痛。为了既不让旅客淋到雨，又买到食品，几个年轻人把旅客安排在展馆屋檐下排队，把仅有的一把伞打给旅客，让他们从屋檐下到车后面交钱取食品时不淋到雨，而我们的年轻人却没地方躲避，淋在雨里。不多时，他们就浑身被雨淋透了，冷得全身发抖，但他们仍然咬紧牙关，为旅客服务着，与风雨抗争着。

长龙般的旅客队伍，前面的买了走了，后面的又排上。七个年轻人一直干到近天亮，直到最后一个旅客捧着食品走了为止。

在后来的总结会上，七个年轻人纷纷说：过去总说责任，现在我们知道责任的分量了；过去总说要用心服务，现在我们知道心的分量了！

我希望记住这七个年轻人的名字：梁玉奇、马建军、刘继东、黄东、邹小华、谭振华、赵水根。

紧急调运纸板和饮水机

寒风凛冽，冷雨刺骨。安置在琶洲会展中心的滞留旅客此时正坐在冰冷的地板上，焦急地等待着，盼望着。地板的凉气透过单薄的衣服肆虐着每一个人。

"请广百立即调运2000张纸板、10台大型饮水机到琶洲会展中心！"经贸委发来紧急通知。接到通知后，广百股份公司马上行动起来，找货源，装车运纸板，送到琶洲已是凌晨4点了。

广百天河店总经理谭燕红正在忙碌这些事的时候，突然接到供应商郑先生的问候电话，说话中郑先生无意提到搬迁公司有一批羊毛地毯要处理。谭燕红马上想到，这些地毯不正可为旅客派上用场吗？她立即在电话里对郑先生说："你有多少？我全要！"。当郑先生得知春运现场的情况后，他深为广百的爱心行动所感动，当场答应马上把地毯送来。

羊毛地毯运抵现场，谭燕红立即将这批物资交到现场指挥部进行分配。当时负责现场指挥的是天河南街派出所李所长，他说这批物资太及时了，立即组织人力连夜分发下去。因寒冷而搂抱在一起的母子，在寒冷中瑟瑟发抖的老人，接过李所长各位干警送来的地毯时，都激动不已、感激万分。

大型饮水机就麻烦了。由于广百的店里并不经营此类商品，因此，谭燕红等人凭着多年经营电器的业务关系，多方联系，几经奔波，终于联系到20台大型饮水机，当晚迅速送到现场。

时任华宇乐公司总经理的李彦东带着电工马上进行安装。正在一台台安装时，发现会展中心原有的电插座不够，需要插板和电线。而时针已指向凌晨1点，琶洲会馆又远离市中心，很难及时调度到货源，有人建议等天亮再安装吧，但李彦东看着那么多等着喝上热水的旅客们，说："必须马上想办法！"于是他立即与一些厂家和经销商联系。深更半夜，要不厂里没人，要不就是不愿意动，李彦东不怕碰钉子的冷遇，一家一家地找，终于有一家公司被他的真挚所感动，答应立即送货。在大家的努力下，一台台饮水机终于安装完毕，旅客们坐在了隔断阴冷的纸板上，喝着热水，泡着热面。

同样的行动在火车站上演。按照要求，广百深夜必须将饮水机安装到火车站广场。已经是凌晨零时了，已经就寝的广百华宇乐公司电工主管严伟中突然接到公司领导紧急电话——在火车站安装饮水机急需200米电线，要求严伟中立即联系业务单位购买电线，并送到火车站广场。

严伟中没有任何犹豫，立即联系供应商，乘车去取货，马不停蹄地赶往火车站春运现场。由于人山人海的阻隔，车辆只能停在远离火车站的地带。严伟中一下车，就提着两捆重达五十多斤的电线和各种安装工具挤进了潮水般的人群，左冲右绕，左拐右转，大冷的天，头上竟然冒出汗来。经过努力，他终于来到工作现场。到现场后，他顾不上擦去脸上的雨水和汗水，立即开展工作。大家一直忙到凌晨两三点，才将电接通，将饮水机安装完毕。

500个暖水瓶

凌晨00:45:市经贸委紧急电话,要求支援500个暖水瓶给韶关方向开路的部队。我接到集团指挥部总值班李孟茹的电话后,立即明确:马上通知广百股份和新大新公司紧急寻找货源,务必今晚完成任务!

当时,广百的门店已经不卖这种暖水瓶了,股份公司的钱圣山副总、新大新的亢小燕、伍文驹等领导立即组织相关业务员,在深夜撒开了一张寻找暖水瓶的大网。上网查,往厂里跑,一些厂家领导的手机打不通,就往家里打;没有家里电话,就了解他周边的朋友,想方设法拿到电话。每打通一个电话,每找到一个厂商,都反复讲述抗灾的形势,描述我们的部队此时冒着寒冷、卧冰踏雪、除冰开路的情形,请求他们的支持配合。

风雪无情人有情，真情感动了很多厂家，他们纷纷伸出援助之手。2:40，伍文驹电话报告："500个暖水瓶全部找齐，现正带车分两路赶赴各个点接货。"

清晨6:30，倾注了广百员工一夜辛劳的500个暖水瓶按时装上了车，运往韶关的部队了。

当接完最后的报告电话后，我既为部队得到了帮助感到欣慰，更为我们这支能打硬仗的团队感动！

1000双袜子

这天中午，几名值完班的武警战士来到了爱心售货车前。他们说，在风雨中几天几夜，一直穿着湿漉漉的鞋袜，问是否有袜子卖。这一幕恰好被前来慰问的集团工会赵慕主席看在眼里，赵慕立即与在集团指挥部的关治强副总协商，要火速为火车站武警战士提供1000双保暖棉袜。这个任务就下达给新大新公司，新大新公司总经理亢小燕立即部署。新大新公司配送中心服装部经理冯照满接到紧急电话，立即行动起来，为火车站武警战士找1000双既保暖又耐磨的袜子。

由于公司经营的袜子库存量少，在短时间内组织1000双符合要求的袜子难度很大。冯经理一个个电话打出去了，但得到的回答都令人失望：有的厂家有库存，但路途远，无法在短时间内送到；有的厂家路途近但库存又不足。冯经理心急如焚，不知道打了多少电话，最后得到皮尔卡丹厂家的大力支持，找到了这1000双袜子，提前把货物送到了指定地点。

在灾情结束后，亢小燕收到了武警部队领导代表全体武警官兵发来的富有诗意并饱含情谊的感谢短信：

家是这样简单而又神圣，家是这样温暖而又遥远；

面对这50年罕见的雪灾，面对这100万难以回家的人们；

恶劣的天气，艰难的路程，目光却依然炽热的等待；

作为一名军人，衷心祝愿他们团聚的旅程得以顺利地实现！

更感谢您为我们送来了珍贵的礼品——穿在脚上，暖在心里。

请接收我们最崇高的敬礼！

"广百，好人！"

1月31日上午，天气恶劣，广州气温越来越低，但广州火车站依然涌入了越来越多的旅客，广百爱心售货车的工作人员更加紧张地忙碌着。

这时，一位衣着单薄、皮肤黝黑、脸色苍白的老汉拖着疲惫不堪的脚步来到了广百爱心售货车前。也不知他是干什么的，只见他身上背了一个破旧不堪的大编织袋，拎着一个水桶，鞋子和裤子都湿透了，冷得直发抖。广百集团华宇乐公司员工谢行光等工作人员见状，急忙上前问他需要些什么。"能不能给我喝一杯热水？"他哆嗦着说，声音在冷风中颤抖着。

这位老汉的状况一下揪住了广百在场人员的心，他们急忙拿出干净纸皮，招呼他先坐下，并立即给他盛上了一碗为工作人员准备的热姜汤。老汉手捧着热姜汤，大口大口地喝起来，颤抖的声音平稳了许多，工作人员看着他的状况，估计他也饿得很，就给他递上了一包饼干和一罐八宝粥，并为他拉开了八宝粥的盖子，又用热姜汤给老汉泡了一碗方便面。

这位老汉立刻狼吞虎咽地吃起来，脸色也渐渐恢复了血色，他用颤抖的双手紧握住谢行光的手，热泪盈眶，嘴上反复地说着："谢谢你们，谢谢你们！广百，好人啊！"

多亏广百救了她

2月2日的广州，冷空气依然无情地肆虐着。寒风中夹杂着霏霏冷雨，冰冷就好像是透进了骨子里，刺得人直缩脖子。

就在这个寒意逼人的下午，在广百爱心售货点前，一名男子紧紧握着集团公司总经理助理罗穗雅的手，激动得语不成声调，结结巴巴地说："谢谢，谢谢广百！广百不仅给大家送吃送喝，还救了我妻子，她身体有病，多亏广百救了她。"此时，他身边的女子已经泪流不止，说不出话来。

一个小时前，罗穗雅到广百开水供应点去了解供水的情况，突然看见一个人没走两步就晕倒在路边，罗总助立刻跑上前扶起她，是个女旅客，二十七八岁，身材瘦弱，可能是由于长时间的体力透支所致。罗穗雅赶紧叫来工作人员，一起把这位女子扶到爱心售货点，用热姜汤和甜奶茶等食品及时为她恢复体力，广百员工还脱下自己的大衣给瑟瑟发抖的她披上。

女子逐渐恢复了意识和体力，她看着热心的广百员工，哽咽地说："和丈夫打算一起回家过年，可是刚才人太多了，我俩就挤散了。谢谢你们这些好心人啊！"在了解到情况后，罗穗雅就积极想办法与该女子的丈夫取得联系，并引导她丈夫到这里与妻子团聚。

看到夫妻俩舒展的笑容，在场的广百人都开心了。

点点滴滴的大爱之情

一双爱心鞋。那是一个傍晚，天阴沉沉的，寒风挟着冷雨，吹在脸上刀割一般。火车站广场的地面还是湿漉漉的，坑坑洼洼之处存着一滩滩的积水，不小心踏在上面，溅人一身。广场上人潮拥挤，广百爱心售货车旁也挤满了旅客。

广百的员工正忙着，突然一阵哭声传到耳边，寻声望去，他们看到广场人群中有一个小女孩，正光着一只脚在到处找鞋子。寒冷的冬天，水泥地面冰冷刺骨，穿着鞋子都会觉得寒气冻透双脚，何况光着脚丫。一位员工立即跑过去一把抱起孩子，安慰她说："小妹妹，不要哭，我们帮你找鞋子。"其他几位刚换班下来的员工也赶紧上前寻找鞋。人山人海的广场，上哪里找她的另一只鞋？但是，最终，这个惹人怜爱的小女孩穿上了一双颜色不一致但大小相同的鞋子。

一个陌生人的短信。刘光辉，储运公司文体市场的保安队副队长，他万万想不到，大年三十深夜12点，一个陌生人发来了一条短信："大哥，还记得我吗？谢谢您这么好心地帮助我！祝好心人新年快乐！身体健康！万事如意！2月2日，您曾经帮助过的一个姑娘……"

那天上午，储运公司刘光辉等4个保安队员第5天到火车站现场站岗轮班。在他们的身后蹲坐着两个衣衫单薄、身体瘦弱的姑娘。她们双目无神，注视着过往的路人。原来其中一个姑娘昨晚和自己的妹妹失散了，连行李也丢失了。刘光辉走了过去，一边安慰她们，一边用自己的手机让她们和家人联系。在小姑娘终于联系上家人后，刘光辉又护送她们离开拥挤的火车站人群，前往流花宾馆门前与亲人见面。正当姑娘回身要致谢时，刘光辉的身影已经消失在人群中。

两个鸡蛋。刺骨的寒风一次又一次地吹到南粤，冰冷的雨水一遍又一遍地洗刷花城。低温加寒风冷雨，让滞留旅客雪上加霜。

南大集团的领队徐毅君，看到被雨淋透了的母女俩瑟瑟发抖地站在车站广场的一角。得知她们在进站时与家人走散了，他立即拿出自己的手机为她们拨通了亲人的电话。由于广场人太多，集团的食物送不进来，他自己也一天没吃饭了，兜里只有同事送给他的两个煮鸡蛋。看到可怜的母女俩，老徐马上从口袋里掏出仅有的两个鸡蛋，递给她们，说："吃吧，垫垫底，才能尽快回到家人身边。"母女俩感激得泪水下来了。

一块巧克力。朱景坤是新分来南大集团的应届大学毕业生，当得知春运紧张的消息后，他第一个向公司递交了支援前线的申请书。在他上班的一个深夜里，有位连续工作了几天几夜的女警官，为了增加热量想买块巧克力，可当时爱心售货车上没有货，女警官脸上露出了失望的表情。这时，小朱将兄弟单位慰问团刚刚送给他的巧克力拿出来，递给了这位在寒风中值勤的女警官，说："巧克力真的没有卖的，这是兄弟单位给我们的慰问品，送给您吧，您比我们更辛苦！"女警官再三推辞后收下了巧克力。

一个小时后，这位女警官拿着单位刚刚发下的面包又回到广百爱心售货车前，亲自把面包送给小朱，代表她所在的警队感谢他。她感动地说："咱们都是救灾支援的'战友'，天挺冷的，我把你的热量'借'来用了，现在我一定得还给你！

每个员工都在奉献爱心

在抗冰雪的日日夜夜，广百每一位员工都在竭尽全力地努力着。他们之中有年轻的，有中年的，也有即将退休的。在严寒中，他们激情似火，写着2008年最感人的一幕幕。

　　李凯凤，广百股份收款室主管。到了年底财务工作量非常大，加班已是家常便饭，每天连续工作12个小时的她，已经几个星期没好好休息过了。但当接到每天去火车站收款运钞的任务时，她毫不犹豫地接受了任务。收款的路上人山人海，每次都要东挤西绕，往返一次要四五个小时，回到公司后还要点钞对数，每天起码工作到近半夜才能赶回家休息。期间，上幼儿园的儿子患了重感冒，她"狠心"地将儿子交给婆婆照顾，而自己则仍然坚持进入人海去收款。每天早上她都要在儿子醒来前离开，就怕儿子醒来闹着不让走。

　　陈琼南，储运公司消防护卫队的一名年轻队员。26岁的他一直在抗灾的现场维持秩序。那天晚上10点多，正在火车站爱心售货车旁维护秩序的他接到母亲的电话："父亲病重住院，能回来吗？"他看着现场黑压压的旅客，挤来挤去的人群，那些渴望归家的脸，抱歉地对母亲说："妈，我现在真的离不开，您随时给我电话。"电话挂断后，他朝着家的方向深深地鞠了一躬，就又忙起来。在支援春运的十天时间，他就是靠着电话与亲人互通音讯，了解病情，安慰父亲。

　　章程，广百新一城店的收款员。在这次行动中不仅担任了夜班销售组的组长，还兼顾收款工作，工作十分繁重。白天他要奋战在艰苦的售货点，认真仔细地做好收款和查收工作，晚上他又要在凛冽的寒风中组织安排销售。一天下来除了仅有的几个小时的休息，几乎时刻都在紧张地忙碌着。本就体质不好的他由于连续数日的辛苦操劳，眼睛里布满了血丝，脸色苍白得没有一点血色，好几次由于过度操劳差点晕倒在现场。领导安排他回去休息，可每次他都是过不了一会儿又来到现场。

阮炜，广百华宇乐公司一名年轻的安全主任。在这次支援春运中，他考虑到自己比其他两位同事年轻，就主动把最艰苦的值夜班工作揽在身上，从晚上的9点至第二天早上9点，每一个夜晚他都要顶着严寒，通宵达旦，仔细地做好安全检查工作。到了白天他还不顾疲劳，认真帮助同事处理好公司其他安全工作。整个春运赈灾结束后，本来健壮的他身形消瘦了一圈，眼睛里布满了血丝。

周秀贤，广百股份办公室的一名工作人员。集团支援春运开始后，她主动申请调到火车站支援。凭着多年工作经验，她在车站爱心售货车组织销售、收款、点钞。连续工作七天的劳累，使她病倒了。但是，她在病床上只躺了半天，就重新投入紧张的春运救援中。为了全身心地投入工作，她咬牙将自己年幼的女儿放在亲戚家"全托"。

梁德成和朱建辉。在支援春运期间，广百爱心售货车以最优质的商品、最优惠的价格，让滞留旅客感受到广州人民的深情厚谊，受到多家新闻媒体的报道。然而，有谁知道，还有两位一直勤勤恳恳、默默工作的司机在幕后。根据公司要求，车辆的司机必须时刻在位。他们以强烈的责任心、坚强的意志在爱心车上坚守了七天七夜。七天七夜里，他们俩就没回家吃过一餐热饭，睡过一宿暖觉。1月30日，还继续奋战在岗位上的两个人被分公司领导"强制性"安排回家休息。然而，在爱心车的驾驶室里很快又出现了他们的身影。他们一个说："我还年轻，没事。"另一个说："我身体好，没问题！"可这一坚守又是几天几夜！期间有一天，滞留旅客多得把爱心车挤得水泄不通，连驾驶室的门都无法打开。直至晚上9点多，梁德成才饥肠辘辘地从驾驶室里爬出来。在里面这么长的时间里，别说是饭没得吃，连小便也是用矿泉水瓶解决的。

也想回家的广百外来工

在广百的员工队伍里，有不少也是外来务工人员，身处异乡打拼的他们，也多么希望春节的时候能够和家人热热闹闹地过个团圆年啊。也许是因为有相同的经历，他们似乎更能真切地感受到这些受困旅客的心情，感受到旅客们内心的那份归家心切的焦急。他们主动放弃了自己回家的机会，坚守在自己的工作岗位上，为这些急需帮助的人们献上自己的一份爱心。

家在外地的杨胜红，家里的妻子已经怀有八个月的身孕，可为了做好这次春运支援工作，他毅然决然没有回家，把对妻子、对家人的这份愧疚和关爱深埋在心底。

殷爱国多年来和妻子南下广州打工，把年幼的儿子留在了千里之外的家乡武汉，由父母照料。春节对于他们来说，是和家里人每年团聚的唯一机会。但是，在小爱与大爱之间，他们毅然选择了后者，走上了火车站春运现场。

合作伙伴的众志成城

赈灾春运期间，很多的合作伙伴积极支持春运，支持广百，众志成城，形成了赈灾的巨大力量。

前面我们说到的大量的赈灾物资，不论是食品、纸板、雨衣，还是暖水瓶、袜子，甚至一段电线、几个插座，在那个特定的时间，找起来都很困难。但是，由于有了供应商的积极支持，最终也都不困难了。

当时，食太郎餐厅受托为广百一线员工加热饭菜。看到广百员工们连日来顾不上家人、顾不上自己，心系春运行动，餐厅的负责人毫不犹豫地说："广百饭菜加工费我们不收了！就当是为春运工作出一份力！"

中油BP是储运公司的大客户，按合同规定，中油BP对储运公司配置有卫星定位系统和液压升降板的车辆有优先使用权，需要随叫随到。但是，春运赈灾的紧急运输任务不断下来，储运公司不得不随时调动那些中油BP的车辆，致使中油BP的用车保证受到一定的影响。然而，为了赈灾支援春运，这家拥有外资背景的大企业，没有丝毫的责怪，而是给予了积极的支持。

为了支持春运，不仅是供应商、合作伙伴，还有很多的群众，也积极参与赈灾。

有一天，一个中年男子来到广百爱心售货车前，拿出一万块钱交到现场广百领导的手中，说："我一直想为赈灾做点贡献，但是不知道钱交到哪里。这几天我看你们广百倾心倾力，真心实意在帮助旅客。我就把这点心意托付给你们吧！"问他单位、姓名，他什么也没说就走了。

一线的"战地记者"

启动援助春运工作以来，有近20个新闻媒体报道了广百集团的支援行动30多篇。一条条有关广百爱心行动的新闻不时从各大电视台、报刊、网站播发。广百爱心行动的新闻激励着整个赈灾队伍，温暖着滞留旅客的心。这感人至深的效应，得力于集团负责新闻媒体工作的汤智全、曾继军、李孟茹和同事们的努力。

广百的"记者"，与支援人员一样每天工作十几乃至二十小时，同样迎风踏雨，奔波在各个售货点之间。他们用冻得僵硬的手按下快门，写下稿子，记录着一个个感人的镜头和事迹。企业文化部副总监曾继军和同事每天扛着摄像机，来回穿梭于火车站广场和流花展馆，拍摄下广百人援助春运的劳碌身影和昂扬斗志。办公室李孟茹仿如战地记者，背着相机，拿着钢笔，记录下现场领导对春运的指示，记录下广百人拼搏春运的每段动人事迹，记录下广百人以社会责任为己任的肺腑心声。她经常加班加点，饿着肚子在现场撰稿，发回了一篇篇感人的报道。为了加强宣传，企文部连夜编辑、印刷一万多份宣传广百赈灾的《广百人报》，分发到滞留旅客手中。

灾后，企业文化部主编了《十一个日日夜夜》，记述了大量的抗冰雪支援春运的感人故事，为宏扬大爱精神做出贡献，也为我这本书提供了大量的素材。

领导必须冲在一线

26日接到通知的当天，集团和二级公司的领导都到位了。我和各位领导都上了一线，当起了搬运工，或抬，或扛，或搬，或拉着小车跑。这些人服装不一、年龄不一、体力不一，但都一样地扛着，背着，奔跑着，一样地争先恐后。

在第二天，有的同志问，是不是现场安排一名领导掌控，其他的就都不要去了？我说："不行！这不是一般的工作任务，而是赈灾，各级领导必须冲在一线！"

在紧急干了两天后，我召开集团领导班子会议，全面研究赈灾活动，补充了集团指挥部领导人员，进一步调配和加强团队力量，加强了组织的科学性。在最后我强调说："这是赈灾，是一场战斗，我们必须做到——只要是政府下达的任务，我们必须完成；只要是现场的需要，我们必须到位；只要是旅客的困难，我们必须帮助！而且各级领导必须冲在一线！"

关治强：在赈灾的11个日日夜夜里，他的脸总是通红通红的，心怦怦跳得连自己都能听到，呼吸急促得好像气儿总是不够用，一活动起来就气喘吁吁，虚汗沥沥……他的高血压病又犯了。但是，作为这次支援行动指挥部的总指挥，从第一天开始到结束，他始终坚守岗位，每天处理着大量的人员、物资调度和情况综合汇报，经常要忙到深夜甚至通宵。

高血压最怕的就是劳累，最忌的就是熬夜。可为了春运，为了滞留旅客，他停不下手中的活，合不上通红的眼。那些天他的血压一直都在165左右，靠着降压药和坚强的毅力，坚持工作。实在累了，就在桌子上趴一下。有人劝他休息，说这样下去身体会垮的，他摇摇头，说："不行，滞留的旅客的事不完，我能休息吗？"

潘建国：1月29日，是广百集团副总经理潘建国父亲的寿辰。那天，老家的舅父赶来了，其他地区的亲戚也赶来了，但身为人子的他却没有回家为父亲庆贺生日，他留在支援春运的现场。

那些天，作为集团指挥部副总指挥的他，一直坚守岗位。每天早晨一到现场，就一一查看各个售货点，了解情况，解决问题，调配商品，鼓舞士气。他每天要在风雨中来回十几次，在人海中挤十多公里，常常是凌晨2～3点才离开现场，每天工作至少16个小时。多日下来，体力消耗十分大，导致喉咙疼痛，他就靠身上带着的冬凌草片和消炎胶囊顶着。他声音沙哑，几度失声，有时只好用纸笔代言，需要电话沟通，就通过现场的同事代打和转告。我知道后，劝他回家休息，派人临时代替指挥，但他坚持不走，带病坚持工作。

潘总是博士，是我们班子中学历最高的，平时总略带点书生气。但是，在抗灾中，他可是一员猛将。

大年初一我也要向着广州磕头

在开始赈灾的时候，广州体育馆里滞留的大批旅客没有热水喝。副总谭燕红紧急组织调运大型饮水机到体育馆，马上进行安装。体育馆里有一个农民工旅客，带着妻子和一个婴儿。由于没有热水，冲不了奶粉，婴儿已经七八个小时没有喝奶了，一直哇哇地哭着。婴儿哭，大人也哭。谭燕红在大型饮水机装好后，马上先送一杯热水到这位农民工妻子手中，她立刻冲了奶粉喂给了婴儿。看着婴儿大口地吸饮着奶水，这位农民工当时就给谭燕红和广百的员工们跪下，谭总她们马上把他扶了起来。农民工流着泪说："我就这么一个宝贝儿子，是你们救了他！就是回到四川老家，大年初一我也要向着广州磕头！"

旁边的一位警察，看着这一幕，泪水止不住地流下来，他举起右手，向着广百的员工长时间地敬礼⋯⋯

对广百的最高奖赏

我有一个朋友，也在等着上火车回家。这天，接到他的电话，说已经上火车了。还说："火车上的旅客、农民工都在议论你们呢！"

我说："议论什么？"

"他们说，广百有良心！"

我一听这话，心里一阵激动，喉头哽咽。一个企业履行社会责任，就是企业的良心。"广百有良心！"这是广大群众对广百这么多天拼搏努力的最大肯定，是对广百履行社会责任的最大奖赏，是对广百的最大信任！

在赈灾总结大会上，我说："广大民众一句'广百有良心'，是对我们的最高奖赏，更是我们今后努力的方向，我们每个人一定要永远记住这句话！"

有人说，2008年的这场罕见冰雪，是一场开年大考，灾难在用一种残酷的形式，拷问着一个政党的百姓情怀，一个民族的精神标高；这场罕见冰雪，也可以说是一块试金石，测试着每一个人的精神境界，衡量着每一个企业的核心价值观。

鲁迅先生曾经说过：中国自古以来从不缺少民族脊梁。在大灾来临之时，广百集团挺身而出，怀着一颗"与滞留旅客心手相牵"的责任之心，带领员工开进了寒风冷雨的春运现场，走进了焦虑无助的旅客中间，献上了自己的拳拳真情，献上了自己的滚滚厚爱，用我们的良心，我们的热情，我们的真诚，我们的毅力，为滞留旅客搭起了一个温馨的家。

在那爱心如火、激情燃烧的11个日日夜夜里，这个钢铁团队展示了极强的战斗力、协调力、执行力，体现了强烈的社会责任、民族大义、人性大爱！

有人说，社会公益是企业的负担。广百的经历告诉我们，社会公益对企业不是负担，而是动力！那上百万的滞留旅客，就是我们的消费者。他们在最困难的时候，看到的是广百的爱心售货车，是广百员工不顾一切支援关爱他们的身影，感受到的是广百真诚的爱心。当他们以后再看到广百的门店时，他们是什么感觉？难道不是发自内心的认同感、亲切感？他们回报给广百的难道不是任何企业都梦寐以求的顾客忠诚度？

赈灾春运结束的时候，一位区领导对我说："荀董，在最困难的时候广百挺身而出，政府需要什么，广百就提供什么，什么时候要，什么时候送到！今后，有什么事，说！"这可是平时任何公关都达不到的效果。

而企业员工在参与赈灾的日日夜夜，在那寒风冷雨的拼搏中，在那与受灾群众感同身受的情感碰撞中，激发起来的是对群众的爱心，激励起来的是对社会、对企业的责任。而这一切，不是任何课堂培训所能带来的。这，难道不是社会公益活动送给企业的无价之宝吗？！

这座城市将会记住这个冬天，记住充满着大爱的广百，记住广百的员工……

2008年抗震救灾

2008年5月12日14时28分04秒：四川汶川发生地震！面波震级里氏震级达8.0Ms、矩震级达8.3Mw，地震烈度达到11度。地震波及大半个中国及亚洲多个国家和地区，北至辽宁，东至上海，南至香港、澳门、泰国、越南，西至巴基斯坦均有震感。

5·12汶川地震严重破坏的地区超过10万平方千米，其中，极重灾区共10个县（市），较重灾区共41个县（市），一般灾区共186个县（市）。截至2008年9月18日12时，5·12汶川地震共造成69227人死亡，374643人受伤，17923人失踪，是中华人民共和国成立以来破坏力最大的地震，也是唐山大地震后伤亡最严重的一次地震。

强震瞬间撕裂龙门山脉，从震中映秀到汶川、北川、青川，断裂带绵延300多公里，山崩地裂，山河破碎，房屋倒塌，道路阻断，锦绣大地满目疮痍。在藏羌家园汶川、北川，在工业重镇绵竹、汉旺，在旅游胜地卧龙、都江堰，昔日美丽的家园顿成废墟。

更让人揪心的是骨肉分离、生离死别，数万亲人顷刻罹难，无数同胞在危楼破墙中亟待救援，上千万群众痛失祖祖辈辈辛勤耕耘的家园。

四川骤临大难，共和国遭遇国殇。灾难，震裂四川，震撼中国，震惊世界。

血浓于水，手足情深，空前的灾情牵动着全国人民的心。党和国家领导人急赴一线，靠前指挥；社会各界积极行动，抗震救灾。作为一个视社会责任为己任的国企，广百集团也迅速投身于伟大的抗灾斗争中！

第一批赈灾物资

当天中午，我们从电视中知道了汶川地震。我想，现在灾区最需要的应该是帐篷、棉被等。我马上通知部门领导欧瑞琳，立即采购帐篷、棉被，下午务必完成。欧瑞琳不辱使命，在高志峰副总监、钱圣山副总等组织下，想方设法从外地筹集300个帐篷和1800床棉被。储运公司副总经理杜新生多方联系航空公司，在地震后的第二天一早，物资就送到白云机场，请求即刻发往灾区。据白云机场的工作人员说，除了省里的一批药品外，我们是广州市的第一批赈灾物资。

紧接着，15日，广百集团又将矿泉水、八宝粥、饼干、罐头、毛巾被、毛毯等价值40余万元的第二批应急物资发往灾区。后来接着第三批赈灾物资（10辆救护和装载工程车）运往灾区。

全员捐款赈灾

集团号召全员向灾区捐款，多少不限。有的领导说，要不然就集团整体捐一笔款，不一定要员工捐了吧。一是一般员工收入也不高；二是也捐不了多少。我说："不行！根据广百的实力，捐个几百万，甚至几千万没有问题。但是，我们相信，广百的员工和全国人民一样，都关心着灾区，都会有为灾区人民贡献一份力量的心愿，我们应该给员工表达爱心的机会。同时，这也是员工接受社会责任教育、增强责任感的机会。"

集团立即下达了广百自愿捐款献爱心的通知，但是强调一定是自愿，不下任务，不下指标。立刻，在捐款现场，员工们踊跃捐款，有捐一百的，有捐两百的，都在表达着对灾区人民的心意。

抗灾期间，广百共发动员工进行了八次捐款。集团和下属各公司领导每次捐款都走在队伍的前列。集团1245名党员捐献支援灾区的特殊党费16.7万元，其中捐千元以上的党员36名。老党员韦国卿，家庭经济并不宽裕，却二话不说拿出3000元交特殊党费。

同时，我们组织了义卖，发动市民为赈灾作贡献。那天我也在义卖现场，和员工一样，穿着赈灾义卖的衬衫，一起卖东西。和我一起义卖的还有当时任市经贸委副主任的王华俊。同事拍下了我们两个人一起义卖的镜头，而没想到的是，在我退休时，接任董事长的竟然是他。有的同事后来说："真是冥冥之中的安排。"有的说："在企业社会责任上，两位领导真是高度一致，广百的社会责任一定会传承下去。"

广百各营业网点全面发动，采取直接捐款或开展赈灾义卖捐赠，或邀请艺术家义演等不同的筹款方式，表达着对灾区人民的爱心。50家供应商参与义卖，200多家供应商和市民踊跃捐款。

为确保物资及时运到灾区和妥善移交，按照集团的部署，储运公司杜新生副总带领吴云鹤、肖建生、李力等同事急赴成都。刚到成都的那一晚，适逢余震袭来，全城疏散，四个人感受着大地的震

动，在公园度过一个不眠之夜。四个人冒着余震圆满完成了移交任务，被广百誉为"抗灾勇士"。

灾区需要什么就支援什么

在赈灾期间，我们打电话到四川赈灾指挥部，询问灾区现在最需要什么？指挥部说，现在最需要救护车和小型工程车。当即，集团决定购置两辆救护车和八辆小型工程车支援灾区，任务下给了汽贸公司。

集团副总兼汽贸公司董事长肖铁强，立即组织两个团队进行采购。一路由郭静刚副总经理负责购置两台救护车，一路由刘康华副总经理负责购置八台小型装载机。

救护车没有现货，汽贸公司就购置面包车改装。当时找到广东海乔专用汽车技术有限公司，肖总和郭静刚等领导对汽车公司老板说，必须在24小时内改装出来。汽车老板叫唐挺仁，说："我们从来没有改装过救护车，不是不给面子，24小时真的做不出来。"肖

总他们就讲了汶川抗震救灾的紧迫需要，唐老板听后说："行，我们立即干！"唐老板召集全部技术人员，认真研究改装问题，经过24小时连续奋战，两台救护车终于改装完毕，按时交付。

这家公司自从为抗震救灾改装救护车后，知名度大大提高。他们又引进国外的技术，业务量越来越大。广东省，全国需要救护车的单位都纷纷找上门来，就连中央领导专用的救护车也找他们改装。唐老板后来一直说，为灾区人民做了一点点贡献，全国人民就不会忘记你，就会回报你。

要购置的工程车，通过网上查找、关系联络，发现大部分经销商都没有存货。好不容易找到一家有货的经销商，但在广州只有两台车，其余六台分别在中山、三水、江门等地。刘康华副总立即组织人员前往几个城市，检查车辆质量，组织购买和抢运。

通过汽贸公司上下的努力，两辆救护车、八辆小型工程车在30个小时内购置到位，通过火车运往灾区。在余震不断的情况下，公司派人赶赴灾区，完成了车辆交接任务。

如果只捐这么点钱就先辞了领导职务

在第一次捐款时，集团和二级公司有的领导个人只捐了几百元。我说，这不行，员工捐一两百，当领导的也才捐两三百？普通员工一年才多少钱的收入，而领导一年拿多少？几十万！旁边有的同事说，捐款是自愿，不好责怪谁拿得少了吧。我说："不是这个道理，明天开会！"

在各公司领导参加的会议上，我说："一个普通员工捐款一二百，是他们对灾区人民的爱心，如果只捐10块钱那也是他们的心意。就是没有能力捐钱，每天都关注着灾区，为受灾人民难过，也是心意！但是，我们领导的捐款如果和他们一样，或者不比他们多多少，这就不行！为什么？因为你们的身份是公司领导！你们的收入是员工的多少倍！"

我说："评判每个人行为的标准，是和他的社会角色分不开的。我们既然是领导，就对员工有着示范和影响作用。做得好，是正面影响；做得不好，就会有负面影响！我们天天教育员工要履行社会责任，现在如果只捐这么点钱，员工心中怎么想？所以，不可能用普通员工的标准来衡量我们的行为，而是要用领导者的标准来衡量我们的行为。谁要是只捐一点点钱，就先给我辞了领导职务！"

会后，领导们说："我们明白怎么做了。"有的领导对我解释说："过去捐款，上面都会给个标准，这次没有，大家不知道该捐多少，并不是小气。"会后，很多领导捐款都到了万元以上了。

关于社会行为和社会角色的关系问题，这里想多说几句。

当时灾区有个老师，不但自己先于学生跑了，后来还发帖称："在这种生死抉择的瞬间，只有为了女儿才可能考虑牺牲自我，其他人，哪怕是我母亲，在这种情况下我也不会管！"这引起了大家的公愤！

后来有人说，做一个道德高尚的人，难道比生命还重要吗？和那些罪犯不同，他毕竟没有侵害别人的权益。

怎样评价一个人的行为，到底要不要和他的社会角色相关联？我认为是要的。人类社会需要管理者，需要军人，需要消防员，需要教师，需要很多角色。同时，这些角色赋予了他们责任和义务。这是人类生存的需要，是社会发展的需要。

总理在最快的时间来到灾区，指挥抗灾，慰问群众，得到全国人民的赞扬。如果总理不来灾区，全国人民能接受吗？韩国总统朴槿惠，在运载学生的客船倾覆时，不仅没有到现场，后来还被质疑是在做头发，引起轩然大波。为什么？社会是以国家领导人的社会角色来评价他们的行为的。

如果参加赈灾的解放军战士临阵脱逃，大家是不能原谅的，因为他是解放军战士，赈灾是他义不容辞的责任。

如果是一个普通人在灾害来临时跑掉了，大家能够理解。但是，如果是一名老师，不顾学生的死活，自己先跑了，大家绝对不能接受！因为，你的身份是老师，你有关心学生的责任。

任何生物、任何种群都关注自己的繁衍，都关注下一代，人类更是如此。人类的繁衍，民族的生生不息，需要教师这个社会角色，需要他们担负起对下一代的重要责任。因此，对于教师，这个关系到下一代的社会角色，社会就更赋予了他神圣的责任和义务。他还应该具有健康的思想和行为，因为这直接影响着下一代的思想、意识的培养。

当年那个老师，表面看是没有像杀人犯那样侵害别人的权益，但是，作为老师这个社会角色，他没有去保护儿童，违背了人们关注下一代的意志，也直接侵犯了学生受保护的权益！

社会和法律赋予教师的义务和责任应不应该履行？评价教师行为的基本标准是什么？什么叫教书育人？什么叫为人师表？那位自称"中国最优秀的文科教师"的逃跑者如何向学生解读课本中的"留取丹心照汗青"？那些为救孩子而牺牲的老师，他们所表现出来的不是普罗大众的人性光辉吗？自私和冷漠是人类的基石吗？一个社会、一个民族应该倡导什么样的文化？

在几万生灵被埋在地下的时候，在那么多亡灵的亲属还在哀号的时候，在亿万人民心系灾区、抗震救灾的时候，这位老师发文叫嚣冷漠和自私是天经地义！这不是对地下亡灵的亵渎吗？不是对死难亲属情感的亵渎吗？不是对亿万人民的赈灾大爱的亵渎吗？！

把社会行为和社会角色割裂开来，一律以一个普通人的标准来评判，还有是非，还有公理吗？

作为一个企业，同样要担负起社会责任，因为社会赋予了你特定的角色。作为企业的领导者，社会同样赋予了你领导者的责任，这种责任不仅是管理和运作的责任，还有你自身表率的引领责任。

冒着余震到灾区招工

人民网广州6月2日电：

"广州广百集团广百股份今天启动赴四川地震灾区招工工作，首批招收对象主要面向汶川县。广百集团办公室负责人介绍，新员工招聘后将走上广百股份公司的商场收款员、督导员、礼仪员及其他一线岗位。孤儿和家庭有伤亡人员者优先。"

利箭在弦，重任在肩。6月初，在震后不到半个月的时间，集团就组成汶川灾区招聘调研小组开赴灾区。招聘调研小组由集团关治强副书记带队，人力资源总监冼家雄、企业文化总监张嘉玲以及各部门各公司的领导和员工组成。他们冒着余震的危险，颠簸在随时坍塌的山间险路上，奔波在各个安置点，开展调研，摸清情况。

为了能准确了解灾区青年的情况，为后续招聘工作提供依据，招聘调研小组急需前往威州镇。他们找来一位司机，这位刚经过大地震生死的中年汉子一个劲地摇头，说这是一条上千公里、道路随时塌方的危险之路。但是，当他得知招聘组是为了灾区青年的就业而来时，二话不说，毅然开车送调研小组的人前往威州。

这一路险象环生，余震的石块不停地从路边的山上滚落下来。在他们艰难地向前走了十几个小时到了丹巴的时候，却传来前方道路再次塌方的消息。那一天刚好是端午节，有人买来粽子，大家在遥远偏僻的川西小镇过了一个难忘的端午节……

在充分调研的基础上，2008年7月初，广百爱心招聘小组一行九人，带着全体广百人的深情厚谊踏上征途。广百股份的陈奇明书记、陈妙然副总等带头站在行列里。九个人中，有的家中有病人需要照顾，有的小孩需要照顾，有的婚期已定……但是，他们义无反顾地奔向灾区。

在灾区奔波的途中，不但道路颠簸难行，而且随时都有可能发生山体滑坡、沙泥倾泻。一天，招聘小组的车行进在山间的公路上，一边是陡峭的高山，一边是深深的山谷，奔腾的江水就在谷底翻滚而去。车正往前开，对面来了一队卡车，招聘组的面包车只好靠向右边，一不注意，后轮已经压在了峡谷的边缘上，而那时随便哪辆卡车不小心蹭一下，面包车怕就要翻下谷底了！全车每个人的心都提到了嗓子眼，双手紧紧地抓着把手，直到卡车通过，大家才吁了口气，有的汗水已经湿透了衣背！

危险可怕，然而处处的残垣断壁、无所不在的地震裂口，却像千钧重担压得人们喘不过气来。看到汶川中学，看到校舍废墟，想象着昔日这里曾经书声朗朗，笑声阵阵……招聘小组的人员心情沉重，禁不住泪流满面。

不辞劳苦，认真开展招聘

在灾区，在短时间内，在不同的地点举办多场招聘会，其艰辛、繁琐、困难是超乎想象的。招聘小组每天天不亮就早早起来，来不及洗漱，迅速赶往当天的目的地。一下车，不及洗去一路风尘，带着一身的疲惫，全体成员就像上足了发条的机器，立即投入紧张的工作。他们要亲自搭帐篷、挂宣传横幅、建企业宣传架……现场布置完毕，还要派发招聘简章。

针对灾区青年当时还彷徨的心情，对异地生活、工作的忧虑，广百招聘组庄重承诺：新员工到广州后先参加三个月免费培训，培训后愿意留广百的立即聘为正式员工，要回灾区参加家乡建设的，提供返乡路费。

对留广百的，签订三年劳动合同，严格按照国家规定参加养老保险、医疗保险、失业保险、工伤保险、生育保险和住房公积金。广百将负责新员工的交通费、基本生活用品、食宿费、学费、书费和考证费，三个月培训期还发放基本工资。新员工上岗后，由公司协助租赁宿舍，两年内每月发给特殊补贴用于支付房租。同时，按有关规定安排休假，加班按有关规定足额发放加班工资，工作满一年的员工可以享受带薪年假等福利待遇。同时，公司还成立关爱保障工作组，安排专责人员帮助灾区员工适应工作和生活，做好心理疏导。

广百真情厚意、实实在在的安排计划，得到灾区政府部门的赞扬和群众的欢迎。汶川县教育局、劳动局、就业局等部门帮助发布广百的招聘信息，大邑县通过电视台播发广百招聘新闻，四川省驻广州办事处，把广百招聘工作作为全处最重要的一项工作，大力支持。广州援建办的干部深入板房区和山寨，宣传招聘。

真情换真心，每场招聘会，在所有的招聘企业中，广百的摊位都是应聘人数最多的。七月的川蜀大地，烈日当空，酷热难耐。地面上灰尘滚滚，热浪灼人。然而面对着应聘者渴求的目光，赴川人员发挥广百人特别能吃苦、特别能战斗的竭尽全力精神，满腔热情地为灾区青年提供服务。

在赴川招聘的日子里，工作人员常常是白天忙完现场招聘，晚上还要整理招聘会的情况：改卷、计分、汇总，统计参加体检人员名单，落实体检和次日招聘会上用的所有材料。常常忙至深夜，甚至天亮！废寝忘食，夜以继日的工作，加上天气炎热，许多同志病了。可他们病而不倒，仍以顽强的毅力支撑着病体，战斗在工作的第一线！

真诚爱心，换来招聘成果

高度负责的精神，耐心细致的工作，不但得到了当地干部、群众的好评，还吸引了前来慰问的省、市领导的关注。

那天，广东省委书记汪洋、省长黄华华来到了招聘现场。汪洋书记一下车，首先来到全场布置最抢眼、应聘人员最多的广百招聘点，细心听取关书记的汇报，询问招聘情况。当获悉广百招聘组所做的大量工作后，他禁不住大加赞赏，说："好，好，你们的做法很好！"，并赞扬广百的招聘活动启动早，做得细，充分体现了国有企业的社会责任。广州张广宁市长在招聘会期间，曾两次来到广百的招聘点，细心询问广百招聘活动的每一个细节，对广百爱心招聘活动的组织工作也给予了高度评价。

爱心招聘小组克服灾后恶劣的气候、地质、交通、后勤等巨大困难，把招聘工作做得扎实而有效。前后两批共招聘47名灾区的年轻人加入广百团队。当他们乘飞机到广州时，集团领导都到机场迎接。新员工一出机场，首先看到的是广百人送上的鲜花和祝福，是隆重的欢迎仪式，是广百领导亲切的问候，感受到的是广百浓浓的爱心。

当时担任广州支援汶川紧急建设一线总指挥、时任林业局副局长的孙金龙后来说，广百到灾区的招工，你们可能想不到对灾区人民有多么重要。那时，每天不知道有多少受灾青年来我们指挥部要找工作，那个时期缺吃少喝，更不要说想找工作，而且后来还不断余震，还不断死人。你们广百招一个工，就给一家人带来希望，就给一个村子带来温暖。

招聘组在灾区时，我们在广州的领导都担心着他们的安全。在不断听到余震的新闻时，在听到山上还在滚落石头时，我和其他集团领导的心都是提着的。俗话说，天有不测之风云，谁知道会发生什么事？我们只能在电话中一遍一遍提醒着招聘组注意安全，一遍遍在心中为他们祈祷！直到大家都安全回来，才松了一口气。

集团党委副书记关治强特意写了首《汶川招工记》的诗，记录下在汶川水磨镇招工时的情景：

水磨镇/彩旗挂/面稚嫩/山村娃/求职切/问短长/耐心听/细作答/我团队/战暑夏/挥汗雨/烫面颊/道义重/把油加/励雄心/齐奋发/凯歌还/再报答

他还写了一首《爱心招聘赞》：

羌寨又见雁南飞，

爱心招聘树口碑，

不是走险奔蜀道，

岂能情满载誉归，

民族兴亡担大义，

社稷有难赤字背，

犹记春寒冰冻夜，

梦萦归客惦安危。

让我们记住冒着生命危险奔赴灾区的义士们，他们的名字将载入史册：

关治强，冼家雄，张嘉玲，陈奇明，曾继军，陈妙然，钱玉群，郭建华，刘晓斌，范剑宁，丘燕纯，汪之滢，等等。

持续关爱，让阳光和雨露伴随灾区员工的成长

从偏远山区来到繁华都市的大企业，初来乍到的灾区新员工有着诸多不适应，摆在他们面前的是现实的困难和挑战：气候的变化、饮食的差异、生活习惯的不同、语言不通、岗位业务不熟……对这些新员工的成长，如同对待刚发芽的禾苗一样，广百给予了他们更多的阳光和雨露。

为了切实做好灾区员工的培训、生活和工作等事宜，广百专门

成立了关爱保障组，负责对灾区员工全程的关爱服务。培训期间，安排专职班主任和辅导员，与新员工进行结对帮扶，耐心细致地进行沟通，了解他们物质和精神上的需求，做好心理疏导，帮助他们建立积极向上的心态。

培训结束后，新员工被分到广百股份公司属下各门店一线岗位。上岗后，公司还安排专人辅导新员工的工作，使他们迅速融入到广百大家庭。工作上有各级领导、商校老师的指导培训，生活上有同事和志愿者的关心帮助，精神上有企业文化的熏陶……一分耕耘，一分收获，在广百领导和团队的不懈努力、辛勤培育下，很快，来自灾区的新员工适应了在广州的新工作和新生活。

两年后，我们组织灾区员工回四川向亲人和社会汇报。在一场场报告会上，灾区员工以他们的亲身经历，讲述着离开灾区时的彷徨，面对新环境的压力，广百带给他们的尊重和关心，哥哥姐姐们给他们的温暖，听得全场一片哽咽，个个泪水止不住地流淌……

帮助灾区孩子，服务灾区伤员

为了让灾区的孩子能够早日上学，5月17日，集团积极与《广州日报》合作，捐献50万元，申请援建灾区希望小学。5月30日，在市委、市政府号召社会为汶川县捐献活动板房后，集团用一天时间从动员到发动，捐出300万元，供灾区建设过渡性中学和小学。

当集团得知有一批灾区伤员要来穗治疗时，集团团委积极与有关部门联系，开展"粤川连心，生命接力"活动。组织了广百一批青年志愿者，承担照料广州红十字会医院13名灾区伤员的工作。此后三个月里，广百的青年日夜陪伴着灾区伤员。伤员口渴了，广百的志愿者递上温水；伤员想吃水果，广百志愿者为他们剥好削好；

伤员寂寞了，年轻的志愿者陪着他们聊天解闷……

60岁的王廷贵爷爷和53岁的王跃惠婆婆，都是只身一人来广州治疗的灾区伤员。广百青年的陪护使他们从没感到寂寞，他们常听广百人讲的一句话就是："我们每天都来看您，我们都是您的亲人！"

地震发生后，集团公司党委发动基层党组织、工会对家在灾区的员工给予关心和慰问。得知川籍推销员刘学川和刘玉华家里受灾的信息后，所在公司立即给他俩送上慰问金。而他们在感受企业关爱的同时，更牵挂着众多的家乡父老，毅然将慰问金投进捐款箱。四川籍督导员吴正红家房屋全部倒塌，父母在地震中受了伤，集团工会和股份公司党委对他进行了慰问和捐助。

赈灾，锻炼了广百，提升了团队

在抗冰雪救灾中，在抗震救灾中，广百人率先行动，付出巨大努力，做了大量工作，员工共同参与，与受灾人民同呼吸、共命运。

虽然，广百的所作所为与有的企业的贡献相比，与一些志士仁人的壮举相比，可能微不足道，但是，广百人赤诚的心，却是惊天地，泣亡魂的！而对于广百的团队来说，爱心得到弘扬，责任意识得到激励，品牌美誉度进一步得到提升。赈灾，成了广百的课堂和熔炉。

在无数感人肺腑、催人泪下的故事中，广百人和全国人民用大爱筑就了"责任"两个滚烫的大字。在这里，我将诗人艾青的诗《我爱这土地》献给这些可爱可敬的人：

假如我是一只鸟，

我也应该用嘶哑的喉咙歌唱：

……

为什么我的眼里常含泪水？

因为我对这土地爱得深沉……

有一种记忆，叫不曾忘却当初的地动山摇，愿逝者安息，生者坚强；

有一种执着，叫持之以恒履行责任，关注灾区，不忘良知，彰显人性；

有一种新生，叫历经风雨洗礼我们一如既往，真情凝聚，大爱无疆；

有一种铭记，叫感恩曾经给予企业生存发展机会的社会，为此我们依然在跋涉……

广百抒怀

广百的辉煌，倾注了广百人的心血，融入了广百人的真情。在广百的晚会上，一首配乐诗朗诵《广百抒怀》（广百干部江泓创作）寄托着广百人的情怀。现摘录如下：

伟大的事业，

激发了广百人永不停歇的激情，

锻造了广百人从不言败的刚强。

坚强的信念，

雕刻了广百人决不服输的精神，

磨砺了广百人所向披靡的锋芒。

开拓者的面前哪有艰险，

奋进者的脚下岂有路障，

以恬淡的微笑面对坎坷，

以铿锵的步履踏碎彷徨，

流金岁月刻录下我们的英姿飒爽。

曾记否，2008年的冰雪灾害，

是广百干部员工主动冲进寒风刺骨的春运现场。

大量的物资，大量的食品提供保障，

爱心服务伸出援手让滞留旅客热泪盈眶。

11个日日夜夜，融冰化雪，

把党和政府的关爱与温暖，

送进了人民群众的心房。

雨雪待援的归家游子从心底发出：

"广百有良心！"

这是千金难买的赞誉，

这是对广百最高的褒奖。

曾记否，5·12汶川大地震，

广百人把灾区同胞牵挂在心上，

8次捐款，直运物资，

冒着余震，赴川招工，

广百精神感天动地，

赈灾义举荡气回肠，

印证广百员工忘我付出、质朴善良，

彰显国企龙头尽责社会、大爱无疆！

驻足青砖古道日夜守望，

"五色文化"赋予我们无穷的力量。

不必记得我，千军万马中我只是一个兵卒，

不必赞美我，浩瀚星空中我只是一丝闪亮。

也许在改革开放的史册中，

不会留下我们个人的姓名和影像。

但春风一定会轻抚开拓者的脸庞，

曙光一定会把出海的人最先照亮。

我们把忠诚、信念和刚强，

融进了广百事业的宏伟和辉煌。

我们把这激情燃烧的岁月，

镶嵌进广百人抒写的美丽诗行。

绚丽的朝霞接走了月亮，

金色的海浪捧出了太阳。

和煦的微风，吹动着鲜花的芳香，

明净的苍穹，透射着蓝天的晴朗。

斗转星移，潮落潮涨，

春华秋实，飞歌踏浪。

我们抒写隽永的诗篇，

我们奏响奋进的乐章，

用心捧起广百明天的希望，

带着火热的衷肠奔向远方。

在科学发展观的引领下，

广百集团——

我们共和国的商业航母，

已经从南中国海岸起航，

迎着朝阳，

乘风破浪，

驶向浩瀚的大洋！

企业社会责任推进战略和策略

广百积极而真诚地履行了社会责任，社会责任的履行提升了广百的竞争力和生命力，使广百得到健康的发展。根据市审计局于2012年对广百的审计，截止到2011年：

集团经营面积从2005年的60万平方米发展到200万平方米；

合并资产总额82.6亿元、净资产23.4亿元，比2005年末分别增长192.07%和166.19%；

资产负债率59.5%，比2005年末降低7.51%；

合并主营业务收入106亿元、利润总额4.7亿元、净利润2.5亿元，比2005年分别增长145.55%、304.29%和375.61%；

净资产收益率为11.82%、国有资产保值增值率119.18%，比2005年分别增长82.97%和5.44%；

缴纳税金6.3亿元，比2005年增长96.95%。

2009年至2011年营业收入年均增长18.9%，高于市国资系统30户企业和商务部监测的全国3000家重点零售企业增长水平。

在宣布我退休的大会上，市委常委、常务副市长陈如桂同志在讲话中说："广百的辉煌发展和辉煌成绩，有赖于广百班子的坚强领导，是广百全体干部员工积极奋斗的结果，特别是集团一把手荀振英同志，在集团的发展中发挥了突出的核心领导作用，对集团的发展付出了无私的心血，为加快企业发展做出了贡献。广百的辉煌，我们荀振英同志功不可没。市委、市政府充分承认，也非常满意。借此机会，我谨代表市委、市政府对荀振英同志为广百集团所做出的突出贡献致以衷心的感谢和崇高的敬意！"

市领导的讲话不只是对我个人的肯定，也是对广百团队的肯定，是对广百社会责任的肯定！

那么怎样推进企业社会责任建设呢？我们的体会是，企业社会责任是企业文化的重要组成部分，要强化社会责任，不是随意性的、阶段性的，而是要放到战略层面，进行系统、长久的打造。这里涉及的要素很多，现就其中几个关键性的问题进行讨论。

一把手工程

弘扬社会责任，就要形成以责任为核心的企业文化。而文化的形成，关键是一把手的作用。一把手能不能把社会责任，把企业文化的理念作为自己的信仰，作为自己的价值观，这是企业社会责任能否成为企业竞争力、生命力的根本。

在推行企业社会责任战略时，怎样体现一把手的作用，或是一把手应该怎样做？我的体会是做到"六个要"：

要自己信。社会责任的核心和基础是一种信仰、一种理念，因此，一个企业能不能履行社会责任，首先看一把手，看一把手自己内心里是不是信这些理念，是不是有这种信仰。

我们告诉团队，消费者是我们的衣食父母，没有消费者的忠诚度就没有企业的生存，那么一把手是不是在心里也这么想？是真的把消费者当做自己的父母，还是只把钱当作自己的"父母"？我们说要把员工放在心上，一把手是不是真的把员工放进心里？还是把员工当作自己雇佣的"长工"，赚钱的工具？一把手只有自己相信社会责任是企业的生命，企业才能真正履行社会责任。

你号召团队要竭尽全力，要有担当和开拓发展精神，凡事要做到极致，不达目的誓不罢休，那么你自己是不是竭尽全力，为企业的发展而付出全部心血，自己做事的标准和对团队的要求是不是极致和一流，遇到困难和阻力时是不是有着坚定的意志，这都关系到企业的文化能否成为团队的自觉行为。

要亲自研究。一把手要亲自研究社会责任，要抓住关键，给出思想，甚至提出关键性观点。

例如我们的"五色文化"，是我和团队共同总结研究提炼的，里面有着我的思想和心血，在我的心里分量非常重，我就会不遗余力地进行推广。

又如安全责任问题。一把手是不是把安全问题和活生生的生命结合起来，是不是真正对安全工作永远绷紧神经，永远有一种坐在火山口上的紧张。同时，安全工作不能只是交给分管领导，交给部门，而是要亲自深入研究这个行业的特点，研究事故风险环节和风险点，从而有针对性地提出策略和意见。针对流通服务业员工多、顾客多、人员密集的特点，我提出的"六个百分百"和"四个关键"的要求，对安全工作起到了有效作用。

要果断坚决。一把手在企业社会责任的作用，还要体现在对相关重大问题的决策上。

在广州冰雪灾害发生时，我发动全集团投入抗冰雪救灾中，派出售货车，设立售货点。上级没有下达任务，没有提出要求，但是，我认为这是必须的，因此果断作出决策，坚决推进各项活动，为广大的滞留旅客提供了最需要的服务，对赈灾起到积极的作用。

在汶川抗震救灾中，当天刚听到消息，在上面还没有部署的情况下，我立即决定筹集抗灾物资，以最快的时间运送到灾区。然后持之以恒地开展捐款、义卖，采购工程车，派出招聘组到灾区招收员工。当时，有的单位只是出资金汇到灾区，并没有发动员工参与。我们不是这样，我坚决要求全员参与，这是激励和教育团队的极好机会。而在整个赈灾中一把手的态度和决策，关系到整个团队的表现，关系到企业的行为。

要用一把手的话。社会责任、企业文化，需要不断强化和推广，而体现理念的语言，要尽量用一把手常说的话。只有一把手经常说的话，才能推广开。千万不能把文化语言全部推给部门或策划公司去编去写，去整合网上的魅力语言。也许找人编写得非常好听，但是难以推广。我们"五色文化"中的"蓝色文化""讲真话，讲实话"。有的同事说，不如改成"讲真话，办实事"，这样更好。我说："这样改是逻辑性更强，但不要改。我天天嘴上挂着的就是'讲真话，讲实话'，不是'讲真话，办实事'。我不讲的话，你们能推得开吗？"

要亲自说。社会责任要成为团队的自觉行动，就要不断地灌输和启迪。

陈春花教授说，领导者要成为"布道者"。一种文化，一种信仰，要靠宣传、靠启迪来推广。宗教是这样，我们共产党当年发动民众也是这样。一个企业的社会责任，一种文化，一把手是不是亲自说，是不是经常说，是不是说到位，是不是发自内心地说，关系到社会责任是否履行到位，关系到能否成为全员的自觉行为。

要"小题大做"。对于企业社会责任的理念，一把手不仅要在各种会议上大讲特讲，而且要抓住各种具体事例、事件"小题大做"，以小见大，这样才能使团队留下深刻印象，才能激发强烈的意识。

例如，关于强化企业的质量、诚信和服务问题，前面说到的

"沙发该不该退""3折起""年三十买鞋""皮特的电话""冰箱未按时送到"等等，按说都是经营层面的事，是二级公司领导去关注的事，作为集团董事长的我似乎可以不过问。但是，我这个董事长"小题大做"，大讲特讲，就是因为这些事例闪烁着社会责任的光辉，关系到企业社会责任的履行，关系到企业的软实力。

一把手工程面临两个问题，一是一把手的意志和集体领导的关系问题，二是一把手的调整变化问题。这两个问题处理不好，就不能发挥好一把手在社会责任中的作用，企业的社会责任也不会延续。

国企有个集体领导问题。党的领导班子会议是少数服从多数的决策制度。班子通不过，一把手的提议就无法实施。作为民营企业，其一把手的地位是突出的。但是，只要不是一股独大的股份制企业，也有个董事会的制衡机制。一把手，不论是董事长还是总经理，提出的企业社会责任的战略和举措，都要受到董事会的制约或支持。

怎么办？一把手的责任和作用同样存在。一把手要注意倾听大家的意见，但是不能人云亦云，没有主见。那么要实施集体领导，要尊重集体的意见，那就要把你的真知灼见变成董事会成员的共识，变成领导班子成员的共识。人们说，一把手是企业的领军人物，什么是领军人物？关键在一个"领"字，是要用你的真知灼见来引领企业。

在一个创业融资论坛上，有个演讲嘉宾说，创业融资，最难的就是两件事："一是把你的思想装进别人的脑袋中，二是把别人的钱装进你的口袋中。"说得不错！作为领军人物，就是要把你的正确思想装进其他董事会成员或班子成员的脑袋中。如果你的思想不能装入董事会或班子成员的脑袋中，那可能要么是你的宣传功夫不行，推动的本事不大，要么是你的提议本身确实不合适。

在汶川抗震救灾的时候，集团捐赠了大笔的资金，这些捐赠都是报集团党政班子联席会议进行讨论的，班子成员是一致通过的。要尊重领导班子，不仅要尊重这一机构的决策权力，更要尊重每个成员的聪明才智和真知灼见。

关于长期传承问题。实施一把手工程，作为民企，由于其一把手的地位基本上无任期限制，因此，以责任为核心的企业文化的传承具有可延续性，但是，也有个传代的问题。而国企领导由于任期限制以及行政调整的随时性，企业文化往往容易随着领导的变化而变化。

不论是民企还是国企，都必须充分认识到，一个企业优秀文化的形成具有长期性特点，包括它的理念的描述、制度的规范、外在的符号，都需要多年的延续、多年对团队的刺激，以形成团队的自觉认知和自觉行为。当然，形势在发展，企业文化可以随着时代、社会、企业的发展而变化，但是，万变不离其宗，万变不离其名。

广百创立的"五色文化"，是整个广百团队的结晶。我退休后，新任的董事长并没有另起炉灶，而是继续弘扬倡导"五色文化"。但是，在"五色文化"的具体解读上，又有新的发展，这样使企业文化充满了生机。

但是，有的国企领导缺乏上述认识，总想着要标新立异，一上任就把原来的一套全部否定和抛弃，重起炉灶，从里到外全部换新，似乎只有这样才能体现自己的水平。殊不知这样做是缺乏企业文化建设的基本常识。

全火力覆盖

为了强化企业的社会责任，打造以责任为核心的企业文化，必须全方位推进，大火力覆盖。蜻蜓点水不行，不痛不痒更不行。在顶层组织设计上，不能把社会责任只是当作文化宣传工作的一部分，只是由相关的部门来掌管。在推进上，不能只是在相关企业文化专题会议上讲一讲，在企业半年、全年总结时作为一个部分提一提。否则，团队会感觉企业社会责任只是企业诸多板块中并行的一块，与自己的板块关系不大。

战略高度统领。要把企业社会责任摆在战略高度，就要用企业社会责任的理念统领各条业务线，包括：投资拓展、经营管理、安全生产、风险防范、财务统筹、人力资源、工会工作，等等。各条线都要回答如何对消费者负责，对合作伙伴负责，对员工负责，如何在这方面做得更好，更有竞争力。也就是说，你这条业务线，你这个部门业务工作的目的是什么，怎样实现这个目的，必须要明确。

前面说到，中国社科院企业社会责任研究中心通过对1183份报告分析发现，仅有73份报告披露了企业社会责任规划，占比为6.2%。表明现阶段的大多数中国企业缺乏明确的社会责任目标和长远的责任制度安排，还只停留在根据政府要求和社会需求来投入资金和资源的层面上。而国内外不少成功经验证明：企业只有将社会责任融入到企业发展战略，以此统领整个企业的管理和发展，才能长远发展。

如果不能用社会责任统领全方位，企业就会陷入具体的业务目标，忘了可持续发展的大目标。

例如：在研究营销和营收时，忘记了对消费者负责的大目标，就会只在销售指标和促销措施上下功夫，忘记了如何在为消费者提供更受欢迎的服务上下功夫。一旦营销出现压力，可能就会急功近利，甚至采取违背社会责任的举措。

在市场拓展时，一味只关注市场份额的扩张，而忘记了法律法规的限制，结果也是要命的。法律法规是社会责任的基本体现，不尊重法规，就会带来巨大损失。

在研究员工工资时，忘记了对员工负责和调动人才积极性的大目标，就会只在"钱"上动脑筋，不会在"人"上下功夫，只会在成本核算上算账，不会在人才激励上创新。

连续推进不断火。要强化一种文化，形成团队的自觉行为，就要全力推进，把火烧得旺旺的。否则，这种文化就不会在员工心中留下强烈的、持久的烙印，更不可能成为自觉的行为。

例如在倡导竭尽全力精神的时候，特别是在初期的时候，我是利用一切机会大讲特讲。

在2005年11月20日集团召开的防范法律风险会议上，我作了以"发扬竭尽全力的精神，认真防范风险，积极促进发展"为题目的讲话。

紧接着在11月25日集团召开的集团公司党建、政研会年会暨企业文化协会成立大会上，又大讲特讲竭尽全力的精神。后来在2006年3月13日集团的广百新翼确权工作表彰大会上，在5月8日集团召开的集团本部组织架构调整和员工聘任大会上，在5月30日广百集团托管企业改革解困工作事迹报告会上，在7月29日储运公司半年工作会议上，在11月13日广百天河店开业表彰大会上，在12月1日集团党委工作会议上，在12月5日门店经营研讨会上……

在这一系列的会议上，我结合每次会议的不同主题，从不同角度大讲特讲竭尽全力的精神。来自集团董事长的讲话，可以说是一阵雷声接一阵雷声，一道闪电接一道闪电，给整个团队留下了强烈的印象，产生了良好的效果。

文化打造全方位。 除了一把手要亲自说、亲自倡导外，还要利用各种形式的文化活动进行推广。

我们编纂出版《广百集团社会责任蓝皮书》，从理论高度、广百战略、策略举措、机制制度、团队行为等方面，作了系统的阐述，对整个团队打牢社会责任的理论思想基础起到积极的作用。该书请了广东省社科院陈荣平博士执笔，具有很高的学术水平，当时受到中央党校和中国社科院专家的肯定。

我们举办"广百社会责任高峰论坛"，邀请各级领导、中央党校和中国社科院专家以及企业代表参加，影响很大。

我们编印了好几本书，紧紧围绕社会责任以及整个企业文化进行宣传。包括：

《广百的金子》，记录了广百"五色文化"的众多故事，是广百一座优秀文化金矿。

《十一个日日夜夜》，记录了广百抗冰雪的日日夜夜，展现了广百团队与百万滞留旅客手牵手、心连心的动人事迹。

《广百汶川抗震救灾画册》，更是形象地记录了广百抗震救灾的点点滴滴，真实地再现了广百的大爱。

《广百启示录——广百集团"五色文化"指南》，用大量的案例揭示"五色文化"的内涵，指导各级领导和广大员工弘扬"五色文化"。

《星光汇》，将我和其他集团领导的讲话收录在内，其中就包括关于企业文化和社会责任战略的讲话，供各级领导不断学习研究企业社会责任。我在序中说：这本书中都是领导的讲话，其中大部分还是我的，为什么叫《星光汇》？因为，我们的讲话是由全体广百人的文化凝结而成，因此，它是广百众多星星的光辉。

《甘泉惠》汇集了媒体对广百的众多报道，其中，包括大量的热情服务、赈灾公益的事迹、感人故事，成为广百广大员工履行社会责任的一面镜子。

广百创作的歌曲，得到大家的欢迎。其中激昂的《广百之歌》和抒情的《千年商都广百情》《山里的春雨》，多次在大场合演唱。《千年商都广百情》等歌曲是关治强书记亲自作词，请音乐人郭元浩作曲，好听感人，可以登上大型专业舞台。

长篇配乐朗诵《广百抒怀》，江泓作词，全体文化部门配合，张金生、孙保平、江泓、张帆、钟琴等上台声情并茂地朗诵，大气磅礴，情真意切，成为广百的经典。

广百的运动会，人们的关注和投入，员工们的激情和愉悦，不亚于专业运动会。一个小伙子场上扭伤了脚，我说："你真的很投入。"他说："这是我们自己的奥运会！"

为了保证竭尽全力精神的持久性，集团通过制度进一步强化。为此，设立"竭尽全力奖"，并明确"竭尽全力奖"是集团激励机制中最高级别的奖，每次集团及各级公司打了胜仗，取得了成果，有功人员都会披红戴花，获得"竭尽全力奖"。

理念 + KPI

在团队中推动企业社会责任，也就是把对消费者的责任、对合作伙伴的责任和对员工的责任变成团队每个员工的自觉行为。这是一个难度很大的问题，是企业必须下功夫、持续推进的大事。

怎样下功夫？理念提升+KPI（关键业绩指标）考核。

理念提升。前面说到，自觉而真诚地履行企业社会责任，必须是发自内心的，是企业员工的一种理念、一种追求，甚至是一种信仰。就像粤港澳大桥总指挥林鸣，在大桥基础最后合拢后，经检测发现误差16公分。这本来已经符合指标要求了，很多外国专家都认为可以了，都准备回国了，但是，林总指挥说不行，必须重来！最后经过努力，误差仅为几毫米。这是什么？是一种责任在驱使他。而要团队的每个成员都树立这种信仰，都有这种责任感，不是件容易的事，毕竟眼前的利益太具诱惑。而团队成员在对事物的认知、对人生的追求上也具有差异性。这就需要企业建立一套行之有效的文化教育体系，不断对团队的每个成员进行理念启迪和灌输。

这里可以借鉴解放军的思想教育。在战争年代，一个普通的农民，一个只关心"三亩地、一头牛、老婆孩子热炕头"的农民，包括战场上刚刚解放过来的俘虏兵，后来能够变成一个为解放全中国而英勇杀敌、敢于牺牲的解放军战士，甚至成为一个有觉悟、有理想的指挥员，为什么？军队的思想教育起到了重要的作用。

企业也是一样。一套行之有效的文化理念教育体系，对于员工树立社会责任意识，同样具有重要作用。这套体系告诉每一个员工，你的目标不应只是眼前的收入，而应该是当一个有作为的人，一个自我价值得到更大发挥的人，而唯有把企业社会责任作为自己的理想和行为，才能够实现人生的目标。为了使这套教育系统有效，这套系统不能是官样的、形式的，内容不能是刻板的、空洞的，而应该是有血有肉的、新鲜活泼的、能够说到员工心里的、真正能够引起共鸣的。而且，还要共性与个性相结合，坚持"一把钥匙开一把锁"。联想公司老总柳传志说的"带队伍",真不是一句话的事。

KPI。很多企业都采用KPI考核,即关键绩效指标考核。企业社会责任具体到产品质量、服务质量,当然也可以细化为关键绩效指标,采取相应的手段进行考核,以此来鞭策员工达到标准要求。

但是,在KPI考核上,也不是越细、越严就好。KPI也要区分柔性KPI和刚性KPI。就像有的人说的:管理有模式没定式。海底捞火锅店的服务目前是有口皆碑,每个员工的超值服务使每个客人都非常满意。我们以海底捞的KPI发展历程为案例来讨论下。

据海底捞董事长张勇介绍,海底捞曾经尝试把KPI细化。有人说你们火锅店服务真好,我有个眼镜,他就给我块眼镜布,我杯子里的水还没喝完,他就又给我加满了。所以公司就写了一条:杯子里的水不能低于多少,客人戴眼镜一定要给眼镜布,否则扣0.05分。没想到这下麻烦了:来一个人都送眼镜布,客户说豆浆我不喝了,不用加了,不行,必须给你加上。最好笑的是手机套,有的客人说不用,服务员说我给你套上吧,客人说真不用,结果他趁客人不注意的时候,把手机抓过去给套上了,结果顾客因为你动他的手机而不满意。为什么会这样?因为不这么干要扣分啊!后来张董事长就发现,老师早就讲过了:每一个KPI指标背后,都有一个复仇的女神在某个地方等着你。

张董事长说,那就不考核这些具体的事情了,考核一些间接指标。不考核你赚多少钱,就考核你的翻台率是多少。因为翻台率高就证明你的服务满意度高,就意味着赚钱多了。结果有一天,张董事长在北京一家店电梯间里,听到一个四川人跟另外几个四川人讲:"我要让你们见识一下在北京的四川火锅有多牛,你不订座是绝对没位置的！你订了座晚去几分钟，也是没位置的！"张董事长就纳闷了，怎么晚几分钟就没位置了？这不是侵犯客户利益了吗？客户已经不满意了，这还怎么做生意啊？

后来内部一问才知道，原来问题出在考核指标。因为预定客人不一定准点来，但现场还有客人在排队，空台等的话，翻台率就少了一轮。张董事长说，这下我就崩溃了，我找不到考核的指标了。

后来发现，一家餐厅好不好，我们其实非常清楚。我们都吃过饭，都传递过这样的信息：这家餐厅不错啊。很多人根据这个"不错"去吃了，然后说"确实不错啊！"，这个"不错"就形成了。都没有什么指标，但是传递得非常准。

张董事长发现，在餐饮行业里，柔性的指标起决定性的作用。顾客满意度可能没办法用指标去描述，但是我们可以感知。包括人的努力程度也是，没有办法用指标去证明，但是我们的顾客、同事，包括去检查的人，都可以感知到。所以张勇就决定，把所谓的KPI全部去掉，就只考这一个指标。怎么考呢？一个副总组织一堆神秘人去考。后来发现非常准。这样店长也没话说了，你不能把差的说成好的。

海底捞把所有的店分成ABC三级，A级是要表彰的，B级你就在这儿待着，C级需要辅导。但是不会扣你钱，会给你一定的辅导期，超过这个辅导期依然干不好，这个店长就要被淘汰了。

企业的KPI考核要搞，就像部队一样，除了不断的、有效的思想教育以外，还有"三大纪律八项注意"，有严格的纪律约束。企业也要有KPI考核，有一套激励约束制度。但是，KPI标准要根据不同的情况进行设置，要使KPI激励员工发挥正确的信念，靠信念指导自己的行为，而不是把指标作为工作的唯一目的。

顾客和客户千差万别，需求也是不尽相同的，要满足顾客和客户的需要，让顾客和客户满意，KPI指标不可能包罗万象，必须充分发挥员工的主观能动性，使其准确地发现需求，真诚地服务需求，这样才能使整个企业真正履行好社会责任。

火一样的企业文化团队

推动社会责任建设，打造以责任为核心的企业文化，需要一支过硬的工作团队。这支团队必须对企业社会责任有着深刻的理解，有着强烈的理念和意识。他们不是把推动社会责任当作一份工作，而是作为一种信仰、一种追求。这样才能形成很强的自觉意识、很强的创新精神、很强的执行力。

关治强副书记直接领导的集团企业文化部，还有各二级公司负责企业文化的同事，就是这样的一支团队。

在我们开始推进"五色文化"时，是这支团队深入集团各企业，沉到基层，进行调查研究，收集了大量生动、感人的事迹。《广百的金子》《广百启示录》等一部部企业文化专著在他们的辛勤汗水中完工，为"五色文化"形成体系奠定了坚实的基础，为"五色文化"宣传弘扬发挥了积极作用。

在企业开拓发展的时候，是这支团队奋战在一线，业务推进到哪里，他们的慰问就温暖到哪里；项目推进到哪里，他们的笔和相机就跟到哪里，闪光的事迹总结就宣传报道到哪里。

在我们投入抗冰雪赈灾的时候，是这支团队身体力行积极参与到为滞留旅客的服务中，开展了大量的宣传活动。他们拍摄记录了大量的感人素材，在爱心售货车上撰写广百人的感人事迹；在赈灾后又进行了大量的采访和总结，在最短的时间内编辑出版反映赈灾的《十一个日日夜夜》和电视专题片，提炼和宣传比金子还宝贵的精神财富。

在去汶川灾区招工的时候，是这支团队亲自到灾区一线，冒着不断的余震，不顾个人的安危，认真开展招聘工作，及时采集动人事迹，及时发稿宣传，以实际行动践行和宣传社会责任。

在推进社会责任中，不论是内容，还是形式，他们都最大化体现了学习创新精神，体现了竭尽全力的精神，体现了意气风发的豪迈风貌。如果说广百的社会责任与企业文化是一幕精彩的时代大剧，他们则是幕后最活跃却又不登台亮相的无名英雄。

总监张嘉玲，以其坚定、果敢、持之以恒的精神，带领着这个部门，坚决贯彻集团的企业社会责任战略，弘扬着以责任为核心的企业文化。

副总监曾继军，用他的情怀和笔，辛勤耕耘。说斗酒诗百篇那是李白，杯酒一篇文则是曾继军。

负责活动策划的杨丽娟，不断策划着一台台表彰大会、汇演大会，每台晚会都挑战过往，铸就经典。

负责视频拍摄和制作的颜聪，在各种大型活动中，在拓展新项目的考察中，在急难险重的工作现场，人们都能见到她那托着沉重摄像机的瘦小身影，她说得最多的话就是："只要需要，只要有重点镜头，无论是深夜还是凌晨我都来！"

还有王明赤，承担了部门大量的文字工作，加班熬夜爬格子那是家常便饭；还有陈丽霞，为了总结广百特色的社会责任模式，协调各方，组织开展广州、北京两地多场高规格的专家论证会。当《广百社会责任蓝皮书》隆重发布，全场瞩目的时候，又有谁知道她在前一夜通宵未眠？

我们聘请的文化顾问张金生、孙保平、杨水源，同样以广百的精神助力广百的文化发展。为了指导广百的每一台文艺演出，张金生顾问全身心投入，精心指导，严苛要求，甚至累得病倒。他所奉献的不仅是专业文艺才能，更是精益求精、竭尽全力的精神。为了广百每本文化书籍的出版，杨水源顾问逐字逐句地审改，一个标点一个标点地斟酌，付出的是一生的写作经验和对广百员工的心。

这支队伍自身就是优秀企业文化的典范，他们加的班、熬的夜已经数不清了，他们克服的困难已经不计其数了，他们付出的心血也无法计量了。他们就像一团火，充满激情，充满活力，感染和激励着广百的团队。

广百的社会责任，广百的文化打造，这支队伍功不可没！

后 记

为了写好这本书，很多人给予了帮助和支持。

海尔集团董事局主席、首席执行官张瑞敏，北京大学国家发展研究院教授、国发院BiMBA商学院院长陈春花，中国商业联合会会长姜明，来信和撰写了推荐语；美国苹果公司CEO库克先生委托大中华区政府事务总经理范勇复信，表达了对本书的赞扬和苹果公司从创始人乔布斯开始至库克本人一贯以来对社会责任的高度重视，对全面推进社会责任建设的支持。

国务院国资委彭华岗秘书长一直以来对企业社会责任建设高度重视，对本书给予了热情的指导；中国社科院企业社会责任研究中心钟宏武主任对广百社会责任建设给予了专业指导，对本书给予了真诚的支持；广东省社科院陈荣平博士对广百社会责任蓝皮书作出重要贡献。

广百集团原副书记关治强、副总经理肖铁强、集团企业文化部总监张嘉玲（现任东百集团总经理）、原副总监曾继军（书中很多故事最初的宣传整理者），广百集团总助兼办公室主任李孟茹、副主任杨扬、秘书颜聪、汽贸公司杨卫总经理、股份公司汤智全副书记等同事，非常热情地提供了很多珍贵的资料，提出了很好的意见、建议。集团企业文化部编纂的《广百的金子》《11个日日夜夜》等书，虽然我是主编，但具体是张嘉玲、曾继军等人收集整理了大量履行企业社会责任的案例故事，成为本书宝贵的素材。集团副总经理黄永志认真看了书稿，提出了具体意见。集团高艺林副总经理、调任广州酒家的副总经理潘建国、原副总经理吴纪元，广百股份总经理钱圣山、原副总经理谭燕红、亢小燕、严盛华等都给予了支持。

现任广百集团董事长王华俊，在广州市经贸委担任领导时就大力支持广百的社会责任活动，任广百集团董事长后进一步发扬光大"五色文化"和企业社会责任。

我的战友，省航道局副局长荀建群、原番禺检验检疫局纪检组长黄治军、省安监局原处长孙保平、广州商业总会副会长江泓细读了全书，给予了非常宝贵的具体修改意见。曾任南海舰队干部处长、现在军队总部工作的何清风少将，原解放军艺术学院文化系主任杨洪斌教授，对本书给予了真诚的支持和意见。原虎门报社副总编周吉，利用资源在发行上给予协助。广州商业总会林月明、陈旭及各位同事给予了很多帮助。

在此，对大家一并表示衷心的感谢！同时，更要感谢广百的各级领导和广大员工以及广百的合作伙伴，是他们的理念和行为，为此书奠定了基础。

还要感谢广东人民出版社的倪腊松副总编和编辑部路华副主任在书的出版上给予的支持；感谢插画师吉里所绘的插图；感谢我所摘用资料的作者（希望通过出版社联系我，以便支付应付的稿酬）。

我不能不感谢的还有我的家人，包括我的妹妹弟弟，他们都给予了很大的支持和帮助。夫人为我写书和出版提供了全方位的支持，女儿潇潇凭着一年读几十本书以及书评的功底，给予了很有价值的意见。

我在担任广州商业总会会长期间，响应习近平主席关于"共建一带一路"的重大倡议，与中国商业联合会、广东省商业联合会携手各商协会，发起成立"一带一路国际商业协作联盟"，旨在发挥全球商协会和企业的资源优势，为企业提供有价值的服务，为"一带一路"沿线国家和地区的经济社会发展服务。其中，弘扬企业社会责任就是最重要的活动之一。今后，我们将会继续为企业社会责任的宣传推广竭尽全力。

荀振英

2018年8月